BIBLIOTHEKEN ALS INFORMATIONSVERMITTLER

BIBLIOTHEKEN
ALS INFORMATIONSVERMITTLER

Probleme und Modelle

Vorträge, gehalten auf dem Bibliothekskongreß 1978
vom 16. bis 20. Mai in Stuttgart

Herausgegeben im Auftrag der Deutschen Bibliothekskonferenz
von Paul Kaegbein, Hans Joachim Kuhlmann, Helmut Sontag

Vittorio Klostermann Frankfurt am Main

ZEITSCHRIFT FÜR BIBLIOTHEKSWESEN UND BIBLIOGRAPHIE
SONDERHEFT 28

CIP-Kurztitelaufnahme der Deutschen Bibliothek

Bibliotheken als Informationsvermittler : Probleme u. Modelle ; Vorträge, gehalten auf d. Bibliothekskongress 1978 vom 16.–20. Mai in Stuttgart / hrsg. im Auftr. d. Dt. Bibliothekskonferenz von Paul Kaegbein ... – Frankfurt am Main : Klostermann, 1979.
(Zeitschrift für Bibliothekswesen und Bibliographie : Sonderh. ; 28)
ISBN 3-465-01369-7
NE: Kaegbein, Paul [Hrsg.]; Bibliothekskongreß ‹1978, Stuttgart›

Satz und Druck: Otto KG Heppenheim – Printed in Germany

Inhalt

Josef Daum: Vorwort 7

Josef Daum: Eröffnungsansprache des Präsidenten der Deutschen Bibliothekskonferenz 9

Josef Stingl: Bibliotheken – Bundesanstalt für Arbeit – Berufliche Bildung 18

Dieter Sauberzweig: Kulturpolitische Aspekte der Haushaltskrise 29

Günter Beyersdorff: Volkswirtschaftliche Kosten der Privatisierung öffentlicher Dienstleistungen 37

Kurt Spohn: Spezialbibliotheken im Konjunkturverlauf 50

Engelbert Plassmann: Freiheit und Bindung des Bibliothekars bei der Informationsvermittlung 59

Johannes Krogoll: Zensur und Selbstzensur. Droht unseren Öffentlichen Bibliotheken Gefahr? 68

Günther Pflug: Die automatisierten Dienstleistungen der Deutschen Bibliothek und ihre Voraussetzungen in den deutschen Bibliotheken . 76

Max Pauer: Die Bedeutung eines deutschen Gesamtkatalogs und eines DV-Verbundkatalogs für das Informationswesen und die Literaturversorgung in der Bundesrepublik Deutschland 88

Klaus-Dieter Lehmann: Maßnahmen und Modellversuche zur Verbesserung des Leihverkehrs 99

Jobst Tehnzen: Leihverkehrsordnung 1978 und ASpB-Merkblatt 105

Wolfram Henning: Kommunikationsort Bibliothek: Bau- und Einrichtungsfragen 112

Horst Buschendorf: Bedeutung, Aufgaben und Organisation der Fahrbibliotheken in der Bundesrepublik Deutschland 119

Johannes Uthoff: Die Fachhochschulen und ihre Bibliotheken 134

Hermann Waßner: Zur Arbeit der Kommission Musikbibliotheken 139

Günter Beyersdorff und Wilhelm Totok: Zur Gründung des Deutschen Bibliotheksinstituts 145

Jürgen Hering: Das Stuttgarter Bibliothekswesen 153

Hilde Schmidt: Die Frau in der Bibliothek 164
Bernward Hoffmann: Die Stellungnahme der Ausbildungskommissionen von VDB und VdDB zur gemeinsamen Ausbildung von Bibliothekaren und Dokumentaren 175
Ulrich Pflugk: Zum Stand der Überlegungen in der Ausbildungskommission für wissenschaftliche Bibliotheken des Verbandes der Bibliotheken des Landes Nordrhein-Westfalen zur gemeinsamen Ausbildung von Bibliothekaren und Dokumentaren 180
Hedwig Bieber: Probleme der gemeinsamen Ausbildung von Bibliothekaren und Dokumentaren im gehobenen Dienst aus der Sicht Öffentlicher Bibliotheken 182
Bernhard Kirchhof: Überlegungen zur gemeinsamen Ausbildung von Bibliothekaren und Dokumentaren aus der Sicht einer Ausbildungsstätte für den Dienst an Öffentlichen Bibliotheken 187
Eckhart G. Franz: Gemeinsamkeiten und Unterschiede in der Ausbildung von Bibliothekaren und Archivaren im gehobenen Dienst ... 198
Preben Kirkegaard: Bibliothekarische Ausbildung in Skandinavien 203
Todora Topalova: Die bibliothekarische Ausbildung in Bulgarien 216
Alexandra Habermann: Berufschancen für Absolventen der bibliothekarischen Ausbildungsstätten 224
Josef Daum: Schlußwort zum Bibliothekskongreß und Einführung in die Schlußveranstaltung 239
Anschriften der Autoren 243

Vorwort

Mit diesem Sonderheft legt die Deutsche Bibliothekskonferenz eine Publikation vor, die sich mit den Vorträgen anläßlich des Deutschen Bibliothekskongresses 1978 in Stuttgart befaßt. Wir möchten damit auch allen Kolleginnen und Kollegen sowie den interessierten Beobachtern des Kongresses die Gelegenheit geben, sich im Nachhinein mit den Themen unserer Arbeitstagung noch einmal zu beschäftigen. Vielleicht ist doch der eine oder andere Vortrag für die tägliche Praxis von Relevanz und mancher Beitrag auch heute noch aktuell.
Besonders möchte ich in diesem Zusammenhang auf den Beitrag von Johannes Krogoll hinweisen, welcher wegen seiner Aktualität in diesen Berichtsband aufgenommen wurde, obwohl er nicht als Vortrag anläßlich des Kongresses gehalten wurde. Er stellt die Meinung eines unabhängigen wissenschaftlichen Autors dar und sollte deshalb den Bibliothekaren empfohlen werden.
Als dem Vorsitzenden der Deutschen Bibliothekskonferenz im Jahre 1978 sei mir an dieser Stelle erlaubt, allen Vortragenden herzlichst für ihre Beiträge zu danken. Ein besonderer Dank gilt den Herren Kollegen Kaegbein, Kuhlmann und Sontag für die Arbeit als Herausgeber dieses umfangreichen Werkes, welches sicher nicht ohne das persönliche Engagement dieser Kollegen zustande gekommen wäre.
So bleiben mit dem Erscheinen dieses Berichts die Bibliotheken „Informationsvermittler" im besten Sinne, indem sie alle Themen dieses zweiten großen Deutschen Bibliothekskongresses dokumentiert ihrem Lesepublikum zur Verfügung stellen.

Braunschweig, im März 1979 Josef Daum

Eröffnungsansprache des Präsidenten der Deutschen Bibliothekskonferenz

JOSEF DAUM

Fünf Jahre nach dem ersten Bibliothekskongreß in Hamburg haben wir, die Bibliothekare aller Sparten und Verbände der Bundesrepublik Deutschland, uns hier in Stuttgart eingefunden, um gemeinsam mit unseren Gästen den zweiten Kongreß dieser Art zu veranstalten. Wir sind dankbar, daß wir unsere Veranstaltung in der baden-württembergischen Hauptstadt durchführen können, weil wir Stuttgart mit seiner überaus reizvollen Umgebung als Tagungsort ganz besonders schätzen. Blies in Hamburg vor fünf Jahren der Seewind kräftig und beflügelte er manche Initiative der Bibliothekare und ihrer Unterhaltsträger, so hoffe ich, daß hier der gute Wein aus dem Schwabenlande alle Teilnehmer mit seinem guten Geist erfüllt und vor allem erleuchtet, wie er das sicher schon oft bei ertragreichen Zusammenkünften in der mehr als 800jährigen Geschichte der Stadt getan hat. Vielfältig sind die Impulse, die von Stuttgart aus ihren Weg in die Welt genommen haben. Sie sind verbunden mit Namen von Naturwissenschaftlern und Technikern, von Schriftstellern, Verlegern, Architekten und Staatsmännern. Reuchlin, Cuvier, Schiller, Uhland, Mörike, Cotta, Freiligrath und Raabe, Bosch, Daimler, Mies van der Rohe, Gropius, Scharoun und viele andere zeugen von dem reichen kulturellen Leben dieser Stadt.

Aus diesem Grunde wäre es uns eine besondere Freude gewesen, den genius loci in Gestalt des Herrn Oberbürgermeisters Manfred Rommel in unserem Kreis begrüßen zu können. In letzter Minute mußte ich erfahren, daß der Geist des Ortes noch in den Vereinigten Staaten weilt. In seiner Vertretung wird uns Bürgermeister Dr. Sander vom Finanzreferat der Stadt begrüßen. Immerhin scheint mir die Gegenwart des Finanzexperten doch ein Zeichen dafür, daß das Bibliothekswesen von diesem besonderen Standpunkt aus Beachtung findet. Ich weiß natürlich nicht, ob Sie, Herr Bürgermeister, als ebenso bibelfest gelten, wie mir das von Ihrem hohen Chef berichtet wurde. Trittfest sind Sie auf jeden Fall, denn neben der Finanzwissenschaft, die Sie als Lehrbeauftragter an der Universität Tübingen vertreten, lieben Sie das Wandern in dieser schönen Landschaft. Immerhin werden Sie aber auch die große Neuerwerbung der Landesbibliothek, die Gutenberg-Bibel, schon gesehen haben, welche in der mehr als 10000 Bibelausgaben umfassenden Sammlung die letzte große Lücke geschlossen hat. Kleine Lücken gibt es natürlich immer. So darf ich denn Sie mit dem Ihrem Chef zugedachten Bibelzitat ansprechen, das ich auch Ihnen im Hinblick auf die hier Versammelten ans Herz legen darf. Moses 3, Kap. 26, Vers 9: Und ich will mich Euch zuwenden, und will Euch wachsen und mehren lassen und will meinen Bund Euch halten.

In meiner beruflichen Laufbahn, meine Damen und Herren, war ich auch lange als Höhlenforscher unter Tage tätig. So ist es mir eine besondere Freude, in dem Vertreter des Bundesministers für Forschung und Technologie, Herrn Parlamentarischen Staatssekretär Bergingenieur Erwin Stahl, geradezu einen Kollegen und Mitstreiter willkommen heißen zu können. Ihnen, Herr Staatssekretär gilt daher der alte, persönliche und herzliche Bergmannsgruß ,,Glück Auf". Sie sind für einige Stunden vom Rhein an den Neckar gekommen, sicherlich nicht nur, um uns die Grüße der Bundesregierung zu überbringen, sondern auch um die besondere Verbundenheit Ihres Ressorts mit den Bibliotheken als den Dienern an Bildung und Wissenschaft zum Ausdruck zu bringen. Ich möchte hier zum Gruß der Bibliothekare an Sie Goethe zitieren, nicht weil er in jede Rede zu gehören scheint, sondern weil er als universell gebildeter Geist etwas von dem widerspiegelt, was die Bibliotheken in ihrer Funktion ausdrücken sollen: Universelles Sammeln des geistigen Gutes der Menschheit, Aufbereiten und zur Verfügung halten für alle, die wissenschaftlich-geistig tätig sein wollen. Goethe drückt dies so aus: ,,Schauen, wissen, ahnen, glauben und wie die Fühlhörner alle heißen, mit denen der Mensch ins Universum tastet, müssen denn doch eigentlich zusammenwirken." Wir hoffen, daß die Bibliothekare mit Ihnen zusammen gute Fühlhörner ausstrecken und noch manches ertasten. Wenn beispielsweise die ADV mit Hilfe des BMFT Eingang in Bibliotheken gefunden hat, werden auch Sie persönlich in Zukunft noch besser an die Literatur Ihres speziellen Interessengebietes, den Bergbau betreffend, herankommen können.

Der Bundesminister für Bildung und Wissenschaft, dem die Bibliotheken sich in gleicher Weise verbunden fühlen, hat uns in einem Telegramm seine besten Wünsche zu unserer Tagung übermittelt. Darf ich die Grüße hier verlesen:

,,Zu dem inzwischen Tradition gewordenen Bibliothekskongreß übermittele ich die besten Grüße. Die in der Deutschen Bibliothekskonferenz zusammengeschlossenen Verbände können durchaus mit Genugtuung, wenn auch sicher nicht in voller Zufriedenheit, auf die Entwicklung des Bibliothekswesens in den fünf Jahren seit dem Bibliothekskongreß 1973 zurückblicken. Bundesminister von Dohnanyi erklärte damals, Bibliotheken seien wichtige und notwendige Bestandteile des Bildungswesens, die sich keinesfalls zu ,,Kulturinseln" entwickeln dürften, und er verwies zusätzlich auf die wichtige Rolle der Bibliotheken in einem umfassenden Informationssystem. Seitdem wurde vieles fortentwikkelt. Das Bundesministerium für Bildung und Wissenschaft hat seinen Beitrag zur Modernisierung und Rationalisierung des Bibliothekswesens über die Finanzierung von Forschungsvorhaben und Modellversuchen geleistet. Rund 9,5

Millionen DM wurden in den letzten vier Jahren für überregionale Bibliotheksaufgaben aufgewendet. Einen Fortschritt für die Personalsituation bedeutete der Erlaß der Verordnung über die Berufsausbildung zum Assistenten an Bibliotheken. Ich nenne ferner die seit Jahren zielstrebig geförderte Zusammenarbeit zwischen Öffentlichen und wissenschaftlichen Bibliotheken, die ihren Ausdruck in der in diesen Wochen stattfindenden Errichtung des von Bund und Ländern gemeinsam getragenen Deutschen Bibliotheksinstituts findet. Das Bundesministerium für Bildung und Wissenschaft wird auch künftig im Rahmen seiner Zuständigkeiten um die Fortentwicklung des Bibliothekswesens bemüht sein. Ich wünsche dem Kongreß einen ertragreichen Verlauf und dem gesamten Bibliothekswesen eine stetige Aufwärtsentwicklung. Mit freundlichen Grüßen. Schmude."

Die Reihe der Gäste aus Baden-Württemberg wäre nicht vollzählig ohne den Vertreter der Regierung dieses Landes. Ich habe daher die Ehre, Herrn Prof. Dr. Roman Herzog, Kultusminister dieses Landes, unser aller Gruß zu sagen. Als ehemaliger Rektor der Hochschule für Verwaltungswissenschaften in Speyer kennen Sie die Probleme der Bibliotheken, so daß wir sicher sind, daß Sie auch an dieser einflußreicheren Stelle weiter zu ihrem Wohl arbeiten werden. Wir alle bedanken uns bei Ihnen, daß Sie zu uns gekommen sind, und wir bitten Sie, unsere Grüße der Regierung des Landes Baden-Württemberg zu übermitteln mit dem gleichzeitigen Dank für die großzügige finanzielle Unterstützung.

Wenn ich hier den Herrn Kultusminister namentlich genannt habe, so ergreife ich auch die Gelegenheit, alle anwesenden weiteren Vertreter dieses Landes, insbesondere seines Landtages, seiner Verwaltung, der Kommunen, der Kirchen, der Verbände, der Gewerkschaften, der Presse und des Rundfunks auf das herzlichste willkommen zu heißen.

Meine Damen und Herren, Sie werden verstehen, daß ich nicht alle Namen nennen kann, es würde meine vorgegebene Zeit erheblich überschreiten. Sie sollen aber wissen, daß wir Bibliothekare Ihr Interesse an unserem Kongreß dankbar anerkennen. Wir entnehmen daraus, daß Sie sich der Bedeutung des Bibliothekswesens als einer wesentlichen Grundlage unserer geistigen Überlieferung und der Vermittlung von Bildung und Wissen für unsere Mitbürger bewußt sind. Bleiben Sie – dies sei mein dringendster Wunsch – uns weiterhin als Ansprechpartner für unsere Sorgen und Nöte verbunden.

Erlauben Sie mir nun, meine Damen und Herren, für die vielen Forschungs- und Bildungsanstalten in Stuttgart den Rektor der Universität, Magnifizenz Prof. Dr. Hunken, und die Leiter dieser Institutionen unserer Freude über ihr Hiersein zu versichern. Wir bedanken uns bei Ihnen, Magnifizenz, daß Sie uns in großzügiger Weise mitten im laufenden Semester die Räumlichkeiten der Universität zur Verfügung gestellt haben und uns damit helfen wollen, den

Kongreß zu einem Erfolg werden zu lassen. In den Dank schließe ich an dieser Stelle auch alle anderen Dienststellen ein, die uns durch ihre Hilfe zu einem ausreichenden Raumangebot verholfen haben.

Die Länder der Bundesrepublik Deutschland sind durch den Präsidenten der Kultusministerkonferenz vertreten. Erlauben Sie mir, Herrn Prof. Dr. Walter Braun, Kultusminister des Landes Schleswig-Holstein, in unserer Mitte herzlich willkommen zu heißen. Den Wissenschafts- und Kultusministerien unterstehen die meisten großen Bibliotheken unserer Länder. Sie wissen, Herr Minister, was die Bibliotheken heute als moderne Dienstleistungsbetriebe im geistig-kulturellen Bereich an Aufgaben zu bewältigen haben. Sie wissen aber auch, wie sehr sie von den konjunkturellen Schwankungen in der Wirtschaft abhängig geworden sind. Helfen Sie als Präsident der Kultusministerkonferenz mit, eine Stabilisierung herbeizuführen, die den Bibliotheken ihre Aufgaben in der Zukunft erleichtert. Diese müssen ein festes Element in unserer Gesellschaft bleiben. Wir Bibliothekare entbieten der Kultusministerkonferenz unsere besonderen Grüße.

Ein Willkommen im Kreise der in kosmopolitischem Geist interagierenden Bibliothekare wäre unvollständig, ohne unsere Kollegen aus vielen Ländern zu begrüßen, die keine Mühe scheuen, stets aus weiter Ferne zu unseren Veranstaltungen zu kommen. Mit diesen Gästen verbindet uns nicht nur der Beruf, sondern darüber hinaus die gemeinsame Aufgabe, eine Geistesverwandtschaft und viele persönliche Freundschaften. Wir wollen immer zu jenen Menschen gehören, denen die Ideale der Humanitas, der Toleranz und des gegenseitigen Verstehens über alle Weltanschauungen hinweg etwas bedeuten. So darf ich dann auch heute wieder nicht weniger als 80 Kolleginnen und Kollegen aus 16 Ländern auf das herzlichste in Stuttgart begrüßen.

Das deutsche Bibliothekswesen nimmt in der internationalen bibliothekarischen Welt eine geachtete Stellung ein, was nicht nur dem Umstand einer guten Organisation, sondern vor allem auch der Tätigkeit unserer Kollegen in vielen internationalen Gremien zu verdanken ist. Unsere internationale Verbundenheit zeigt sich besonders darin, daß wir heute den Präsidenten der IFLA, der International Federation of Library Associations and Institutions, Herrn Dr. Kirkegaard aus Kopenhagen, als Sprecher unserer ausländischen Gäste begrüßen können. Dem internationalen Verband IFLA gehören mehr als 150 bibliothekarische Vereinigungen und ca. 520 große Bibliotheken und Bibliotheksschulen aus über 100 Ländern der Welt an.

Ein herzliches Willkommen sei den Vertretern der uns befreundeten Verbände des Archiv- und Dokumentationswesens, der Verleger und des Buchhandels zugerufen, mit denen uns naturgemäß viel Gemeinsames verbindet und deren Zusammenarbeit mit uns als vorbildlich bezeichnet werden kann. Ab und zu treten natürlich sachliche Differenzen auf, wie wir sie beispielsweise bei der Neufassung der Urheberrechtsnovelle zur Zeit beizulegen haben. Doch ich bin der festen Überzeugung, daß solche Probleme in kooperativer und toleranter Atmosphäre gelöst werden können zur Zufriedenheit aller und zum Wohle der Benutzer unserer Bibliotheken.

Bibliotheken im Konjunkturverlauf, so sollte eigentlich das Generalthema des diesjährigen Kongresses lauten. Doch die Zahl der uns erwartenden Vorträge und Diskussionen wird diesen Rahmen in mehreren Richtungen entschieden erweitern. Nichtsdestoweniger bedrohen die konjunkturellen Schwankungen die Arbeit der Bibliotheken. Wie sollen sie sich verhalten, was sollen ihre Unterhaltsträger tun? Es schien uns richtig, zu jenem Thema nach einer besonders kompetenten Persönlichkeit Ausschau zu halten, die uns Spezialinformationen aus der Sicht eines mit der Arbeitsmarktlage innig vertrauten Fachmanns anbieten kann. Es freut uns besonders, daß wir den Präsidenten der Bundesanstalt für Arbeit gewinnen konnten, uns die heutige Festrede zu halten. Es macht uns glücklich, daß Herr Josef Stingl trotz all seiner Belastungen eine Zusage gegeben hat. Ich darf Ihnen, Herr Präsident Stingl, im Namen aller Anwesenden unsern Willkommensgruß sagen. Ihr Festvortrag wird die ungeteilte Aufmerksamkeit der anwesenden Gäste und Bibliothekare finden. Sie waren und sind den Bibliotheken verbunden, das zeigt auch das angekündigte Thema ,,Bibliotheken – Bundesanstalt für Arbeit – Berufliche Bildung", welches Sie selbst so formuliert haben.

Meine Grüße und mein Dank wären unvollständig, könnte ich nicht die vielen namentlich ungenannten Gäste aus allen Bereichen des öffentlichen Lebens der Bundesrepublik Deutschland erwähnen, die ihr Interesse an unserem Kongreß bekunden und ihr Verständnis für die Probleme der Bibliotheken dadurch ausdrücken, daß sie heute so zahlreich anwesend sind. Lassen Sie mich Ihnen versichern, daß wir Ihre Teilnahme zu schätzen wissen, und hoffen, daß Sie aus den Vorträgen und Diskussionen die Probleme ersehen werden, mit denen wir uns beschäftigen müssen und bei denen Sie uns sicherlich in dem einen oder anderen Falle hilfreich unterstützen können. Die Aussteller, Firmen des Buchhandels, Verlage und Hersteller von Bibliotheksausrüstungen, tun dies bereits insofern, als sie hier ihre neuen Produkte vorstellen. In unser aller Namen heiße ich Sie herzlich willkommen.

Des weiteren möchte ich auch allen Referenten dafür danken, daß sie durch ihre Bereitschaft, an diesem Kongreß durch Vorträge und Diskussionen mitzuwirken, uns überhaupt erst in die Lage versetzt haben, ein – wie ich hoffe – attraktives Angebot an Themen vorzulegen.

Alle Grußworte anläßlich eines solchen Kongresses enden schließlich bei den Mitwirkenden selbst. So sei es mir gestattet, Sie, meine lieben Kolleginnen und

Kollegen, ganz besonders willkommen zu heißen. Sie sind in großer Zahl von ca. 1800 hier erschienen, um sich über aktuelle Fragen des Bibliothekswesens zu informieren, Mitgliederversammlungen abzuhalten und Diskussionsbeiträge zu leisten.

Daß bei allen Vorbereitungen ein Ortskomitee immer die Hauptlast der Arbeit zu tragen hat, wissen wir. So gilt unser aller Dank in besonderem Maße den Damen und Herren der Stuttgarter Bibliotheken für ihren Einsatz und ihren Dienst an der Sache. Wir werden uns stets dankbar an die vertrauensvolle Zusammenarbeit mit Ihnen, Herr Geh, Herr Hering, Herr Martin, Herr Rottakker, Herr Schmidt, Herr Waßner, und Ihren Teams erinnern.

Meine sehr verehrten Damen und Herren, vor fünf Jahren in Hamburg konnten sich die Bibliothekare noch nachgerade ungetrübt optimistisch zeigen. Der Bibliotheksplan '73, ein Entwurf für ein umfassendes Bibliotheksnetz für die Bundesrepublik Deutschland, wurde der Öffentlichkeit vorgestellt. Ein ähnlich spektakuläres Ereignis wird hier in Stuttgart nicht geboten werden. Nach der Verabschiedung auf der heutigen Mitgliederversammlung des Deutschen Bibliotheksverbandes sind wir aber in der Lage, ein anderes Druckwerk vorzulegen, welchem für die Dienstleistung der Bibliotheken und die Literaturversorgung ihrer Benutzer eine eminent wichtige Bedeutung zukommt. Ich meine die neue Leihverkehrsordnung der deutschen Bibliotheken. Sie wissen, daß heute kaum noch eine Bibliothek in der Lage ist, alle Literatur, die gewünscht wird, im eigenen Haus zu haben. Daher sind unsere Institute auf gegenseitige Hilfe in der Literaturausleihe angewiesen. Was die eine Bibliothek nicht besitzt, entleiht sie für ihre Benutzer aus einer anderen. Ein umfangreiches Geben und Nehmen hat sich hier seit vielen Jahren herausgebildet. Hunderttausende von Bestellwünschen (1977 waren es über 1,8 Mio) wandern jährlich über die Zentralkataloge an die Bibliotheken und bringen dem Benutzer fast jeden gewünschten Titel an seinen Arbeitsplatz. Die Leihverkehrsordnung regelt diese Zusammenarbeit. Für Außenstehende ist dieses sicher nichts Weltbewegendes, aber für die Wissenschaftler und die Arbeit der Bibliotheken im Leihverkehr ein unentbehrliches Werkzeug. So sei den Kolleginnen und Kollegen, die an der neuen Fassung der Leihverkehrsordnung mitgearbeitet haben, an dieser Stelle noch einmal besonders gedankt.

Wenn ich noch einige Worte zur Leihverkehrsordnung anfüge, so deshalb, weil die Fernleihe eng mit der in Vorbereitung befindlichen Urheberrechtsnovelle im Zusammenhang steht. Die Wichtigkeit des Versandes von Einzelkopien gegenüber ganzen Zeitschriftenbänden ist nicht nur ein finanzielles, sondern auch ein allgemeines Serviceproblem. Dieser Versand von Zeitschriftenartikeln würde durch eine undienliche Novellierung eingeschränkt, ein ganzer Zweig wichtiger Dienstleistungen könnte ganz zum Erliegen kommen. Dies kann und darf nicht im Interesse unserer Benutzer sein. Daher richte auch ich die Bitte an die Verleger, den deutschen Bibliotheken durch sachliche Verhandlungen zu helfen, ihren derzeitigen guten Service, der durch die Leihverkehrsordnung seine Bestätigung findet, nicht zu behindern.

Der weitgespannte Hamburger Optimismus wurde längst gedämpft. Was ist aus dem Bibliotheksplan '73 geworden? Die Bibliotheken sind – wie ich schon eingangs erwähnte – mit in die allgemeine Wirtschaftsrezession geraten. Damit hatten viele gute Ideen des Planes kaum Aussicht auf Verwirklichung. Wenn z. B. eine Stadt sparen muß, wird immer dort der Rotstift angesetzt, wo freiwillige Leistungen einer gesetzlich vorgeschriebenen Zahlung gegenüberstehen. Hier sind betrüblicherweise kulturelle Einrichtungen am ehesten betroffen, da Ausgaben für sie in die Rubrik der freiwilligen Aufwendungen fallen. „Bücher für die Bibliothek kann man ja kaufen, wenn es uns wieder besser geht", lautet oft eine kurzsichtige Devise. Aber verlieren damit die Bibliotheken nicht ihre Aktualität als wichtigste Informationszentren? Wo bleibt die Kontinuität im Aufbau eines Bücherbestandes? In einer Zeit, wo Zehntausende von Menschen ihren Beruf aus wirtschaftlichen und technischen Erwägungen wechseln müssen und Literatur zur Ausbildung und Weiterbildung benötigen, fehlen hier oft die notwendigen Arbeitsinstrumente. Das gilt auch für die sozialen Aufgaben vor allem der Öffentlichen Bibliotheken im Dienst an alten Menschen, kranken Mitbürgern, Kindern, Heranwachsenden.

Bildung eines Volkes kann nicht allein durch Presse, Rundfunk und Fernsehen geschehen, die Wurzeln reichen tiefer, nämlich in die Bibliotheken hinein. Was menschlicher Geist je erdacht und in schriftlicher Form fixiert hat, wird zumeist in den Bibliotheken aufbewahrt, wird dort erschlossen und harrt dort der Benutzung. Ob dies mit Hilfe der ADV, mit audiovisuellen oder konventionellen Mitteln geschieht, von den Bibliotheken müssen diese Informationen wieder ausgehen für alle, die solche notwendig haben. So kann man nicht oft genug auf die Bedeutung der Bibliotheken für unseren Wissensstand hinweisen, auf die Mediotheken und die Literaturverbundsyteme, welche die Information jedem zur Verfügung stellen müssen, der ihrer bedarf. Und wenn wir für die Zukunft unserer Volkswirtschaft auf den Export unseres know-how angewiesen sind, dann geht dies sicher nicht ohne wissenschaftliche Bildung und damit nicht ohne unsere Institute und ihre Informationssysteme im Verbund mit Dokumentationsstellen und Datenbanken. Diese Notwendigkeit haben sicher auch schon viele eingesehen, Politiker sowohl als Wirtschaftsfachleute, staatliche wie private Stellen. Daher gilt es auch, in Phasen der Rezession die Bibliotheken nicht zu vernachlässigen und ihnen die Kontinuität zu sichern, damit die Wurzeln unserer Bildung und unseres wissenschaftlichen und technischen Fortschritts erhalten bleiben.

Was weiterhin den Bibliotheksplan '73 angeht, so liegen zwar Bestrebungen vor, die ihm die Möglichkeit einer Verwirklichung auf die Dauer einräumen, und ich meine auch, daß die meisten Projekte nur schrittweise vollzogen werden können. Im Land Baden-Württemberg ist bereits ein Gutachten für Bibliotheken in Anlehnung an den Bibliotheksplan entstanden, und in Bayern ist in jüngster Zeit ebenfalls ein Konzept ausgearbeitet worden. Letzteres geht stärker von den Realitäten des dortigen Bibliothekswesens aus und legt weniger die theoretischen Erörterungen des Planes '73 zugrunde. Auch in Niedersachsen wird in Kürze eine ähnliche Untersuchung veröffentlicht, die schrittweise vorgibt, wie man die Situation verbessern kann. Diese erfreulichen Ansätze sollen die Hoffnung ausdrücken, daß Realisierbares im Bibliotheksplan '73 steckt und daß andererseits auch manches bei Änderung der äußeren Gegebenheiten neu überdacht werden muß. Auch die Gründung des Deutschen Bibliotheksinstitutes, welches endlich seine gesetzliche Grundlage gefunden hat, könnte ein Schritt auf diesem Wege sein. Wenn ich daher wiederholt und nachdrücklich um Ihre Mithilfe appelliere, so geschieht dies nicht zum Wohle unseres Berufsstandes – wir Bibliothekare haben uns seit eh und je als Diener an der Gemeinschaft verstanden –, sondern im Interesse unserer Bibliotheken als kulturelle, wissenschaftliche und bildungspolitische Einrichtungen unseres demokratischen Staates.

Im Programm dieses Kongresses finden Sie viele Themen, die sich mit den finanziellen Auswirkungen der Konjunktur auf Personal und Etat der Bibliotheken befassen. Daneben gibt es natürlich auch andere bibliothekarisch-fachliche und berufsbezogene Themen, wie man sie in einer Arbeits- und Fortbildungstagung für Bibliothekare erwartet. Es wird auch eine Podiumsdiskussion mit Politikern, Schriftstellern und Bibliothekaren zu dem Thema „Freiheit und Bindung des Bibliothekars bei der Informationsvermittlung" stattfinden. Gegenstand dieser Diskussion soll die Frage der Zensur und Selbstzensur in Bibliotheken sein. Wie Sie wissen, meine Damen und Herren, wird diese Frage seit einiger Zeit diskutiert, wobei häufig allerdings nicht Tatsachen die Grundlage bilden, sondern Emotionen und Gerüchte. Literaturversorgung und Informationsvermittlung sind die legitimen Aufgaben der Bibliotheken. Bei der Erfüllung dieser Aufgaben müssen in einem demokratischen Staat die Bibliothekare frei sein; eine Zensur und Selbstzensur ist mit ihrer Tätigkeit nicht zu vereinbaren. Freiheit des Bibliothekars kann aber m. E. nicht bedeuten, daß er bei seiner Arbeit an k e i n e Normen gebunden ist, denn auch ein demokratischer Staat kann nicht auf gewisse Normen verzichten. Wie diese Normen aussehen sollten, so hoffe ich, wird in unserer Podiumsdiskussion zur Sprache kommen.

Lassen Sie es mich noch einmal betonen: Wir sind gegen Zensur und Selbstzensur in Bibliotheken, für die Freiheit der Bibliothekare bei der Informationsvermittlung. Ist diese Freiheit wirklich bedroht, wie uns einige – sicherlich laute

– Stimmen weismachen wollen, und kontrolliert gar der Verfassungsschutz die Buchausleihe so mancher Bibliothek und die Lektüre gewisser Benutzer? Auch letzteres ist ja wohl von bibliothekarischer Seite der Presse mitgeteilt worden. Es wäre gut, wenn diese Behauptungen auf ihren Wahrheitsgehalt überprüft bzw. bewiesen würden. Es wäre gut, wenn jene unserer Kollegen, die Angst davor haben, einer Selbstzensur zu unterliegen, oder denen man diese Gefahr einreden möchte, sich an den Satz des Perikles erinnern: „Wisset, daß das Geheimnis des Glücks die Freiheit, das der Freiheit aber der Mut ist." Unter Mut verstehe ich, endlich Roß und Reiter zu nennen. Wer ist jener leitende Bibliothekar, von dem die Informationen stammen, die es im Blätterwald rauschen lassen? Wer, wie meine Generation, wirklich Zensur erlebt hat, hat ein besonderes Interesse daran, die Dinge öffentlich geradezurücken. Hoffentlich geschieht dies in der Podiumsdiskussion.

Meine Damen und Herren, kein Kongreß wäre vollständig ohne ein Rahmenprogramm. Konzerte, Empfänge, Besichtigungen, Exkursionen und Ausstellungen runden auch unsere Veranstaltung ab. Dieses Rahmenprogramm soll dazu beitragen, eine aufgelockerte Atmosphäre zu schaffen, in der Kontakte und Begegnungen vertieft werden können. Die Landschaft um Stuttgart sowie die Kunst und Kultur in dieser traditionsreichen Gegend werden hoffentlich ein übriges tun, um eine Harmonie zwischen Kongreßteilnehmern und Gastgebern zu erwirken und einen angenehmen Verlauf der Tagung sicherzustellen.

In dieser Hoffnung erkläre ich den Bibliothekskongreß 1978 für eröffnet.

Bibliotheken – Bundesanstalt für Arbeit – Berufliche Bildung

Von
JOSEF STINGL

1. Berufliche Bildung als Anforderung der modernen Industriegesellschaft

Die meisten Menschen in unserer Gesellschaft sehen Bildung allgemein als etwas Erstrebenswertes an. Bildung wird als Selbstzweck bejaht, weil sie größere Dimensionen für unsere Persönlichkeitsentfaltung eröffnet. Es gibt noch eine Reihe anderer Gesichtspunkte und Motivationen. Bildung im Sinn der beruflichen Bildung wird zu Recht in Verbindung gebracht mit beruflichem Erfolg, mit entsprechenden Einkommensverhältnissen, auch mit Macht und Einfluß. Daß dabei andere Momente wie Freude am eigenen beruflichen Können, Leistungsstolz, aber auch Karrieredenken mit einfließen, wissen wir.

Wer als Arbeitsmarktpolitiker an die Frage nach Wert und Bedeutung beruflicher Bildung herangeht, hat all die genannten Momente mit einzubeziehen. Sie haben nämlich ihre direkte oder indirekte Auswirkung auf die Arbeitswelt. Werfen wir daher zunächst einen Blick auf unsere moderne Industriegesellschaft.

Seit Beginn der Industrialisierung ist das Wirtschaftsgeschehen von einem rasant fortschreitenden Strukturwandel gekennzeichnet. Fortschritte der Technologie beeinflussen die Produktionsverfahren unter anderem auf eine ständig steigende Mechanisierung, Rationalisierung und Automation hin. Die elektronische Datenverarbeitung setzte neue Margen nicht zuletzt auch hinsichtlich der Arbeitsorganisation. Die Arbeits- und Berufswelt im allgemeinen, wie auch des einzelnen, blieb davon nicht unberührt. Nehmen wir als Beispiel gleich die Fachkräfte im Bibliothekswesen. Der heutige Bibliothekar, von dem mehr und mehr Management-Fähigkeiten verlangt werden, ist einfach nicht mehr vergleichbar mit Spitzwegs ,,Bücherwurm" auf der Leiter. Das gesamte Berufsfeld unterliegt einer ständigen Veränderung. Die wachsende Quantität der Bestände etwa, die einhergeht mit immer weiterer Spezialisierung, läßt in zunehmendem Maße den Einsatz von EDV-Anlagen auch in Bibliotheken zur zwingenden Notwendigkeit werden. In Bayern zum Beispiel liegen dazu ja gegenwärtig entsprechende Pläne vor.

Der ständige Wandel der industriellen Branchenstruktur vom Massenprodukt zu spezialisierten, technisch hochwertigen Produktionen ist nicht nur Folge und Ergebnis einer immer breiteren Wissensbasis. Dieser Wandel stellt auch ständig neue Anforderungen an die beruflichen Kenntnisse und Fähigkeiten der Beschäftigten. Nach einer Untersuchung der Stanford-Universität hat sich das Wissenskapital der Menschheit jeweils verdoppelt in der Zeit von 1800 bis 1900, von 1900 bis 1950, von 1950 bis 1960 und von 1960 bis 1966. Auch wenn diese sich ständig beschleunigende Entwicklung nicht gleichzusetzen ist mit der Geschwindigkeit wirtschaftlichen Fortschrittes und dem Ausmaß des Strukturwandels, so läßt sich dennoch erkennen, wie auch die Anforderungen an den beruflichen Bildungsstand rapide wachsen.

Seinen Niederschlag findet das auch rein zahlenmäßig in der Entwicklung der Fachliteratur. Gab es zum Beispiel im Jahre 1765 erst ganze zehn wissenschaftliche Zeitschriften, so waren es 1865 bereits etwa 1000; hundert Jahre später kletterte die Zahl auf ca. 100000. Selbst wenn sich diese Entwicklung in der Zukunft abschwächen sollte, wirkt die Beschleunigung fast beängstigend. Da auch Fachliteratur einer Marktgesetzlichkeit unterliegt, ist die Folgerung berechtigt, daß dieses Angebot der Spiegel einer entsprechenden Nachfrage ist.

Die Arbeitsmarkt- und Berufsforschung liefert nun ihrerseits entsprechende Beiträge. Eindrucksvoll belegen sie, daß eine einmal durchlaufene Berufsausbildung nicht mehr als ein Grundstock für den weiteren beruflichen Werdegang sein kann. Die ständige Weiterentwicklung und Anpassung der beruflichen Fähigkeiten bis hin zum Extremfall des Berufswechsels erweisen sich als unabdingbare Notwendigkeit. Laut einer Befragung des Instituts für Arbeitsmarkt- und Berufsforschung aus dem Jahre 1970 haben nicht weniger als ein Drittel aller männlichen Erwerbspersonen in der Bundesrepublik Deutschland mit abgeschlossener Berufsausbildung mindestens einmal einen Berufswechsel vollzogen.

Berufliche Weiterbildung geschieht zunächst durch das learning on the job. Die tägliche Anforderung bringt fast unmerklich eine Anpassung und Fortentwicklung der beruflichen Fähigkeiten. Am augenfälligsten ist das noch in jenen beruflichen Aufgaben, bei denen etwa das Studium der Fachliteratur zum unmittelbaren Pflichtenkreis gehört. Umgekehrt kann jemand, der wegen längerer Arbeitslosigkeit oder Krankheit dieses tägliche Weiterlernen entbehren muß, sehr schnell ins Hintertreffen geraten. Hier liegt unter anderem ein ernstes Problem für Frauen, die für einige Zeit aus familiären Gründen aus dem Erwerbsleben ausscheiden. Wenn sie dann nach Jahren in den erlernten Beruf zurückkehren wollen, ist ihnen inzwischen die Entwicklung davongelaufen. Für eine notwendige Überbrückung in solchen Fällen könnte das Verfolgen der Fachliteratur und der Besuch berufsbildender Lehrgänge und Kurse sorgen. Leider werden solche Möglichkeiten offensichtlich noch zu wenig genützt. Dem manchmal vorgebrachten Einwand, daß einschlägige Literatur für viele vom Preis her unerschwinglich sei und das Angebot auch nicht mehr zu überblicken sei, kann nicht zuletzt mit einem Hinweis auf die Dienstleistungen der Bibliotheken begegnet werden. Freilich wäre hier noch manches zu tun, um die Breitenwirkung der Bibliotheken zu verstärken, wie dies angesichts des insgesamt großen Bedarfs notwendig wäre. Hier geht mein Appell an Sie, mehr dafür zu werben.

Von Dr. Hildebrandt, Präsident des Landesgewerbeamtes Baden-Württemberg, Stuttgart, habe ich erfahren, daß im Herbst 1970 im Landesgewerbeamt Baden-Württemberg in Stuttgart eine öffentliche Spezialbibliothek, die Bibliothek für berufliche Bildung, geschaffen wurde, die für das Niveau der mittelständischen Betriebe Fachliteratur aus den Gebieten Unternehmenswirtschaft und Produktionstechnik sowie zur Fachkunde für alle Gewerbezweige bereithält. Bemerkenswert ist die Aktualität dieser Einrichtung durch 450 laufend bezogene Fachzeitschriften. Ein Literaturdienst und finanzielle Zuschüsse ermöglichen es den Öffentlichen Bibliotheken im ganzen Land, eigene Fachbereiche für berufliche Bildung aufzubauen. Das Amt besitzt eine ähnlich strukturierte Gewerbebücherei in seiner Direktion in Karlsruhe.

Ebenfalls in Baden-Württemberg, in Biberach, wurde beim beruflichen Schulzentrum als Modellfall mit 1,2 Mio. DM vorwiegend aus Bundesmitteln vor zwei Jahren eine öffentliche Mediothek geschaffen, die neben Fachliteratur auch audiovisuelle Medien bereithält.

2. Ein Kernpunkt finaler Arbeitsmarktpolitik

Der Stand beruflicher Bildung hat einen sehr konkreten Bezug zur Arbeitsmarktpolitik. Würden nämlich der wirtschaftliche Entwicklungs- und berufliche Bildungsstand nicht miteinander Schritt halten, so ergäbe sich daraus strukturelle Arbeitslosigkeit. Die Qualität angebotener Arbeitsplätze und die berufliche Qualifikation der Arbeitnehmer würden auseinanderklaffen. Freie Arbeitsplätze können trotz zahlenmäßig großer Arbeitslosigkeit nicht besetzt werden, weil den Arbeitslosen die entsprechende Qualifikation für die freien Arbeitsplätze fehlte.

Die gegenwärtig vorhandenen Diskrepanzen zwischen Angebot und Nachfrage auf dem Arbeitsmarkt beruhen nur zu einem Teil auf Momenten beruflicher Qualifikation. Häufig spielen gesundheitliche Einschränkungen oder sonstige Leistungsminderung eine Rolle.

Seit dem Jahre 1969 haben wir in der Bundesrepublik das Arbeitsförderungsgesetz. Bedingt durch die Lage auf dem Arbeitsmarkt tritt es in jüngster Zeit vor allem in Erscheinung durch die Leistungen für die soziale Sicherung im Falle der Arbeitslosigkeit. Der Rahmen dieses Gesetzes ist aber viel weiter gespannt. Es will sicherstellen, daß durch planvolle Maßnahmen das Wachstum der Wirtschaft gefördert und für den einzelnen seinem persönlichen Recht auf Arbeit entsprechend auch ein für ihn passender Arbeitsplatz zur Verfügung gestellt werden kann.

Wir haben es also mit einem Gesetz zu tun, das nicht mehr bloß darauf gerichtet ist, den Arbeitnehmer und seine Familie im Zusammenhang mit dem Erwerbsleben vor Ungerechtigkeit zu schützen. Er soll positiv in bezug auf sein Arbeitsleben unterstützt und gefördert werden. Dazu gehören eine Arbeitsmarkt- und Berufsforschung, die zu ermitteln sucht, wie die Chancen in den einzelnen Berufszweigen in der Zukunft sein werden. Es gehört dazu eine fachkundige Berufsberatung und Arbeitsvermittlung. Angesichts der schnellen technischen Entwicklung gehört hierher genauso die Förderung beruflicher Ausbildung, Fortbildung und Umschulung. Nur so kann der einzelne in die Lage versetzt werden, den beruflichen Anforderungen von morgen zu genügen. Nur so kann auch eine hoch entwickelte Volkswirtschaft auf ein nötiges Reservoir an qualifizierten Arbeitskräften zurückgreifen.

Berufsausbildung und berufliche Qualifikation sind zwar kein absoluter Schutz gegen Arbeitslosigkeit. Aber wer eine abgeschlossene Berufsausbildung hinter sich hat, wer beruflich beweglich ist und sich bereit zeigt, ständig hinzuzulernen, ist von Arbeitslosigkeit weniger bedroht und betroffen bzw. leichter wieder in Arbeit zu vermitteln als der Ungelernte. Unsere letzte Strukturerhebung der Arbeitslosen von Ende September hat wiederum 53,2% Ungelernte unter den Arbeitslosen ermittelt. Von denen, die über ein Jahr arbeitslos waren, konnten sogar 59% keine abgeschlossene Berufsausbildung nachweisen. Ende September 1977 standen für die 426176 Arbeitslosen mit abgeschlossener Berufsausbildung 128200 offene Stellen, für die eine abgeschlossene Berufsausbildung gefordert wurde, zur Verfügung. Damit entfiel auf drei Arbeitslose eine offene Stelle. Noch ungünstiger aber sieht die Lage für Kräfte ohne berufliche Ausbildung aus. Hier standen 485100 Arbeitslosen 107000 Stellenangebote gegenüber. Auf eine offene Stelle kamen rechnerisch etwa viereinhalb Arbeitslose ohne Berufsausbildung. Hinzu kommt, daß sich ein Arbeitsloser mit Berufsausbildung auch um einen Arbeitsplatz für Ungelernte bewerben kann. Dem Ungelernten dagegen sind alle Angebote verschlossen, für die eine Berufsausbildung gefordert wird.

Die Arbeitsverwaltung begegnet diesen strukturellen Anforderungen mit einer finalen Arbeitsmarktpolitik, wie sie vor allem im Angebot der Förderung beruflicher Bildung zum Ausdruck kommt. Auch das Haushaltsstrukturgesetz vom 18. Dezember 1975 hat an diesem arbeitsmarktpolitischen Ansatz nichts geändert. Trotz verschiedener Einsparungen blieb der Rechtsanspruch auf die Förderung beruflicher Einarbeitung, Fortbildung und Umschulung erhalten. Die negativen Auswirkungen des Haushaltsstrukturgesetzes auf diesen Kernpunkt konstruktiver Arbeitsmarktpolitik konnten inzwischen durch Korrekturen gemildert werden. So stieg die Zahl der Eintritte in Maßnahmen beruflicher Bildung von Januar bis Ende März 1978 wieder auf 45500, nachdem sie im vergleichbaren Zeitraum 1977 nur 27800 betragen hatte.

Unter Beiseiteschieben der langfristigen Zielsetzung beruflicher Bildung wird manchmal die Frage gestellt, wie viele Arbeitslose wir denn mit dieser Förderung beruflicher Bildung von der Straße holen würden. Nun, um die Antwort brauchen wir nicht verlegen zu werden. Unter jenen, die in den ersten drei Monaten 1978 in berufliche Bildungsmaßnahmen eingetreten sind, waren 42,8% oder 19500 bis dahin arbeitslos.

Jetzt aber noch zu der sachlich sehr berechtigten Frage nach dem arbeitsmarktpolitischen Nutzen der Förderung beruflicher Bildungsmaßnahmen. Die von der Straße weggeholten Arbeitslosen wurden soeben genannt. Wie steht es aber mit der Vermittelbarkeit nach Abschluß einer beruflichen Bildungsmaßnahme? Gelegentlich wird der Vorwurf erhoben, wir schulten in die Arbeitslosigkeit hinein. Daß dies nicht stimmt, kann ich Ihnen mit folgendem Zahlenmaterial belegen: Von allen Personen, die zwischen dem 1. Juli 1975 und dem 30. September 1976 eine berufliche Bildungsmaßnahme abgeschlossen hatten, waren Ende September 1976 nur 6,2% arbeitslos. Vor der Bildungsmaßnahme aber waren von den Teilnehmern 25,9% arbeitslos gewesen. Unser Institut für Arbeitsmarkt- und Berufsforschung ermittelte im Jahre 1975 durch eine Befragung unter ehemaligen Absolventen von beruflichen Förderungsmaßnahmen aus dem Jahre 1973, daß 78% durch die Maßnahme eine Erweiterung beruflicher Kenntnisse erlangten. 56% nannten größeres persönliches Leistungsvermögen, 55% größere berufliche Beweglichkeit, 49% mehr berufliche Sicherheit als erreichte Ziele. Trotz mancher Anfangsschwierigkeiten war bereits zwei Jahre nach Lehrgangsabschluß der überwiegende Teil der Absolventen so beschäftigt, wie es voll oder annähernd dem Schulungsziel entsprach.

3. Mittelfristige Ausbildungsprobleme

Unter diesem Blickwinkel gewinnen natürlich Beschäftigungs- und Ausbildungsprobleme für Jugendliche besondere Bedeutung. Von den rund 1 Million Arbeitslosen waren Ende April rund 79000 Jugendliche unter 20 Jahren. Die Arbeitslosenquote dieser Altersgruppe liegt mit 3,7% deutlich unter der Gesamtquote der Vollzeitarbeitslosen von 4,1%. Insgesamt kann festgestellt werden, daß Jugendliche noch nicht – ich betone noch nicht! – überdurchschnittlich von Arbeitslosigkeit betroffen sind. Gegenüber dem Vorjahresstand ging die Arbeitslosigkeit in dieser Altersgruppe trotz des ersten geburtenstarken Jahrgangs um 11% zurück, während die Arbeitslosigkeit allgemein nur um 3,7% abnahm. In bezug auf die Dauer der Arbeitslosigkeit sind Jugendliche erheblich günstiger daran als andere Personengruppen. Ein Sonderproblem bei Jugendlichen ist die Ausbildungssituation aufgrund geburtenstarker Jahrgänge in den nächsten Jahren. Ausbildungs- und Beschäftigungsfragen bei Jugendlichen müssen deutlich unterschieden werden. Die Strukturuntersuchung der Arbeitslosen von Ende September 1977 ergab, daß nur 10,6% der Arbeitslosen unter 20 Jahren eine Berufsausbildung anstrebten.

Der aktuelle Stand auf dem Ausbildungsstellenmarkt zeigt, daß wir dank zahlreicher Appelle von verschiedenen Seiten im Berichtsjahr 1976/77 trotz des ersten starken Schülerjahrgangs nicht schlechter dastanden als ein Jahr zuvor. Die positive Tendenz hat sich auch seitdem fortgesetzt. In den ersten sieben Monaten des laufenden Berufsberatungsjahres vom 1. Oktober 1977 bis 30. April 1978 sind den Arbeitsämtern 321000 betriebliche Ausbildungsstellen zur Besetzung gemeldet worden, 46500 oder 16,9% mehr als um diese Zeit des Vorjahres. Gleichzeitig stieg nach einer vorläufigen Übersicht die Zahl der bei den Arbeitsämtern gemeldeten Bewerber um eine Ausbildungsstelle um 25900 oder 7,1% auf 351500. So erfreulich diese Entwicklung ist, müssen wir doch weiterhin an Wirtschaft, Verwaltung und freie Berufe appellieren, noch mehr offene Berufsausbildungsstellen über die Arbeitsämter anzubieten.

Nach dem Entwurf des Berufsbildungsberichtes für das Jahr 1978 erwartet die Bundesregierung etwa 630000 Ausbildungsplatzsuchende. Im Vergleich zum Vorjahr wäre das ein Anstieg um 7,7%. Dieser Nachfrageschätzung zufolge müßten zum zahlenmäßigen Ausgleich 46000 Ausbildungsstellen mehr angeboten werden als 1977.

Die jetzt veröffentlichten Zahlen lassen jedoch allenfalls sehr vorsichtige Trendaussagen zu, da sie nur die erste Hälfte des Berufsberatungsjahres umfassen. Berücksichtigt werden muß weiter, daß während des letzten Berufsberatungsjahres den Arbeitsämtern jeweils etwa drei Fünftel aller offenen betrieblichen Ausbildungsstellen zur Besetzung genannt wurden. Wegen Ausbildungsstellen sprachen etwa drei Viertel aller Bewerber beim Arbeitsamt vor. Mitunter dürften in diesem Jahr auch den Arbeitsämtern von einigen Firmen offene Ausbildungsstellen frühzeitiger gemeldet worden sein als in den zurückliegenden Jahren.

Prozentual besonders deutlich zugenommen hat nach dem Stand von Ende März das bei den Arbeitsämtern gemeldete Ausbildungsstellenangebot bisher in den Ernährungsberufen (+ 38,5%), bei den Verkehrsberufen (+ 25,8%), bei den Textil-, Bekleidungs- und Lederberufen (+ 24,4%), bei den Bau- und Baunebenberufen (+ 22,3%) und bei den Organisations-, Verwaltungs- und Büroberufen (+ 21,2%). Absolut war die Zunahme um 7900 auf 45400 bei den Organisations-, Verwaltungs- und Büroberufen, um 7700 auf 66500 bei den Metallberufen und um 7100 auf 63400 bei den Waren- und Dienstleistungskaufleuten am größten.

Das Interesse der Bewerber stieg vor allem für die Berufe Körperpfleger, Gästebetreuer und für Hauswirtschafts- und Reinigungsberufe (+ 15,6%), für die Bau- und Baunebenberufe (+ 13,1%) und für die Textil-, Bekleidungs- und Lederberufe (+ 12,7%). Die Bundesanstalt wertet dies als Zeichen dafür, daß sich die Jugendlichen zunehmend auf das Angebot an Ausbildungsstellen einstellen. Dennoch gilt die Bitte an Jugendliche und Eltern uneingeschränkt weiter, sich nicht unbedingt auf einen bestimmten Ausbildungsberuf festzulegen, sondern die Möglichkeiten des Ausbildungsstellenmarktes in die Überlegungen stärker als bisher miteinzubeziehen.

Die weitere Frage, was mit den jungen Menschen später geschehen soll, wenn sie ihre Berufsausbildung abgeschlossen haben, ist sehr ernst zu nehmen. Sie begegnet sich mit der Frage der Einmündung des akademischen Nachwuchses in das Beschäftigungssystem. In beiden Bereichen wird es nicht ohne Reibungsverluste abgehen. Wenn wir trotzdem ein Ausbilden auf Vorrat propagieren und betonen, daß eine mögliche Überqualifikation immer noch besser ist als eine eventuelle Unterqualifikation, so geschieht dies im Hinblick auf das Arbeitsplatzrisiko des einzelnen und im Blick auf die längerfristige Entwicklung.

Von verschiedenen Seiten ist in letzter Zeit immer wieder darauf hingewiesen worden, daß bis in die Mitte der 80er Jahre das inländische Erwerbstätigenpotential erheblich anwachsen wird. Geburtenstarke Jahrgänge werden auf den Arbeitsmarkt drängen. Seit 1962 sank die Zahl der deutschen Arbeitskräfte von 26,2 Mio. auf den Tiefpunkt mit 24,5 Mio. im Jahre 1975. Seit 1976 steigt die Zahl der deutschen Erwerbstätigen – zunächst noch langsam – bis zu einem oberen Wendepunkt mit etwa 25,5 Mio. im Jahre 1988. Danach geht das Angebot an deutschen Arbeitskräften wieder stark zurück. Wir werden uns also rein von der Bevölkerungsentwicklung her für die kommenden Jahre auf eine schwierige Arbeitsmarktlage einstellen müssen.

Das bedeutet näherhin verstärkten Druck auf das Reservoir an Arbeitsplätzen. Will man nicht nur die gegenwärtige Arbeitslosigkeit beseitigen, sondern auch die vermehrte Zahl der Erwerbstätigen unterbringen, so müßten bis 1988 zusätzlich etwa 2 Mio. Arbeitsplätze angeboten werden.

Dabei sollte man nicht vergessen, daß es sich um einen Zeitraum von etwa zehn kritischen Jahren handeln wird. Danach kehren sich die Zeichen wieder um. Schulabgänger und deutsche Erwerbstätige gehen stark zurück. Ein neuer Mangel an Arbeitskräften ist absehbar.

Damit scheint sich mir bereits die Grobmarkierung für eine Bewältigung der Probleme abzuzeichnen. Bildungs- und Beschäftigungspolitik sind dabei in gleicher Weise aufgerufen. Viel wird natürlich von der wirtschaftlichen Entwicklung abhängen. Insgesamt aber muß auf eine Ausweitung des Angebotes beruflicher Ausbildung hingesteuert werden. Ein „Ausbilden auf Vorrat" ist keine unrealistische Forderung.

Zur Überwindung der Schwierigkeiten, denen wir uns auf dem Arbeitsmarkt und vor allem in bezug auf die Ausbildungssituation gegenübersehen, halte ich eine Korrektur bildungspolitischer Zielvorstellungen für erforderlich. Bei der Frage beruflicher Bildung müßte die heute vielfach herrschende Überbewertung der schulisch-akademischen Bildung überwunden werden. Es gilt, die natürlichen Unterschiede in der Begabung und Neigung der jungen Menschen wieder an ihren Platz zu rücken. Dabei bedürfen die sogenannten praktischen beruflichen Tätigkeiten einer Aufwertung. Gleiche Chancen heißt ja nicht, daß jeder den gleichen Bildungsgang zu durchlaufen hätte.

Aus dem bisher Gesagten ist sicher deutlich geworden, daß berufliche Bildung grundsätzlich wichtig ist. Die aufgezeigten Schwierigkeiten in der Arbeitsmarkt- und Ausbildungssituation der nächsten Jahre weisen darüber hinaus der beruflichen Weiterbildung eine besondere Rolle zu. Selbst wenn es gelingen sollte, jedem Schulabgänger einen Ausbildungsplatz anzubieten, so wird doch mancher zu einer Ausbildung greifen müssen, die unter Umständen weder seiner Eignung noch seiner Neigung ganz entspricht. Dennoch ist eine solche Ausbildung nicht wertlos. Aber in späterer Zeit wird hier korrigiert werden müssen. Denken wir immer daran, daß es sich hauptsächlich um zehn schwierige Jahre handeln wird. Wem der Start ins Berufsleben jetzt im Alter von 15 oder 18 Jahren nicht gelingt, den kann man dann mit 25 oder 28 Jahren nicht einfach nachträglich in ein reguläres Ausbildungsverhältnis stecken. Hier werden neue Formen beruflicher Ausbildung, vor allem aber der Weiterbildung entwickelt werden müssen.

4. Arbeitsmarktsituation der Bibliothekare

Bei der aufgezeigten großen Bedeutung der Aus- und Weiterbildung für das heutige Berufsleben sollte man eigentlich erwarten, daß nicht nur Lehrgänge und Seminare, sondern auch alle Berufe rund um das Buch geradezu eine Blütezeit erleben. Ein Blick auf die Wirklichkeit verhilft da allerdings zu einem Abbau euphorischer Erwartungen.

Die Zentralstelle für Arbeitsvermittlung in Frankfurt (ZAV) kommt in einer Information vom März 1978 zu folgender Darstellung:

„Das Buch gilt traditionell selbst im Zeitalter der Taschen- und Wegwerfbücher als langlebiges Informationsmittel, das in Bibliotheken einem breiteren Leserpublikum zur Verfügung stehen und auch späteren Generationen erhalten bleiben soll. Als Arbeitsplatz für den wissenschaftlich ausgebildeten Philologen, Historiker, Philosophen oder Absolventen anderer geisteswissenschaftlicher Disziplinen kommt zunächst nur der höhere Dienst an wissenschaftlichen Bibliotheken in Frage. Da die Ausbildungsplätze für Bibliotheksreferendare äußerst begehrt sind, übersteigt die Anzahl der Bewerber seit Jahren die zur Verfügung stehenden Kapazitäten um ein Vielfaches.

Es gibt derzeit insgesamt rund 1200 Planstellen des höheren Dienstes an wissenschaftlichen Bibliotheken in der Bundesrepublik. Die Altersstruktur der wissenschaftlichen Bibliothekare ist allerdings so gestaltet, daß in den nächsten Jahren nur wenige Planstellen frei werden dürften. In der Altersgruppe von 56 bis 65 Jahren befinden sich derzeit 9%, in der Altersgruppe von 31 bis 40 Jahren hingegen 49% der im Beruf stehenden wissenschaftlichen Bibliothekare. Da mit nennenswerten Planstellenmehrungen in Zukunft kaum mehr gerechnet werden kann, ist zu befürchten, daß auch hier die bestandene Staatsprüfung für den höheren Dienst an wissenschaftlichen Bibliotheken eine Festanstellung als Bibliotheksrat nicht mehr unbedingt garantiert. Zudem muß man beachten, daß die geisteswissenschaftlichen Referate gegenüber den naturwissenschaftlichen und technischen im Gesamtverband der wissenschaftlichen Bibliotheken an Bedeutung verlieren dürften. In diesem Zusammenhang kann man natürlich auch als beruflichen Ansatz an den Buchhandel denken. Er bietet dem kommerziell Begabten sicher eine diskutable Ausweichmöglichkeit, die nicht ohne Chance ist. Eine längere Tätigkeit im Buchhandel wird aber ein unkonventioneller Weg nur für wenige bleiben." Soweit diese Information der ZAV.

Betrachtet man die aktuelle Arbeitsmarktstatistik, in der allerdings Bibliothekare, Archivare und Museumsfachleute (!) zusammengefaßt sind, so zeigt sich, daß die im ersten Halbjahr 1977 zu beobachtenden Anzeichen für eine Stabilisierung auf diesem Teilarbeitsmarkt in der zweiten Jahreshälfte leider nicht vorangekommen sind. Für den wissenschaftlichen und nicht-wissenschaftlichen Bereich dieser Berufsgruppen wurden im zweiten Halbjahr 1977 insgesamt 60 Stellenangebote neu gemeldet. Das waren zehn mehr als im Jahr zuvor. Im ersten Halbjahr 1977 hatte der entsprechende Zuwachs aber 50 Stellen betragen. Gleichzeitig nahm die Zahl der Bewerbergesuche weiterhin merklich zu. Sie lag bei 140 und übertraf damit das entsprechende Vorjahresergebnis um 30. Insgesamt führte diese Entwicklung zu einem weiteren Anstieg des Bewerberüberhangs. Ende Dezember 1977 entfielen rein rechnerisch knapp drei Bewerber auf eine offene Stelle.

Auch die Entwicklung der Zahl der Arbeitslosen weist auf eine ungünstige Entwicklung auf diesem Teilarbeitsmarkt hin. Zwar haben die Zuwachsraten der Arbeitslosen abgenommen, aber sie liegen noch immer weit über dem Durchschnitt. Gegenüber September 1976 hat sich die Zahl der Arbeitslosen nochmals um 50 auf 250 Ende September 1977 erhöht. Von diesem Anstieg waren Personen mit Fachhochschulabschluß wie auch solche mit Hochschulabschluß gleichermaßen betroffen.

Im Berichtszeitraum konnten 30 Bewerber in neue Arbeitsverhältnisse vermittelt werden.

Offene Stellen wurden u. a. wiederum von wissenschaftlichen Bibliotheken gemeldet. Sie suchten wissenschaftliche Bibliothekare des höheren Dienstes für die Besetzung der technischen bzw. naturwissenschaftlichen Fachreferate. Unter den Bewerbern befanden sich aber wieder überwiegend solche Kräfte, die ein philologisches oder historisches Studium absolviert hatten und für diese Stellen nicht in Frage kamen. Für diesen Personenkreis ist es nach wie vor schwierig, einen entsprechenden Arbeitsplatz an einer wissenschaftlichen Bibliothek zu erhalten.

Vereinzelt wurden auch offene Stellen von wissenschaftlichen Instituten, Zeitungsverlagen, der Elektroindustrie sowie vom Maschinenbau für wissenschaftliche Dokumentare angeboten. Diese Stellen konnten nur teilweise besetzt werden, da hierfür kaum geeignete Bewerber zur Verfügung standen.

Einige Stellen wurden von Archiven und Museen angeboten. Hier waren vor allem Historiker und Kunsthistoriker mit einschlägigen Berufserfahrungen gesucht. Auch diese Stellen zu besetzen war schwierig, da die Bewerber, die fachlich hierfür an sich in Frage kamen, überwiegend Berufsanfänger waren. Diese interessierten sich vor allem für Museumsvolontariate und/oder Bibliotheksreferendariate.

Fragt man nach den Ursachen dieser ungünstigen Arbeitsmarktlage, so ist zunächst einmal festzustellen, daß es in einer Zeit allgemein hoher Arbeitslosigkeit kaum eine Berufsgruppe gibt, die nicht unter dieser ungünstigen Beschäftigungslage zu leiden hat. Leider zeigt sich auch, daß in Zeiten der knappen Kassen bei den öffentlichen Haushalten, von denen ja der größte Teil der Bibliotheken unmittelbar abhängt, nicht zuletzt an kulturellen Dienstleistungen eingespart wird. Hier verlieren die sonst wirksamen Marktgesetze von Angebot und Nachfrage oft über Gebühr an Gewicht. Daß es zum Beispiel heute arbeitslose Lehrer gibt, liegt ja noch nicht daran, daß in den Schulen kein Bedarf dafür vorhanden wäre. Die durch die Rezession bedingte schlechte Haushaltslage hat eben Einsparungen auch auf diesem Gebiet zur Folge. Aber es ist nicht nur die öffentliche Hand, die dem Bibliothekswesen nicht immer die gewünschte Förderung und Ausstattung angedeihen läßt. Anläßlich der Woche des Fachbuches 1976 in Frankfurt stellte Dr. Ludwig Muth vom Verlag Herder in Freiburg fest, daß 1961 immerhin 19% aller befragten Berufstätigen Zugang zu einer Betriebsbibliothek gehabt haben. 1974 waren es nur noch 13%. Offensichtlich seien viele der kleinen und mittleren Werkbüchereien dem Rotstift zum Opfer gefallen. Hält man sich dabei den Zeitraum von 1961 bis 1974 vor Augen, so kann dafür wohl nicht eine allgemein schlechte Wirtschaftslage als Ursache in Frage kommen.

Die genannten Sachverhalte mögen als Beispiele genügen. Sie zeigen Ihnen, daß auch dem Arbeitsmarktpolitiker von seiner Aufgabe her das Bibliothekswesen manche Sorge bereitet. Die Bundesanstalt für Arbeit soll ja für jeden der vielgestaltigen Teilarbeitsmärkte bestrebt sein, einen quantitativen und qualitativen Ausgleich von Angebot und Nachfrage herzustellen. Die Zusammenhänge aber machen deutlich, daß die Möglichkeiten der Arbeitsmarktpolitik begrenzt sind, wenn die gesamtwirtschaftlichen und politischen Rahmenbedingungen nicht die wesentlichen Weichen zu einem solchen Ausgleich stellen. Ob sie dazu auch bei bestem Willen in der Lage sind, ist eine andere Frage. Die Bundesanstalt für Arbeit bietet auch den Arbeitnehmern im Bibliothekswesen die Dienste der Förderung beruflicher Bildung an. Sie appelliert nicht zuletzt an die öffentliche Hand, bei der Gestaltung der Personaletats auch den beschäftigungspolitischen Gesichtspunkt zu prüfen. Sie weiß sich darüber hinaus all denen zu Dank verpflichtet, die durch ihre Arbeit im Bibliothekswesen einen wesentlichen Beitrag dazu leisten, daß durch ein breit gefächertes Bildungsangebot auf lange Sicht die Arbeitsplatzsicherheit verbessert und das weitere Gedeihen unserer Wirtschaft und unseres Staates gefördert werden.

Kulturpolitische Aspekte der Haushaltskrise

Von
DIETER SAUBERZWEIG

Wenn ich im folgenden zur Etat-Situation Öffentlicher und wissenschaftlicher Bibliotheken unter kulturpolitischen Aspekten spreche, so erwarten Sie bitte weniger Lösungsvorschläge als vielmehr eine kritische Bestandsaufnahme. Bereits sie fällt schwer genug in einer Situation, die Zweckoptimismus braucht, um nicht vor lauter – durchaus verständlicher – Schwarzseherei etwaige Silberstreifen am Haushaltshorizont zu übersehen.

Lassen Sie mich mit einigen Berliner Beispielen der derzeitigen Etat-Situation Öffentlicher Bibliotheken beginnen, weil es – auch wenn das Bibliothekswesen in Berlin nicht in meiner Senatsverwaltung für Kulturelle Angelegenheiten ressortiert, sondern bei der für das Schulwesen – fairer wirkt, wenn man vor seiner eigenen Tür zu kehren anfängt.

Bereits 1976 sorgte sich der Leiter der einzigen Public Library im deutschen Sprachraum, der vor wenigen Wochen aus seinem Amt geschiedene Heinz Steinberg von der Amerika-Gedenkbibliothek, der Sachetat seiner Bibliothek sei seit ihrer Gründung zu niedrig bemessen und – ziehe man den Inflationsverlust ab – nicht wesentlich gestiegen, während sich die Benutzung seiner Bibliothek seit 1969 nahezu verdoppelt habe. Weiter berichtete er im „Parlament" (Nr. 37 vom 11. 9. 1976), daß die Restriktionen bereits zu Abbestellungen von Zeitschriften und teuren Nachschlagewerken geführt hätten und daß für die wichtige Erschließungsarbeit das Geld zu knapp werde. Steinberg beklagte generell „die finanzielle Unterversorgung unserer Kulturpolitik ..., durch die der weltweite gesellschaftliche Literarisierungsprozeß, der an den kontinuierlich steigenden Umsätzen des Buchhandels absehbar ist, durch Sparmaßnahmen gehemmt wird".

So beredt wie diese Klage eines Bibliotheksdirektors sind über weite Strecken statistische Zahlen aus Bibliotheken für jene, die Statistiken zu lesen verstehen: Beispielsweise, wenn der Etat für die Ergänzung und Erhaltung des Bestands einer Berliner Stadtbücherei seit Jahr und Tag auf DM 190000 eingefroren und auch im Haushaltsansatz 1979 keine Steigerung vorgesehen ist; beispielsweise, wenn der Erwerbungsetat einer anderen Berliner Stadtbücherei von DM 230000 in 1977 auf DM 160000 in 1978 gekürzt wird; beispielsweise, wenn die Steigerung dieses Haushaltspostens im Land Berlin von 1977 zu 1978 insgesamt lediglich DM 148646 beträgt, was knapp 4,5% ausmacht. Und dies alles angesichts von Personalkosten, die in Berlin 1977 und auch 1978 fast neunmal so hoch wie die Erwerbungskosten sind und deren Steigerungsrate von 1977 zu 1978 zumindest 4,8% betragen wird, immerhin 0,3% mehr als die für den Anschaffungsetat. Solche Zahlenrelationen sind nichts Berlinspezifisches – dies beweisen die letzten „Schnellstatistiken allgemeiner Öffentlicher Bibliotheken". Vielmehr verdeutlichen sie Tendenzen, die bundesweit zu beobachten und von Günter Beyersdorff bereits vor einem Jahr am Beispiel der Haushaltsentwicklung wissenschaftlicher Bibliotheken erhärtet worden sind:

1. Die Zuwachsraten der Gesamtetats unserer Bibliotheken verringern sich oder sind ab 1975 sogar negativ.

2. Der Anteil des Personaletats innerhalb des Gesamtetats wächst; die Personalkosten steigen stärker, als der Gesamtetat zunimmt.

3. Die Finanzierung dieser Zuwächse erfolgt zum Teil durch Abziehen von Mitteln für den Bestandsaufbau.

4. Das Wachstum der Personalmittel wirkt sich vor allem zu Lasten der Mittel für sächliche Ausgaben aus.

Diese Tendenzen belasten die Realisation der Anfang der siebziger Jahre entworfenen Programme einer „Bibliothek in einer menschlichen Stadt". – Wie soll beispielsweise die Forderung des Deutschen Städtetages an kommunale Öffentliche Bibliotheken eingelöst werden, daß diese Bibliotheken als zentrale Einrichtungen im Bildungssystem den Bürgern aller Altersgruppen Fachliteratur und Information zur Ausbildung, Weiterbildung, zur täglichen Berufsarbeit und zur politischen Bildung bereitstellen sollen? Wie können Bibliotheken neben dem Buch- und Zeitschriftenbestand in zunehmendem Maße auch technische Medien zur Verfügung stellen, wenn die Mittel kaum ausreichen, um den traditionellen Buch- und Zeitschriftenbestand zu wahren? Es mag wie Hohn wirken, wenn die Forderung wiederholt wird, die Bibliothek solle sich zur Mediothek wandeln. Wie sollen – um eine weitere Forderung zu zitieren – Bibliotheken bestimmte Zielgruppen in der Bevölkerung – insbesondere Kinder und Jugendliche, Alte und Kranke sowie ausländische Arbeitnehmer – durch besondere Programme aktiv ansprechen, wenn bereits die tradierten Programme der Bibliotheken gefährdet sind? Es ist leider eine Tatsache, daß – allgemein gesprochen – kulturelle Angebote aufgrund der geringeren Zuwachsraten nicht nur eingeschränkt werden, sondern sogar der Einbruch in die Substanz des kulturellen Lebens droht, weil Kunst und Kultur auch in den zurückliegenden Zeiten wirtschaftlicher Hochkonjunktur nicht so umfassend gefördert worden sind, daß in diesem Bereich ein entschiedener Schritt nach vorn möglich gewesen ist.

Und das ist nicht erst heute so: Seit der wilhelminischen Ära vor 1914 ist – unabhängig davon, wer gerade politisch das Sagen hatte – der Anteil des Kulturetats am Gesamtetat unverändert bei etwa 2% geblieben. So kommt die Kulturpolitik insgesamt nicht einmal so rasch voran wie die Echternacher Springprozession, die sich bekanntlich fünf Schritte vor und drei Schritte rückwärts bewegt, aber das Grab des heiligen Willibrord schließlich doch erreicht.

Bei den Kulturausgaben hat ein das übliche Wirtschaftswachstum sprengender konjunktureller Aufschwung nicht stattgefunden. Angesichts der zunehmenden Bedeutung der Kulturpolitik hätte eine sich auch im Verhältnis zu den übrigen Ausgaben abzeichnende Ausweitung des Kulturetats durchaus nahegelegen. Sie ist nicht eingetreten.

Dies hat in unserer jetzigen Situation zur Folge, daß die Kulturpolitik durch den Widerspruch von progressiven Programmen und ihrer Nichteinlösung durch diejenigen, die sie erarbeitet haben, mancherorts diskreditiert wird. Denn das ist doch die Folge: *Wenn es bei gekürzten Kulturetats darum geht, wenigstens die Lebensfähigkeit der bestehenden kulturellen Institutionen zu sichern, können nicht oder nur in sehr begrenztem Umfange Mittel für neue kulturpolitische Initiativen, die vor allem eine Öffnung der Kultur für alle Gruppen der Bevölkerung zum Ziele haben, zur Verfügung gestellt werden.* Der Teufelskreis, in dem Kulturpolitiker und mit ihnen die kulturellen Einrichtungen stehen, schließt sich: Einerseits wirft man der Kulturpolitik vor, daß sie zu viel Geld für zu wenige Menschen benötige und nur Minderheiten in der Bevölkerung diene; andererseits kürzt man die Mittel genau in dem Augenblick, in dem der Zugang zu Bildung und Kultur durch Orientierung, Vermittlung und Information erleichtert, Brücken geschlagen und Barrieren abgebaut werden sollen und auch werden könnten.

Denn es kann trotz aller Rückschläge nicht geleugnet werden, daß Kulturpolitik auf dem reformerischen Wege deutlich Fortschritte gemacht und damit einen wesentlichen Beitrag zur Attraktivität unserer Städte, unserer Länder geleistet hat. Die Tatsache, daß die Zahl der entliehenen Bücher in den Öffentlichen Bibliotheken, die sich auf rund 100 Millionen Bände beläuft, kontinuierlich steigt – beispielsweise von 1975 auf 1976 um 4,2% –, spricht da für sich. Bibliotheken haben aufgrund der zunehmenden tendenziellen Notwendigkeit zu einem lebenslangen Lernen und aufgrund der tendenziell wachsenden Freizeit eine große Bedeutung bereits jetzt schon gewonnen als Dienstleistungsbetriebe, die gleichermaßen Materialien für berufliche Fort- und Weiterbildung zur Verfügung stellen wie auch für Unterhaltung und Entspannung. Zu fragen ist allerdings heute, wie die Bibliotheken diese Bedeutung im Gefüge kultureller Einrichtungen behalten können: Wenn richtig ist, was Jürgen Schmude in seinem Grußwort zu diesem Kongreß gesagt hat, dies nämlich, daß die Bedeutung der Bibliotheken in Zukunft davon abhängen wird, „ob es den Bibliotheken gelingt, ihre Angebote noch besser als bisher an die Bürger unseres Landes heranzutragen, den Benutzerkreis zu erweitern und ihre Stellung im Gefüge der Kultur-, Bildungs- und Informationseinrichtungen durch differenzierte Leistungen weiter zu festigen", so widerspricht dem auf den ersten Blick die bundesweit zu beobachtende Finanzpolitik an den Tag gebundener Sparsamkeit.

Denn obgleich die Entwicklung der letzten 15 Jahre in der Bundesrepublik zeigt, daß auch in Zeiten des knappen Geldes prinzipiell auf die Lebensfähigkeit der kulturellen Institutionen Rücksicht genommen worden ist und daß die absoluten Beträge der kommunalen Aufwendungen für den Kulturbereich von 1963 bis heute fast verdoppelt worden sind, so ist der Anteil der Kulturausgaben am Gesamtetat im gleichen Zeitraum generell nicht gestiegen. Der Kulturetat läßt sich nach wie vor gegenüber den gesamten öffentlichen Ausgaben sehr bescheiden an. Daraus läßt sich ablesen, daß die Aufwendungen für den kulturellen Bereich in der Konkurrenz um die stets zu knappen öffentlichen Mittel immer noch mit der Hypothek der sogenannten „freiwilligen Leistungen" belastet und in ihrem Wachstum gefährdet sind. Diese Hypothek abzubauen ist zuallererst Aufgabe der Kulturpolitiker des Bundes, der Länder und der Kommunen. Ihre Aufgabe muß es gerade heute vordringlich sein, die Kulturpolitik zu intensivieren und insbesondere dort finanzielle Steigerungen vorzunehmen, wo wir vor einer verstärkten Nachfrage der Bürger stehen. Das setzt die Bereitschaft zu einer Umschichtung innerhalb der Kulturhaushalte voraus. Eine derartige Umschichtung ist allerdings bereits im Gange: So sind, prozentual gesehen, die Ausgaben für Bibliotheken im Laufe der letzten zehn Jahre mehr gestiegen als die für das Theater. (In Klammern muß ich der Redlichkeit halber hinzufügen: In absoluten Zahlen gesprochen beanspruchen die Theater allerdings fast 50% des Kulturetats.) Ich meine, daß mit diesem Beginn der Umschichtung innerhalb des Kulturetats ein Schritt in die richtige Richtung getan worden ist. Zugleich werden Kulturpolitiker sich aber energisch dafür einsetzen müssen, daß die Erfüllung kultureller Aufgaben als ebenso notwendig in unserer Gesellschaft angesehen wird wie z. B. der Wohnungsbau und die Gesundheitsfürsorge und daß die kulturelle Arbeit gleichrangig neben und nicht unter anderen öffentlichen Aufgaben steht.

Kulturpolitiker und mit ihnen Vertreter aller kulturellen Einrichtungen haben weiterhin daran zu arbeiten, daß die oft amusische und kunstfeindliche politische Landschaft zum Positiven verändert wird. Denn nur dann wird es gelingen, den Kulturetat wenigstens in seinem Kern von konjunkturellen Schwankungen freizuhalten und der Kulturarbeit auch im Finanziellen endlich die Grundlage zu geben, die sie braucht und die sie auch fordern kann: finanzielle Kontinuität nämlich als Voraussetzung für zukunftgerichtetes Planen, Handeln und Bedenken.

Die Haushaltsexperten unter den Politikern werden lernen müssen, daß Sparsamkeit um jeden Preis nicht immer billig ist. Wer heute meint, Bibliotheken zumuten zu können, laufende Zeitschriften abzubestellen, teure Nachschlagewerke nicht anzuschaffen, den Anschaffungsetat einzufrieren, wenn nicht gar zu verringern, weil die dadurch entstehenden Lücken zu einem späteren Zeitpunkt des erhofften wirtschaftlichen Aufschwunges ja wieder zu füllen seien, dem muß zu bedenken gegeben werden, daß diese Lücken später einmal über den teuren antiquarischen Markt oder über keineswegs preiswerte Reprints zu schließen sein werden. Solche auf lange Sicht unwirtschaftliche Sparsamkeit wird höchstens dazu beitragen, daß die künftigen Zeiten wirtschaftlichen Aufschwungs von vornherein durch die von den heutigen Sparmaßnahmen bedingten Mehrkosten gefährdet sein werden. Beyersdorff fordert deshalb meines Erachtens zu Recht, daß Sparmaßnahmen in Bibliotheken dann zu unterbleiben haben, „wenn die volkswirtschaftlichen Kosten höher als die Summe der erzielten Einsparung sind".

Aufgabe der Kulturpolitiker wird es in diesem Zusammenhang auch sein, auf die Notwendigkeit eines aktuellen Buchbestands in Öffentlichen und wissenschaftlichen Bibliotheken gerade in Zeiten wirtschaftlicher Rezessionen hinzuweisen. Die den Arbeitslosen aufgezwungene Freizeit ist nur dann halbwegs sinnvoll zu nutzen, wenn für das Bildungs- und Unterhaltungsbedürfnis dieser Bevölkerungsgruppe spezielle Angebote gemacht werden können. Denn was nützen – beispielsweise – die besten Umschulungsprogramme, wenn Umschulungswillige weder das Geld haben, um sich die Schulungsprogramme zu erwerben, noch die Materialien in den Bibliotheken entleihen können, weil diese sich aufgrund eingefrorener Anschaffungsetats nicht in der Lage sehen, das Schulungsmaterial anzukaufen und bereitzustellen.

Lassen Sie mich in diesem Zusammenhang noch einmal auf die Beobachtung zurückkommen, daß die Personaletats in Berlin rund neunmal größer sind als die Erwerbungsetats. Viele finden es erschreckend, daß heutzutage rund 80% der Gesamtetats Öffentlicher und wissenschaftlicher Bibliotheken – aber auch anderer kultureller Institutionen – von den Personalkosten verschlungen werden. Überlegungen sind angestellt worden, wie diese Relation zugunsten der Aufgabe der Bibliotheken, Literatur anzuschaffen und öffentlich zugänglich zu machen, zu verändern sei. Könnten – so ist gefragt worden – Personalstellen wegrationalisiert oder bestimmte Aufgaben aus dem öffentlichen Dienst ausgeklammert und privatisiert werden? – Zweifellos wird es auch in der einen oder anderen Bibliothek personelle Überkapazitäten geben – aber ich denke, daß dies nicht des Pudels Kern ist. Das Problem liegt meines Erachtens darin, daß vielen Kritikern der breite Aufgabenfächer Öffentlicher und wissenschaftlicher Bibliotheken nur unvollkommen bekannt ist. In zunehmendem Maße sind Bibliotheken – Öffentliche wie wissenschaftliche – eben nicht mehr bloß Institutionen der Buchanschaffung und -ausleihe, sondern zugleich sozio-kulturelle Zentren der Kommunen. In enger Zusammenarbeit mit anderen Bildungseinrichtungen machen sie für spezielle Gruppen unserer Bevölkerung besondere Bildungs- und Weiterbildungsangebote. Eine solche sozio-kulturelle Arbeit ist – wenn sie nicht halbherzig betrieben wird – personalintensiv. Im übrigen ist, langfristig gesehen, gerade auf dem sozio-kulturellen Dienstleistungssektor noch eine ganze Reihe weiterer Berufsfelder zu erschließen: von der kulturellen Breitenarbeit von Sozialarbeitern bis zur Sozialarbeit von bildenden Künstlern, Autoren und Musikern mit außerschulischer Jugend, alten Menschen, aber auch Strafgefangenen und anderen Randgruppen unserer Bevölkerung.

Waren meine letzten Bemerkungen mehr an die Adresse der Kulturpolitiker gerichtet, so möchte ich mich abschließend an Sie, die Bibliothekare, direkt wenden. Ich meine, daß trotz der Haushaltskrise für Sie kein Anlaß besteht, die Flinte ins Korn zu werden. Denn ein großer Teil jener Aufgaben, die in den Reformprogrammen zu Beginn der siebziger Jahre für die Bibliotheken beschrieben worden sind, ist meines Erachtens auch in Zeiten knappen Geldes zu lösen. Von der Forderung des Deutschen Städtetages, daß Zweigstellen der Öffentlichen Bibliotheken an Schulen und Volkshochschulen unter weitgehender Integration mit den Büchereien dieser Institutionen eingerichtet werden und die Möglichkeiten zur Errichtung von Zweigstellen an den Brennpunkten des Verkehrs geprüft werden sollen, ist immerhin der erste Teil einzulösen. Denn eine Integration der Medienarbeit von Bibliotheken, Schulen und Volkshochschulen erfordert prinzipiell keine neuen finanziellen und materiellen Mittel. Vielmehr ist gerade bei einer solchen Integration auf die vorhandenen Ressourcen der betroffenen Institutionen zurückzugreifen. Sie werden erst dadurch optimal zu nutzen sein. Denn die Integration der Medienarbeit bringt den Sachverstand und die Erfahrungen der Mitarbeiter einer Institution in die Arbeit der anderen Institutionen ein.

Auch ohne große finanzielle Aufwendungen sind Absprachen zwischen Bibliotheken, Volkshochschulen, Schulen und auch Bildstellen möglich über Auswahl, Anschaffung und über den Bestandsaufbau sowohl im Blick auf Hard- wie Software. – Zu verbessern sind die gegenseitigen Entleihmöglichkeiten, die es zulassen, daß die beteiligten Institutionen im internen Verkehr bestimmte Materialien und Geräte austauschen. Schon jetzt sind gemeinsame Ausleihverfahren zu verwirklichen, bei denen jeder Benutzer der einen Institution grundsätzlich die Möglichkeit hat, bei dieser Institution auch die audio-visuellen Materialien der anderen Institutionen auszuleihen bzw. an Ort und Stelle zu benutzen. Möglich sollte es auch jetzt schon sein, daß die zusammenarbeitenden Institutionen für bestimmte Aufgabenbereiche – beispielsweise für den Wartungsdienst für technische Geräte – gemeinsames Personal einstellen. Dies wird vor allem dort leicht zu realisieren sein, wo die betroffenen kommunalen Einrichtungen bereits einem gemeinsamen Verwaltungsressort zugeordnet sind.

Die Errichtung neuer Zweigstellen an den Brennpunkten des Verkehrs wird sich allerdings im größeren Umfang derzeit kaum realisieren lassen. Weiter voranzutreiben sind indes der Zusammenschluß der Bibliotheken zu einem Bibliotheksnetz mit verschiedenen Stufen, um auch die bisher schlecht versorgten Räume einzubeziehen, und der Verbund der Öffentlichen Bibliotheken mit den örtlichen Fach- und Spezialbibliotheken sowie privaten Bibliotheken. Die Realisation dieser Vorhaben setzt erhebliche planerische Vorarbeiten voraus, die jetzt zu leisten sind, damit in einer hoffentlich recht bald eintretenden Zeit des wirtschaftlichen Aufschwungs die dann vorliegenden Pläne ohne Verzögerung verwirklicht werden können.

Den Auswirkungen der Haushaltskrise auf die Bibliotheken ist von Kulturpolitikern und Bibliothekaren gemeinsam zu begegnen. Ich meine, daß es genügend Ansatzpunkte gibt, um aus den derzeitigen Schwierigkeiten wieder herauszukommen. Dabei gehe ich davon aus, daß die Leistungen der Öffentlichen Bibliotheken auch weiterhin von der öffentlichen Hand getragen werden und daß die Leistungen der wissenschaftlichen Bibliotheken, wo immer nur möglich, ebenfalls von der öffentlichen Hand finanziert werden. Ich halte nichts von dem Gedanken, öffentliche Aufgaben im Bildungs- und Kulturbereich zu privatisieren. Vielmehr meine ich, daß diese Aufgaben für eine Privatisierung weitgehend ausscheiden. Sie gehören zu den Dienstleistungen, die kostenlos oder erheblich unter Kostendeckung angeboten werden müssen, weil sie nur dann alle Bevölkerungskreise erreichen. Das sei wiederum mit einem Hinweis auf die Bibliotheksarbeit belegt: Die Leistungen der Öffentlichen Bibliotheken werden vom Bürger wegen der breit gefächerten, flächendeckenden und attraktiven Angebote gefordert und angenommen. Privatisierung kann hier zwar möglich sein, würde jedoch eine starke Spezialisierung des Angebots oder eine Ausrichtung auf ganz bestimmte inhaltliche Ziele voraussetzen. Hinzu kommt, daß die Bibliotheken zahlreiche Querverbindungen und Abhängigkeiten zu den allgemeinbildenden Schulen und Volkshochschulen haben und diese Verbindungen verstärken.

Die Bibliotheken werden damit, soweit sie es nicht schon sind, zu einem integrierten Bestandteil des öffentlichen Bildungswesens. Ich meine, Kunst und Kultur müssen in ihrer Vielfalt von der öffentlichen Hand erhalten und gesichert werden, wenn man in einer Gesellschaft gleicher und freier Menschen den Zugang zur Kunst jedermann offenhalten, den Umgang mit der Kunst nicht tatsächlich zum Privileg weniger machen und die Reduzierung des Daseins auf reine Erwerbsfunktionen verhindern will. Daß die öffentliche Hand generell bereit ist, Kunst und Kultur in ihrer Vielfalt zu erhalten und zu sichern, ist in den letzten Jahren immer deutlicher geworden: Das Ende der Wachstums-Euphorie brachte die Besinnung auf Lebensqualitäten mit sich, die vor allem im kulturellen Bereich liegen. In Berlin – und auch hier möchte ich sagen: beispielsweise – ist dies vom Regierenden Bürgermeister Dietrich Stobbe nicht bloß mit der Einrichtung einer eigenständigen Senatsverwaltung für Kulturelle Angelegenheiten ausgedrückt worden, sondern auch durch die Betonung der Gleichwertigkeit von wirtschafts- und kulturpolitischen Fragen für die Lebens- und Überlebensfähigkeit der Stadt. Dieses geschärfte Qualitätsbewußtsein im kulturellen Bereich sollte und kann uns alle gemeinsam motivieren, trotz der noch immer anhaltenden Haushaltskrise eine notwendigen Reformen offene Kulturpolitik zu betreiben.

Volkswirtschaftliche Kosten der Privatisierung öffentlicher Dienstleistungen

Von
GÜNTER BEYERSDORFF

Die nun schon vor mehr als einem dreiviertel Jahr getroffene Entscheidung der Veranstalter dieses Kongresses, einen großen Teil der Referate unter das Leitmotiv „Bibliotheken im Konjunkturverlauf" zu stellen, hat sich auch nachträglich als richtig erwiesen; die Erwartung, die Auswirkungen der nun schon seit Jahren andauernden Wirtschaftskrise würden auch die Entwicklung des Bibliothekswesens beeinträchtigen, hat sich leider bewahrheitet.

Auch ein Jahr nach der Diskussion um die Auswirkungen von Haushaltsentwicklungen anläßlich des Bibliothekartages in Bremen haben sich die gesamtwirtschaftlichen Rahmenbedingungen kaum verbessert. Meldungen über die Entwicklung konjunktureller Daten, die noch vor zehn Jahren als völlig undenkbar angesehen oder in die Rumpelkammer der Wirtschaftsgeschichte verbannt worden wären, gehören heute zum Alltag des Nachrichtenkonsumenten; die Gefahr, daß sich zumindest die Nichtbetroffenen an diese Meldungen gewöhnen, ist nicht von der Hand zu weisen. Darf man sich aber gewöhnen an die Tatsache, daß trotz aller Anstrengungen noch immer mehr als 1 Million Menschen ohne Beschäftigung sind und daß trotz dieser erschreckenden Tatsache die Bundesrepublik Deutschland im internationalen Vergleich noch immer einen Spitzenplatz einnimmt, andere Länder also noch stärker von der Krise betroffen sind?

Die politisch Verantwortlichen scheinen nicht bereit, sich mit der anhaltend hohen Arbeitslosenquote abzufinden. Die Vielzahl unterschiedlicher, manchmal sogar hilflos anmutender Vorschläge zur Überwindung der Krise deutet jedoch darauf hin, daß selbst die Aktivierung aller Erkenntnisse der Volkswirtschaftslehre keine eindeutigen, unmittelbar und ohne Konflikt anwendbaren Hilfen liefern kann. *Die* Arbeitslosigkeit als *ein* zu bekämpfendes Phänomen existiert nicht, es gibt mindestens folgende Erscheinungsformen:

- die konjunkturelle Arbeitslosigkeit, die auf einen Mangel an Nachfragen zurückzuführen ist,
- die strukturelle Arbeitslosigkeit, deren Ursachen in einer Verschiebung der Nachfragestruktur liegen (z. B. im Rückgang der Exporte), die aber auch – und dies zunehmend – als Folge technologischer Veränderungen auftritt. So mußte die schmerzliche Erfahrung gemacht werden, daß die so dringend zur Belebung der Nachfrage herbeigesehnten Investitionen in Gestalt von Ratio-

nalisierungsmaßnahmen mehr Arbeitsplätze vernichteten als zusätzlich schufen.

Eng mit der Arbeitslosigkeit verbunden ist die ebenfalls schon langandauernde Krise der öffentlichen Finanzen. Im Wechselspiel zwischen beiden Krisenerscheinungen liegt das Dilemma der Wirtschafts- und Finanzpolitik: Maßnahmen – gleich welcher Art – zur Überwindung der Arbeitslosigkeit erfordern zusätzliche Staatsausgaben. Wirken diese Ausgaben nicht oder nicht in vollem Umfang, treten Einnahmeverluste auf, die das ohnehin schon vorhandene Defizit über das gewollte Maß hinaus vergrößern und die Staatsverschuldung in die Höhe treiben.

Auch die Defizite der öffentlichen Hand sind somit – ebenso wie die Arbeitslosigkeit – auf ein Bündel von Einflußfaktoren zurückzuführen:

- auf bewußt und geplant vorgenommene Mehrausgaben zur Konjunkturbelebung,
  auf ungeplante, als Folge der Arbeitslosigkeit auftretende Mehrausgaben (so im Bereich der Arbeitslosen- und Rentenversicherung),
- auf bewußt vorgenommene steuerliche Entlastungen,
- auf ungeplante, ebenfalls als Folge der Arbeitslosigkeit auftretende Mindereinnahmen (so z. B. durch Ausfälle bei der Einkommen-, Körperschaft-, Gewerbe- und Umsatzsteuer).

So vielfältig die Ursachen und Symptome der herrschenden Wirtschaftskrise sind, so unterschiedliche Maßnahmen werden von Wissenschaft, Parteien und gesellschaftlichen Gruppierungen zu ihrer Überwindung vorgeschlagen.

Zu unterscheiden sind dabei – grob vereinfacht – zwei einander entgegengesetzte Richtungen: Die einen plädieren für ein verstärktes wirtschaftliches Engagement des Staates, für das bewußte Eingehen von hohen Defiziten, für die Wahrnehmung zusätzlicher Aufgaben, für staatliche Eingriffe in den Wirtschaftsablauf bis hin zur Investitionslenkung. Diese Richtung zielt in erster Linie auf die Beseitigung der konjunkturellen Arbeitslosigkeit und hofft, mittel- oder langfristig die Haushaltsproblematik durch Überwindung der Arbeitslosigkeit zu lösen.

Die Vertreter der Gegenposition sehen gerade in einem zu starken Eingreifen des Staates in den Wirtschaftsablauf die Hauptursachen für die Wirtschaftskrise. Sie fordern deshalb: Abbau der Defizite und damit Verringerung der Staatsverschuldung, Rückzug des Staates aus Bereichen, in denen er bisher ausschließlich oder teilweise Dienstleistungen erbracht hat, Verringerung der staatlichen Lenkungsmaßnahmen und Stärkung der Privatinitiative.

Diese Forderungen werden meist unter dem Schlagwort „Entstaatlichung" zusammengefaßt, das sicherlich bewußt als Gegensatz zum schon länger gebräuchlichen Begriff „Verstaatlichung" formuliert wurde.

Die hier zu diskutierende Forderung nach Privatisierung öffentlicher Dienstleistungen stellt einen Teil der mit „Entstaatlichung" umschriebenen Maßnahmen dar.

Einen wesentlichen – wenn auch nicht den einzigen – Anstoß zu einer Diskussion über mögliche Privatisierung staatlicher Dienstleistungen gab ein Gutachten des „Wissenschaftlichen Beirats beim Bundesfinanzministerium" zu dem Thema „Zur Lage und Entwicklung der Staatsfinanzen in der Bundesrepublik Deutschland". Seine Vorschläge erstreckten sich auf

- Übertragung öffentlicher Aufgaben an Private unter Beibehaltung der öffentlichen Finanzierung und
- Übertragung von öffentlichen Aufgaben bei privater Finanzierung.

Der Beirat plädierte weiter für die Anwendung des Äquivalenzprinzips, d. h. die Erhebung kostendeckender Gebühren, schloß jedoch eine Abstufung dieser Gebühren nach dem Grad der sozialen Bedürftigkeit nicht aus.

Diese, vom Beirat empfohlenen und als Anregung zur Diskussion gedachten Maßnahmen wurden bald von den unterschiedlichsten gesellschaftlichen Gruppen aufgenommen und ausgebaut. Die Befürworter der Privatisierungsidee in ihrer konsequenten Anwendung finden sich in Kreisen der Wissenschaft, Wirtschaft und Politik, die auch in einem größeren Rahmen der Wirtschaftspolitik für den Abbau der staatlichen Eingriffe in die Wirtschaft eintreten. Konzepte in dieser Richtung wurden u. a. vorgelegt von

- dem Bund der Steuerzahler
- Wirtschaftsverbänden
- Wirtschaftsforschungsinstituten, die der Industrie näherstehen als z. B. den Gewerkschaften
- der CDU/CSU
- der FDP

wenn auch nicht immer in gleicher Form und Rigorosität.

Die Vorschläge für Bereiche, in denen eine Privatisierung grundsätzlich als möglich angesehen wird, reichen dabei von Teilen der Bundesbahn und Bundespost über den öffentlichen Nahverkehr, das Fernsehen, Krankenhäuser, Buchbindereien, Schulen, Universitäten bis hin zu Feuerwehren und öffentlichen Parkanlagen (um nur einige Beispiele zu nennen).

Die Forderung nach Privatisierung wird dabei in der Regel wie folgt begründet:

- Die öffentlichen Haushalte werden entlastet, damit entfallen sonst notwendige Steuer- und Gebührenerhöhungen.
- Durch Verringerung der Abhängigkeit von staatlichen Einrichtungen erhöht sich die individuelle Freiheit.

- Der Verschwendung öffentlicher Mittel durch Null- und Defizit-Tarife werden Grenzen gesetzt.
- Private Betriebe arbeiten kostengünstiger, weil sie flexibler auf Beschäftigungsschwankungen reagieren können und der Konkurrenz des Marktes ausgesetzt sind.

Nicht immer wurden die Argumente nur sachlich vorgetragen; es gibt auch Stimmen wie diese: ,,Die Explosion der Personalkosten im Öffentlichen Dienst macht es machbarer: Die Privatisierung von Betrieben in Behördenhand kommt ins Rollen. Zumindest die Gemeinden haben erkannt, daß hier durch Privatinitiative die Löcher gestopft werden, die der unkündbare Schlendrian gerissen hat." Oder: ,,Viele öffentliche Betriebe werden noch immer nach mittelalterlich anmutenden Methoden verwaltet. Tastende Versuche, Neuland zu beschreiten, werden torpediert – von der Gewerkschaft. Dabei beweisen Privatisierungsbeispiele: Professionelles Management arbeitet weitaus effizienter als die Verwaltungsbürokratie."

So reizvoll es sein mag, die ideologischen Hintergründe und unterschiedlichen Interessenlagen aufzuhellen, die die bisherige Diskussion um die Privatisierung beeinflußt haben, so wichtig es wäre, auch die Vorurteile zu untersuchen, die oft genug eine sachliche Argumentation ersetzt haben – eine solche Analyse würde allenfalls zu einem besseren Verständnis für die Ausgangslage bei Befürwortern und Gegnern der Privatisierung führen können, keinesfalls aber neue Überlegungen in die Debatte einführen.

Das Problem kann einer Lösung nur nähergebracht werden, wenn man sich auf eine Argumentationsebene begibt, die von beiden Richtungen eingehalten wird und auf der nachprüfbare oder wenigstens nachvollziehbare Überlegungen anzustellen sind. Vielleicht ist dabei festzustellen, daß im Streit um die Privatisierung oft genug scheinbar sachliche Argumente nur vorgeschoben werden, um die wirkliche Interessenlage zu verdecken und somit besser durchsetzen zu können. Dabei bedeutet die Vernachlässigung der politischen Diskussion und die Beschränkung auf wirtschaftliche Überlegungen in diesem Referat nicht, daß die Existenz anderer Argumentationsebenen oder die Verquickung des Problems Privatisierung mit parteipolitischen oder Gruppeninteressen geleugnet wird. Sie kann aber hoffentlich dazu beitragen, diese Zusammenhänge besser zu erkennen und die letztlich notwendige politische Entscheidung auf eine sichere Grundlage zu stellen.

Mit der für diese Arbeit gewählten Argumentationsebene ist die Diskussion um die Wirtschaftlichkeit öffentlicher im Vergleich zu privaten Unternehmungen gemeint. Von Befürwortern der Privatisierung öffentlicher Dienstleistungen wird – unterstützt durch oft sehr detaillierte Wirtschaftlichkeitsberechnungen – die Behauptung aufgestellt, private Betriebe könnten aus den schon genannten

Gründen im Prinzip effektiver produzieren als öffentliche Einrichtungen. Gleichzeitig wird jedoch eingeräumt, daß eine Privatisierung nur dann vorzunehmen sei, wenn die Erledigung bisher öffentlich wahrgenommener Aufgaben durch Private kostengünstiger, haushaltsentlastend und *gesamtwirtschaftlich* vernünftig ist, und Qualität sowie Quantität dieser Aufgaben sich nicht verschlechtern.

Trotz dieser Einschränkungen ist festzustellen, daß in der kontroversen Diskussion an den zentralen Punkten nahezu ausschließlich mit einem rein betriebswirtschaftlich orientierten Kostenbegriff gearbeitet wird. Es mag hier eingewandt werden, daß es schon ein großer Fortschritt sei, öffentliche Einrichtungen nicht allein mit der Elle der fiskalischen Sparsamkeit zu messen, sondern auch die von der Betriebswirtschaftslehre zur Verfügung gestellten Methoden auf die Wirtschaftsführung dieser Einrichtungen anzuwenden. Gerade in Bibliotheken – so könnte weiter argumentiert werden – sei dieser Umdenkungsprozeß mit einer großen zeitlichen Verzögerung in Gang gekommen; es lägen erst Ansätze zu betriebswirtschaftlichen Untersuchungen vor und diese begännen sich langsam durchzusetzen; nun werde plötzlich behauptet, auch diese Methoden seien unzulänglich und – bei gewissen Problemstellungen – sogar gefährlich.

Es soll deshalb klargestellt werden, daß die folgenden Ausführungen nicht als Kritik an betriebswirtschaftlichen Untersuchungen von Bibliotheken an sich verstanden werden dürfen, sondern daß diese Untersuchungen als unverzichtbare Grundlage für weitergehende Überlegungen angesehen werden. Ebenso klar soll jedoch gesagt werden, daß betriebswirtschaftliche Kostenanalysen allein für die Diskussion der Haushaltsentwicklung und speziell des Problems Privatisierung nicht ausreichen. Höhere Wirtschaftlichkeit des Einzelbetriebes bedeutet nicht in allen Fällen auch Verminderung der Kosten für die Gesamtwirtschaft. Betriebswirtschaftliche Gewinne können somit volkswirtschaftliche Verluste zur Folge haben und umgekehrt.

Es ist daher notwendig, unter den gesamtwirtschaftlichen Rahmenbedingungen, die zur Zeit gelten, auch die gesamtwirtschaftlichen Auswirkungen bei Veränderungen der Leistungserstellung von öffentlichen Einrichtungen zu berücksichtigen. Eine solche Analyse setzt die auf die Zwecke dieser Untersuchung zugeschnittene Bestimmung des Kostenbegriffes voraus.

Betriebswirtschaftliche Kosten entstehen innerhalb des Betriebes durch Produktion von Gütern und Dienstleistungen. Sie umfassen den gesamten Verbrauch von Wirtschaftsgütern und Arbeitskraft zur Erstellung von betrieblichen Leistungen und sind somit nicht identisch mit den Ausgaben innerhalb der öffentlichen Haushalte für diese Einrichtungen.

Volkswirtschaftliche Kosten entstehen außerhalb der Betriebe durch die Betriebstätigkeit bzw. Veränderung des Dienstleistungsangebotes, der Betriebsorganisation oder durch Einstellung der Betriebstätigkeit selbst. Sie können auftreten

- bei konkurrierenden oder kooperierenden Einrichtungen,
- bei öffentlichen oder privaten Institutionen, die die Folgen der Betriebstätigkeit bzw. Veränderungen der Betriebstätigkeit zu tragen haben,
- bei Unterhaltsträgern der Einrichtungen,
- bei Nutzern bzw. potentiellen Nutzern der vom Betrieb produzierten Dienstleistungen.

Veränderungen in der Betriebstätigkeit, in Art und Umfang der Dienstleistungsangebote hätten danach auch dann zu unterbleiben, wenn zwar betriebliche Kostensenkungen auftreten, diese Kostensenkungen jedoch niedriger sind als die volkswirtschaftlichen Kostenzuwächse.

Spätestens an diesem Punkt ist die Frage zu beantworten, ob das Problem „Privatisierung" überhaupt relevant für das Bibliothekswesen ist. Eine flüchtige Durchsicht der zu diesem Thema gemachten Vorschläge führt nicht sofort auf die Spur von Bibliotheken und anderen Informationseinrichtungen, da sie nur in einem Papier – dem der CDU/CSU – wenn auch mit erheblichen Einschränkungen ausdrücklich als privatisierungsfähig genannt werden. Das Fehlen in diesen Auflistungen sollte jedoch nicht zu dem Schluß verleiten, Bibliotheken seien ausdrücklich und generell aus dem Privatisierungskatalog ausgeklammert. Es ist vielmehr zu vermuten, daß sie wegen ihres geringen Stellenwertes in der Öffentlichkeit – gemessen an dem anderer politisch präsenter oder brisanter Einrichtungen – nicht gesondert aufgezählt worden sind.

Dafür spricht, daß Institutionen, die Bibliotheken unterhalten können – Schulen, Krankenhäuser, Universitäten – sehr wohl im Privatisierungskatalog enthalten sind. Hinzu kommt, daß noch weithin unbemerkt und nicht in theoretischen Konzepten, dafür aber in der Praxis Privatisierungstendenzen zu verzeichnen sind. So gibt es Bestrebungen zur Privatisierung kommunaler Öffentlicher Bibliotheken durch Übertragung der Aufgaben bzw. von Teilen der Aufgaben auf freie Träger. So werden weiter Informationszentren in privater Rechtsform und Datenbanken in privater Trägerschaft errichtet.

Vollends deutlich wird die Aktualität der Privatisierungsdebatte für das Bibliothekswesen, wenn man den Inhalt des Begriffes „Privatisierung" aufschlüsselt und die Fälle nennt, in denen Übertragungen von Leistungen im Sinne der „Entstaatlichung" auftreten können bzw. schon aufgetreten sind.

Privatisierung öffentlicher Dienstleistungen im weitesten Sinne kann vorliegen

- durch Übertragung der Aufgaben an Institutionen in privater Rechtsform, aber öffentlicher Trägerschaft,
- durch Übertragung von Aufgaben an Institutionen in privater Rechtsform und privater Trägerschaft,
- durch vollständige oder teilweise Einstellung der Produktion von Dienstleistungen in öffentlicher Hand und Übernahme der Herstellung dieser Dienstleistungen durch den Endverbraucher,
- durch Verlagerung der Produktionskosten auf andere Institutionen oder auf den Endverbraucher. Dieser Fall kann eintreten bei betrieblicher Rationalisierung und bei Einführung kostendeckender Gebühren.

Diese gedanklich getrennten Formen möglicher Privatisierung treten in der Praxis meist nicht isoliert, sondern in der Regel miteinander verbunden auf. Um die möglichen volkswirtschaftlichen Kosten bei jeder einzelnen Maßnahme benennen zu können, werden hier jedoch Fälle zu jeder einzelnen Variante aufgeführt; Probleme, die an mehreren Stellen zugleich auftauchen, werden in einer Zusammenfassung am Schluß dieser Beispielsammlung ausführlich diskutiert.

1. Privatisierung durch Übertragung von Dienstleistungen an Träger mit privater Rechtsform und öffentlicher Finanzierung

Als Vorteil dieser Privatisierungsform wird angeführt, daß kleinere, nicht an öffentliches Haushalts- und Dienstrecht gebundene selbständige Einrichtungen flexibler arbeiten, d. h. ohne größere Reibungsverluste
- Entscheidungen herbeiführen,
- Produktionsanpassungen vornehmen,
- Beschäftigungsschwankungen auffangen,
- moderne Managementmethoden leichter einsetzen können.

Geht man davon aus, daß Art, Umfang und Qualität der Leistungen mindestens erhalten bleiben, sind durch Kostensenkungen im betrieblichen Bereich auch Entlastungen der Haushalte zu erwarten. Außerdem werden keine volkswirtschaftlichen Kostenerhöhungen auftreten. Diese sind nur dann zu befürchten,
- wenn sich das Leistungsangebot verschlechtert oder verteuert,
- wenn zusätzliche Planungs- und Verwaltungskosten auftreten, weil es notwendig wird, eine Vielzahl von kleinen selbständig arbeitenden Einrichtungen zentral zu koordinieren,
- wenn schließlich die Tarife des öffentlichen Dienstes nicht angewendet werden und das Beschäftigungsrisiko steigt, Arbeitsplätze also verlorengehen.

2. Privatisierung öffentlicher Dienstleistungen an private Träger mit vollständiger oder überwiegender privater Finanzierung

Beispiel für diesen Fall wäre die Herauslösung von Aufgaben Öffentlicher Bibliotheken und ihre Übertragung an private Träger. Tendenzen dieser Art haben in den letzten Heften der Fachzeitschrift „Buch und Bibliothek" viel Staub aufgewirbelt, da das Problem „arbeiten öffentliche Bibliotheken wirtschaftlicher als vergleichbare Einrichtungen freier Träger?" zwar unter Heranziehung von Wirtschaftlichkeitsberechnungen, aber auch mit spitzer Feder behandelt worden ist. An dieser Diskussion wird die Problematik von Wirtschaftlichkeitsberechnungen ohne Einbeziehung der außerhalb des Betriebes entstehenden Kosten deutlich.

Die folgenden Beispiele mögen Ursachen für Mißverständnisse bei der Interpretation solcher Kostenvergleiche aufzeigen.

Fall 1

Die zu vergleichende Bibliothek in öffentlicher Trägerschaft (Bibliothek A) und die Bibliothek in freier Trägerschaft (Bibliothek B) erbringen nach Qualität und Quantität die gleichen Leistungen. Bibliothek A arbeitet im Verbund eines Bibliothekssystems; Bibliothek B dagegen erbringt alle Dienstleistungen im eigenen Betrieb.

In diesem Fall entstehen zusätzliche volkswirtschaftliche Kosten dann, wenn die Leistungen bei einem Wechsel der Trägerschaft nur mit höherem Aufwand als vorher zu erbringen sind, Bibliothek B also unwirtschaftlicher als A arbeitete. In einem Kostenvergleich, der darauf Antwort geben könnte, müßten *alle* Kosten berücksichtigt werden, die zur Erstellung der Dienstleistungen notwendig sind, gleichgültig, ob sie bei der betreffenden Einrichtung direkt anfallen oder überhaupt berechnet werden. So geht es nicht an, Betriebe als wirtschaftlicher anzusehen, nur weil wegen der besonderen Stellung des Personals keine oder minimale Vergütungen gezahlt werden müssen. Dies ist zwar in der zitierten Kontroverse auch nicht geschehen, es sind aber andererseits auch keine fiktiven Kosten für ehrenamtliches Personal veranschlagt worden. In gesamtwirtschaftlicher Betrachtung ist dies aber notwendig, weil es sich in jedem Fall um Verbrauch von Arbeitszeit handelt. Weiter müssen die Kosten für zentrale Dienstleistungen unbedingt beim Betrieb veranschlagt werden, der diese Leistungen auch nutzt; der Vergleichsbetrieb, der solche Leistungen selbst erstellt, wäre sonst von vornherein benachteiligt.

Fall 2

Bibliothek A und B produzieren mit gleichen Kosten, haben aber ein nach Qualität und Quantität unterschiedliches Leistungsangebot.

Verschlechterungen im Dienstleistungsbereich werden aller Wahrscheinlichkeit nach höhere Kosten beim Benutzer der Einrichtung zur Folge haben. Diese können zurückzuführen sein auf
- längere Wartezeiten,
- längere Wegezeiten,
- Kosten für zusätzliche Recherchen, die bei entsprechender Ausstattung auch von der Einrichtung selbst hätten angestellt werden können.

Es kann davon ausgegangen werden, daß diese – bei jedem Benutzer zusätzlich anfallenden Kosten – höher sind als der Aufwand, der zur Verbesserung der Leistung bei der einzelnen Einrichtung auftreten würde. Trifft dies zu, wäre selbst dann von einer Veränderung abzusehen, wenn Einrichtung B absolut billiger arbeiten würde, die Einsparung aber niedriger wäre als die Summe der Mehrkosten bei den Benutzern.

Fall 3

Bibliothek A und B arbeiten mit gleichen Kosten und erbringen nach Art, Umfang und Qualität die gleichen Dienstleistungen.

Hier bleibt jede Lösung ohne Auswirkungen auf Höhe und Struktur der gesamtwirtschaftlichen Kosten.

Es mag eingewandt werden, daß es sehr schwierig sei, Qualitäten von Leistungen miteinander zu vergleichen und sie dabei zu bewerten. Dies gilt, so ein weiterer möglicher Einwand, auch für die Berechnung der gesamtwirtschaftlichen Kosten, weil keine Kalkulationsgrundlage vorgegeben werden kann.

Beide Einwände treffen zu, wenn schon jetzt Zahlen – möglichst bis in Stellen hinter dem Komma genau – erwartet werden. Dennoch sind Ansätze zur Lösung denkbar durch
- Anlegung von unstrittigen Maßstäben für das Leistungsangebot einer Bibliothek,
- genaue Überlegungen zu den Folgen, die eine Änderung des Leistungsangebotes beim Benutzer hervorrufen kann.

Wichtig bleibt in jedem Fall: Eine allein auf den Vergleich der Wirtschaftlichkeitsgrade gestützte Entscheidung zur Privatisierung muß
a) methodisch einwandfreie betriebswirtschaftliche Kostenvergleiche nutzen und
b) den Nachweis für weitergehende Überlegungen zu den gesamtwirtschaftlichen Folgen der Maßnahme erbringen.

3. Privatisierung durch teilweise oder vollständige Einstellung der Produktion

Die Einstellung von Dienstleistungen tritt meist als Folge von Haushaltskürzungen auf oder soll sonst notwendige Steigerungsraten in den Etats verhindern. Zunächst ist also in jedem Fall eine Entlastung des Haushaltes der betreffenden Einrichtung zu erwarten. Dies kann jedoch wettgemacht werden durch notwendige Steigerungen in den Etats anderer Einrichtungen oder Verschlechterung des dortigen Dienstleistungsangebotes.

Beispiel

Eine Hochschulbibliothek ist gezwungen, ihre Lehrbuchsammlung stark einzuschränken. Dienstleistungen werden abgebaut, Ausgaben eingespart, der Bedarf nach Literaturversorgung bleibt jedoch beim Studenten bestehen. Folgende Entwicklungen können eintreten: Die Nachfrage richtet sich an andere Bibliotheken am Ort, die für diese Aufgabe nur unvollständig ausgestattet sind. Diese Bibliotheken können versuchen, sich der veränderten Lage anzupassen und nun ihrerseits Lehrbuchsammlungen aufbauen. Bei knappen Haushaltsmitteln müssen sie dafür ihre sonstigen Aufgaben einschränken, die Kosten der Veränderungen im Bestandsaufbau tragen diejenigen Benutzer, für die die Bibliothek ursprünglich konzipiert wurde. Außerdem ist damit zu rechnen, daß der vorher an der Hochschulbibliothek konzentrierte Bedarf sich auf verschiedene Einrichtungen verteilt, so daß an mehreren Stellen zu kleine und damit unwirtschaftlich arbeitende Bestandssammlungen entstehen.

Die Kosten verlagern sich damit und weisen außerdem eine steigende Tendenz auf.

Reagieren die Bibliotheken am Ort nicht auf den Bedarf der Studenten, sind diese gezwungen, sich die Literatur selbst zu beschaffen. Damit werden besonders stark die Teile der Studentenschaft betroffen, deren Studium ohnehin durch staatliche Ausbildungsbeihilfen finanziert wird. Werden diese Beihilfen nicht erhöht, können bildungspolitische Ziele gefährdet werden. Erhöht man dagegen die Zuschüsse, werden höhere volkswirtschaftliche Kosten für die Literaturversorgung als bei Einrichtung einer zentralen Lehrbuchsammlung entstehen.

4. Privatisierung der Produktionskosten durch Rationalisierung

Rationalisierung seiner Produktion kann ein Betrieb erreichen, wenn es ihm gelingt, gleiche Leistungen mit geringeren Kosten oder Mehrleistungen bei gleichen Kosten zu erzielen. Dieser für den Einzelbetrieb wünschenswerte Erfolg kann gesamtwirtschaftlich schädliche Folgen haben. Sie treten dann ein, wenn keine Kosteneinsparungen, sondern nur Kostenverlagerungen zu verzeichnen sind. Es ist denkbar (und mittlerweile auch üblich), gerade in Betrieben, die ein Monopol besitzen, dem Benutzer immer mehr Anteile an der Produktion der Dienstleistung zuzuschieben, ohne daß dieser in der Lage ist, auf die Kostenbelastungen zu reagieren. Es muß nicht das Beispiel Bundespost zitiert werden; auch in Bibliotheken sind Rationalisierungsmaßnahmen denkbar, durch die dem Benutzer höhere Kosten durch Mitarbeit bei der Erstellung der Dienstleistungen zugemutet werden (z. B. durch Einsatz technischer Geräte, die vom Benutzer zu bedienen sind, durch Einschränkung der Auskunftstätigkeit, durch lange Wege, Fehlen von Transportmöglichkeiten). Echte Rationalisierung tritt bei dieser Betrachtung somit erst dann ein, wenn die Summe der ausgelagerten Kosten niedriger ist als die Summe der Kosteneinsparungen im Betrieb selbst.

5. Privatisierung der Produktionskosten durch Einführung kostendeckender Gebühren

Entlastungen der Haushalte können auch angestrebt werden durch die Einführung von Gebühren, die nach immer häufiger vorgetragenen Forderungen möglichst kostendeckend sein sollten. Begründet werden diese Forderungen mit dem Hinweis darauf, daß man ja auch andere Dienstleistungen zum Marktpreis erwerben müsse, daß es nur gerecht sei, wenn der Endverbraucher für die Dienstleistung bezahle und daß schließlich eine zu starke Inanspruchnahme der betreffenden Einrichtung über den Preis abgebaut werden könnte.

Es trifft zu – wenigstens für den Zeitpunkt der Gebühreneinführung –, daß eine Entlastung der öffentlichen Haushalte z. B. durch Benutzungsgebühren eintritt. Da zwar jetzt Kosten beim Einzelverbraucher zusätzlich auftreten, diesen Kosten aber Steuerentlastungen gegenüberstehen, ist die Umverteilung der Lasten für die Erstellung der Dienstleistungen auch gesamtwirtschaftlich neutral. Allerdings nicht für lange Zeit: Kostendeckende Gebühren oder wenigstens teilweise kostendeckende Zahlungen sind nur von einem Teil der Benutzer einer Bibliothek aufzubringen.

Auch dieser Teil wird wahrscheinlich die Nutzung der Bestände unter dem Druck der hohen Kosten bald einschränken; der andere Teil wird ganz auf die Nutzung verzichten, wenn er nicht Subventionen erhält. Es ist daher anzunehmen, daß die Nutzung einer Bibliothek nach Einführung von Gebühren stark abnehmen wird. Die ursprünglich angesetzte Gebührenhöhe, die nach der Relation „Gesamtkosten zu Zahl der Entleihungen" kalkuliert wurde, ließe sich nur dann halten, wenn die Kosten im gleichen Ausmaß sinken würden wie die Zahl der Entleihungen abnimmt. Davon kann beim hohen Anteil der fixen Kosten in einer Bibliothek keinesfalls ausgegangen werden. Es ist vielmehr damit zu rechnen, daß die Gebühren eine ständig steigende Tendenz zeigen, die Benutzung weiter sinkt und die Subventionen weiter steigen. Die Wirtschaftlichkeit des Betriebes verringert sich damit, die volkswirtschaftlichen Kosten der Einrichtung steigen, angestrebte Haushaltsentlastungen werden ebenfalls nicht erreicht. Hinzu kommen die Folgekosten durch damit notwendige Einschränkung der Dienstleistungen in der Bibliothek.

Neben allen anderen möglichen negativen Folgen der Privatisierung taucht fast bei allen geschilderten Maßnahmen die Gefahr des Verlustes von Arbeitsplätzen auf, sei es

- als Folge der Übertragung von Aufgaben an andere Träger, die weniger Personal einsetzen oder entlohnen,
- als Folge von Rationalisierungsmaßnahmen,
- als Folge der Einstellung von Dienstleistungen.

Gerade am Problem Arbeitslosigkeit nun wird besonders deutlich, daß die Privatisierung mit allen geschilderten Spielarten nicht losgelöst von der allgemeinen konjunkturellen Entwicklung diskutiert werden darf.

In Zeiten der Hochkonjunktur wurde mit Recht auf die gesamtwirtschaftliche Notwendigkeit von Produktivitätserhöhungen durch Rationalisierung und Einsatz neuer Technologien hingewiesen. Nur so war es möglich, eine Inflation großen Ausmaßes zu verhindern und weiteres Wachstum zu sichern. Es muß deshalb erlaubt sein, auch in Zeiten eines konjunkturellen Tiefs nach gesamtwirtschaftlichen Notwendigkeiten zu fragen und finanzpolitische Maßnahmen zur Verbesserung der öffentlichen Haushalte nach den durch sie ausgelösten volkswirtschaftlichen Auswirkungen – also auch nach ihren Kosten – zu durchleuchten.

Arbeitslosigkeit ist nicht allein ein soziales Problem – sie ist auch eine Kostenfrage. Arbeitslosigkeit kostet gesamtwirtschaftlich mindestens

- die Aufwendungen für die Zahlungen an Arbeitslose,
- die Finanzierung der durch Arbeitslosigkeit entstehenden Ausfälle in der Sozialversicherung,
- die Finanzierung der durch Arbeitslosigkeit entstandenen Steuerausfälle,
- die Sozialhilfezahlungen an Arbeitslose, die keinen Anspruch auf Leistungen des Arbeitsamtes haben.

Privatisierung durch Leistungsabbau, Leistungsverlagerung und Rationalisierung entlastet zwar die Haushalte mindestens um den Betrag der dadurch eingesparten Personalkosten, vergrößert aber bei der augenblicklichen Lage auf dem Arbeitsmarkt nahezu zwangsläufig die Kosten der Arbeitslosigkeit und erhöht – wie nachgewiesen wurde – in vielen Fällen noch zusätzlich die volkswirtschaftlichen Kosten. Ist es nicht denkbar, daß den Einsparungen mindestens gleichhohe Kosten gegenüberstehen? Wäre es dann überhaupt noch vertretbar, die genannten Maßnahmen nur um der Optik von Einzelhaushalten willen durchzusetzen?

Um nicht mißverstanden zu werden: Ich plädiere nicht grundsätzlich gegen Strukturveränderungen in den öffentlichen Haushalten, gegen Rationalisierungsmaßnahmen und gegen die Einführung neuer Technologien. Ich wende mich nur gegen eine auf den Einzelbetrieb oder den Einzelhaushalt beschränkte Betrachtung, die Maßnahmen empfiehlt, mit denen auf mittlere Sicht sowohl die Beseitigung der Arbeitslosigkeit verhindert als auch die Gesundung der öffentlichen Haushalte gefährdet werden kann.

Was können Bibliotheken tun, um eine solche Entwicklung zu verhindern? Sie werden mit Sicherheit nicht allein eine veränderte Betrachtungsweise durchsetzen können. Bei der mühsamen Durchsetzung ihrer Etatforderungen werden sie auch kaum allein Argumente dieser Art vorbringen können. Sie sollten sich jedoch vorbereiten auf Auseinandersetzungen um die hier angerissenen Probleme und sie sollten sich weiterhin einer Diskussion darüber nicht verschließen.

Spezialbibliotheken im Konjunkturverlauf

Von
KURT SPOHN

I. Vorbemerkung

Die Tatsache, daß nicht Frau Dr. Frieda Otto von der Bibliothek des Instituts für Weltwirtschaft in Kiel – wie ursprünglich vorgesehen – dieses Thema abhandelt, macht einige Vorbemerkungen erforderlich, da damit Auswirkungen auf das Thema sowie insbesondere auf seine Darstellung unvermeidlich sind.

Auf dem letztjährigen Bibliothekartag in Bremen habe ich im Rahmen des Referatezyklus über den „Arbeitsplatz in Bibliotheken" u. a. ausgeführt, daß gerade für den Bereich der Spezialbibliotheken eine eingehendere Untersuchung über die Abhängigkeit zwischen Konjunkturverlauf und diesem Bibliothekstypus von grundlegender Bedeutung sei. Dabei stand im Hintergrund, daß für eine solche Untersuchung detaillierte „Feld-Studien" – also Erhebungsaktionen per Fragebogen vor Ort – sehr wünschenswert seien! Frau Otto hatte sich dieses Vorhaben für den Bibliothekskongreß in Stuttgart zum Ziel gesetzt; bedauerliche Umstände haben die Ausführung verhindert: Eine lang andauernde Krankheit hat dazu geführt, daß ich relativ kurzfristig an die Stelle der noch im Tagungsprogramm aufgeführten Referentin getreten bin, ohne auf entsprechende Vorarbeiten zurückgreifen zu können.

Meine folgenden Ausführungen werden daher zwangsläufig viel weniger detailliert, kaum durch Erhebungen abgesichert und somit wesentlich generalisierender ausfallen müssen, als ursprünglich geplant. Das hat mit Sicherheit zur Folge, daß die Aussagen, die ich zu machen versuchen werde, weniger nachvollziehbar und nicht so sehr auf den Einzelfall, auf die einzelne Spezialbibliothek, anwendbar sein werden; das hat andererseits möglicherweise – und ich hoffe das sehr – zur Folge, daß eventuelle Ergebnisse ein breiteres Spektrum des sehr differenzierten Typus „Spezialbibliothek" abzudecken in der Lage sind.

II. „Spezialbibliothek" und „Konjunktur"

1. Die Spezialbibliothek als Bibliothek „speziellen Wissens"

Kaum ein Bibliothekstyp stellt sich in der Realität so heterogen dar wie der Typus „Spezialbibliothek"; das kommt insbesondere in der Betriebsgröße zum Ausdruck: Unter den Spezialbibliotheken finden sich sowohl nebenamtlich geführte Kleinstbibliotheken mit wenigen 100 Bänden als auch Großbibliotheken, die hinsichtlich des Bestandes, der Zahl der Mitarbeiter, der Höhe des Etats, der Benutzung sowie auch der Betriebsorganisation einen Vergleich mit wissenschaftlichen Universalbibliotheken nicht zu scheuen brauchen.

Die gleiche Uneinheitlichkeit gilt für die Trägerschaft bzw. Finanzierung: Hier finden wir Spezialbibliotheken, die von der öffentlichen Hand getragen werden – vom Bund, von den Ländern, von den Kommunen –, und solche in privater Trägerschaft – von Stiftungen, Verbänden, sonstigen privaten Körperschaften sowie in allererster Linie von privaten Wirtschaftsunternehmen. Ähnliches gilt für die jeweiligen Sammelgebiete, für die sich die einzelnen Spezialbibliotheken verantwortlich fühlen: Sie erstrecken sich praktisch auf alle Gebiete des menschlichen Wissens.

Allenfalls folgende vier Merkmale eignen sich als systembildende Kriterien für den Realtypus „Spezialbibliothek". Es sind dies

1. die organisatorische Unselbständigkeit,
2. die benutzerorientierte Ausrichtung der Betriebsabläufe,
3. dokumentationsähnliche Verhaltensweisen in Erschließung und Informationsvermittlung und schließlich
4. als m. E. wichtigstes Kriterium die Spezialisierung auf e i n mehr oder minder begrenztes Gebiet menschlichen Wissens.

2. *Konjunktur und wirtschaftliche Lage*

Zu den schillerndsten und am häufigsten mißbräuchlich benutzten Termini in der Wirtschaftstheorie und in der Wirtschaftspraxis zählt der Begriff „Konjunktur". Genau genommen gibt es gar nicht „die Konjunktur", sondern nur eine jeweilige konjunkturelle Situation, die durch eine Reihe von Indikatoren von einem gewissen Niveau bestimmt wird. Die Hochkonjunktur ist – vereinfacht ausgedrückt – gekennzeichnet durch eine hohe Investitionsneigung der Unternehmen, durch einen hohen Beschäftigungsgrad, durch eine hohe Nachfrage sowie durch ein relativ hohes Preisniveau; diese Indikatoren verkehren sich qualitativ in das Gegenteil in der Phase eines konjunkturellen Tiefs. Diese beiden extremen Situationen werden verbunden durch Phasen des konjunkturellen Aufschwungs sowie umgekehrt des konjunkturellen Abschwungs, so daß sich insgesamt ein wellenförmiger Verlauf der wirtschaftlichen Entwicklung ergibt. Auf der dazugehörenden Zeitachse ergeben sich beliebig viele Schnittpunkte, denen jeweils eine bestimmte wirtschaftliche Situation entspricht.

Konjunkturelle Lagen lassen sich nun diagnostizieren – aber auch prognostizieren –, bezogen auf die Weltwirtschaft, bezogen auf nationale Volkswirtschaften – z. B. auf die Bundesrepublik Deutschland –, sie lassen sich regional differenzieren, sie lassen sich aber auch – und das ist für dieses Thema nicht unwichtig – auf bestimmte Wirtschaftszweige beziehen. Die „Realität" zeigt nämlich, daß gesamtwirtschaftliche Entwicklungen über- oder unterlagert sind von jeweils ganz unterschiedlichen, ja z. T. gegenläufigen Entwicklungen in einzelnen Branchen. Hierzu ein Beispiel aus der Gegenwart: Neben dem Wachstumsbereich Kfz-Industrie stehen stagnierende bzw. rezessive Merkmale aufweisende Teile der Bauwirtschaft.

Noch eine Bemerkung zur zeitlichen Komponente: Konjunkturelle Veränderungen vollziehen sich häufig kurzfristig. Daher bezieht sich die Konjunkturforschung – soweit sie prognostiziert – in der Regel auch nur auf kurzfristige Aussagen. Es ist selten, daß Konjunkturprognosen länger als ein Jahr in die Zukunft reichen. Es ist daher relativ schwer, Einflüsse des Konjunkturverlaufs auf Bibliotheken sichtbar zu machen. Daher soll im folgenden der Begriff „Wirtschaftslage" bzw. „wirtschaftliche Entwicklung" benutzt werden, da mit ihm längerfristige Entwicklungen abgedeckt werden können.

Bei der Frage nach dem Einfluß der wirtschaftlichen Entwicklung auf Spezialbibliotheken zeigt sich sehr schnell, daß die Problematik in besonderer Weise einseitig verteilt ist: Abgesehen von einer Ausnahme – nämlich von den Gründungsanlässen, die zum Aufbau einer Spezialbibliothek führen – ergeben sich die Schwierigkeiten für den Bibliotheksbetrieb nahezu ausschließlich in Phasen wirtschaftlicher Mangelsituationen. In Wachstumsphasen haben Bibliotheken kaum Probleme hinsichtlich ihrer Etats, ihres Personalbestandes usw.; erst in der wirtschaftlichen Rezession steigen die Forderungen nach Sparmaßnahmen, die für bestimmte Typen von Spezialbibliotheken bis an den Rand der Existenzgefährdung gehen können. Diese bestimmten Typen werden im folgenden besonders zu beachten sein.

3. Die Spezialbibliothek in der Wirtschaft

Wie alle Wirtschaftsobjekte und Wirtschaftssubjekte sind grundsätzlich alle Bibliotheken – soweit man sie als Betriebe eigener Art begreift – (und damit auch die Spezialbibliotheken) in den Wirtschaftskreislauf als einen wichtigen gesellschaftlichen Prozeß eingebunden, allerdings in unterschiedlicher Weise, in unterschiedlicher Intensität und damit mit unterschiedlicher Reagibilität.

Es ist festzustellen, daß Bibliotheksbetriebe in öffentlicher Trägerschaft auf wirtschaftliche Veränderungen – z. B. auf eine Verringerung der Steuereinnahmen aufgrund einer wirtschaftlichen Rezession – mit erheblichen zeitlichen Verzögerungen reagieren. Das liegt im Bereich der Vermehrungsetats an den relativ langfristig haushaltsrechtlich gebundenen Finanzplänen der öffentlichen Hände. Im Bereich der Personaletats sind aufgrund der starren Stellenpläne Anpassungen, wenn überhaupt, nur langfristig über den sogenannten „natürlichen Abgang" möglich. Aber auch im wirtschaftlichen Aufschwung zeigt sich – und hierfür sind die vergangenen 12 Monate in der gegenwärtigen Situation der Bundesrepublik Deutschland ein Paradebeispiel –, daß die längst fällige Aufstokkung der Erwerbungsetats und erst recht die notwendige Wiederauffüllung der mit Leerstellen ausgestatteten Stellenpläne, wenn überhaupt, dann nur sehr schleppend in Gang kommt. Im Bereich der öffentlich finanzierten Bibliotheken ergeben sich somit derart gravierende zeitliche Verschiebungen zwischen wirtschaftlicher Entwicklung und Reagibilität des Bibliotheksbetriebes, daß eine sinnvolle Korrelation, geschweige denn eine abgestimmte Politik nahezu unmöglich wird.

Insoweit lassen sich auch keine signifikanten Unterschiede zwischen Spezialbibliotheken in öffentlicher Trägerschaft und den übrigen öffentlich finanzierten Bibliotheken feststellen. Dies gilt mit zwei Einschränkungen:

1. Sparmaßnahmen der öffentlichen Hand treffen Spezialbibliotheken, die ja überwiegend zu den Kleinst- bis Kleinbetrieben zählen, häufig weit härter als größere Bibliotheken. Diese haben meist günstigere Voraussetzungen, z. B. Personalreduzierungen durch internen Kapazitätsausgleich aufzufangen.
2. Soweit öffentliche Spezialbibliotheken Bestandteile größerer Einheiten – z. B. von Forschungsinstituten – sind, wird häufig versucht, das vorgegebene Sparsoll erst einmal einseitig der Bibliothek aufzuerlegen und die übrigen Bereiche zu schonen.

Ganz anders ist die Situation bei den Spezialbibliotheken in privater Trägerschaft. Insbesondere im Bereich der Spezialbibliotheken, die einem privaten Wirtschaftsunternehmen angegliedert sind, bestehen recht deutliche und auch relativ kurzfristig durchschlagende Beziehungen zwischen wirtschaftlicher Lage bzw. Entwicklung und dem Betrieb selbst. Diese Bibliotheken, nicht ganz zutreffend und sehr vereinfachend „Industriebibliotheken" genannt – auch andere Wirtschaftszweige, wie z. B. der Dienstleistungssektor, verfügen über leistungsfähige wissenschaftliche Fachbibliotheken –, sollen daher im folgenden Gegenstand einer besonderen Betrachtung sein.

III. Die Interdependenz zwischen Spezialbibliotheken und der wirtschaftlichen Lage

1. Die wirtschaftliche Lage als Gründungsanlaß

Es kann mit Sicherheit davon ausgegangen werden, daß in einem Wirtschaftsunternehmen die Wachstumsphase allein die Ursache für den Aufbau einer eigenen Bibliothek darstellt. Die Entwicklung wird im allgemeinen nach folgendem Grundschema ablaufen: Die in der Wachstumsphase befindliche Unternehmung sieht zunehmende Marktchancen, expandiert über Investitionen – und zwar über Erweiterungsinvestitionen –, was eine Zunahme der Arbeitsplätze zur Folge hat. Dieser Prozeß vollzieht sich möglicherweise über einen längeren Zeitraum bis hin zu einem Niveau, bei dem die betrieblichen Steuerungs- und Entscheidungsprobleme, der Bedarf an technologischem Know-how, aber auch die wachsende Zahl der Mitarbeiter mit akademischer Ausbildung die Einrichtung einer eigenen Bibliothek erforderlich machen.

Dabei darf der Begriff der Bibliothek nicht zu eng ausgelegt werden: Wenn schon in Spezialbibliotheken generell von den Funktionen her die bibliothekarischen und dokumentarischen Aktivitäten ineinander übergehen, so gilt das in besonderem Maße für die Industriebibliothek. Bei ihr sind die Grenzen zwischen reiner innerbetrieblicher Bibliothek und betriebseigener IuD-Stelle häufig nicht mehr erkennbar.

Aber auch im Bereich der Spezialbibliotheken in öffentlicher Trägerschaft gibt es bemerkenswerte Beispiele für die Gründung in Abhängigkeit von der wirtschaftlichen (besser: gesamtwirtschaftlichen) Situation. Die heutige Bibliothek des HWWA-Instituts für Wirtschaftsforschung-Hamburg führt ihre Entstehung auf die Gründung des Deutschen Kolonialinstituts 1908 in Hamburg zurück. Die Bemühungen des damaligen Deutschen Reiches zum Erwerb eigener Besitzungen in Übersee waren sowohl politisch, in erster Linie aber wirtschaftlich begründet. Sie führten zu einem schnell wachsenden Bedarf an wirtschaftlich relevanten Informationen aus und über überseeische Gebiete. Diese zu sammeln, aufzubereiten und weiterzugeben war Aufgabe der damaligen sogenannten Zentralstelle des Deutschen Kolonialinstituts; aus ihr entwickelte sich das Hamburgische Weltwirtschafts-Archiv (HWWA) sowie die heutige Bibliothek des HWWA-Instituts, eine der größten Spezialbibliotheken des Kontinents.

Eine ähnliche Beziehung zwischen gesamtwirtschaftlicher Entwicklung und Gründungsanlaß läßt sich für die Bibliothek des Instituts für Weltwirtschaft an der Universität Kiel – einer der größten Spezialbibliotheken überhaupt – nachweisen. Die Gründung dieser Bibliothek in den zwanziger Jahren dieses Jahrhunderts fällt in eine Zeit, als die stark expandierende Wirtschaft Deutschland nach dem Niedergang im Ersten Weltkrieg neue Märkte in Übersee aufzuschließen begann und gegen einen starken Konkurrenzdruck behaupten mußte. Die zunehmende Beschäftigung mit Fragen der Außenwirtschaft in Wissenschaft, Politik und Wirtschaftspraxis führte zu einem Informationsbedarf, der die Einrichtung einer speziellen Bibliothek erforderlich machte.

2. *Betriebswirtschaftliche Probleme der Spezialbibliotheken*

Ich habe an anderer Stelle bereits dargelegt, daß die besondere existenzbegleitende Problematik für die Industriebibliotheken darin zu sehen ist, daß gerade in Zeiten wirtschaftlicher Rezession wachsender Druck in Richtung auf Sparmaßnahmen, Rationalisierungsvorhaben und sonstigen Beschränkungen von den Unternehmungsleitungen ausgeübt wird, der bis zur Existenzgefährdung reichen kann. Diese rezessiven Phasen können sowohl gesamtwirtschaftlich, branchenspezifisch oder einzelwirtschaftlich begründet sein.

Die möglichen Einflüsse möchte ich an den vier betriebswirtschaftlichen Kategorien Organisationsform, Leitungsstruktur, Personalwirtschaft sowie Bestandsaufbau darzustellen versuchen.

a) Organisationsform

Die Organisationsform von Industriebibliotheken im engeren Sinne – also die organisatorische Arbeitsablaufgestaltung – ist sehr unterschiedlich und läßt keine signifikanten Ansatzpunkte für Sparmaßnahmen der Unternehmungsleitungen erkennen. Dies gilt mit zwei Einschränkungen:

1. Die Erwerbungsfunktion ist häufig – was die kaufmännische Seite anbetrifft – an die zentrale Einkaufsabteilung und – was die Entscheidung über den Erwerb anbetrifft – in manchen Fällen an das Management bzw. an wissenschaftliche Mitarbeiter ausgegliedert. Restriktionen in diesen Bereichen schlagen dann direkt auf die Bibliothek durch.
2. Industriebibliotheken sind in der Regel im Verhältnis zur gesamten Belegschaft der Unternehmung kleine Betriebseinheiten. Das bedeutet, daß Einschränkungen – insbesondere im personellen Bereich – nur unzulänglich aufgefangen werden können.

Von viel größerer Bedeutung ist in diesem Zusammenhang die organisatorische Zuordnung der Bibliothek zum Gesamtbetrieb, d. h. die Einbindung in die betriebliche Hierarchie. Hier sind in der Realität viele Varianten denkbar: Die Bibliothek kann direkt der Geschäftsleitung unterstellt sein; sie kann eigenständige Stabsabteilung sein; sie kann Bestandteil von Stabsabteilungen, wie der Volkswirtschaftlichen Abteilung, der Marktforschungsabteilung, der Public-Relations-Abteilung sein. Eine weitere Variante ist die Zuordnung zu den sogenannten „zentralen Diensten" (wie Hausverwaltung, Botendienste, Hauspost, Materialverwaltung usw.). Schließlich ist auch die Anbindung – wenn auch typischer für die „Werkbücherei" – an den Funktionsbereich des Betriebsrats möglich.

Schon die Einbindung der Bibliothek in die Betriebsorganisation läßt vielfach erste Schlüsse zu, welche Bedeutung die Unternehmungsleitung diesem Funktionsbereich beimißt.

Viel spricht für die Vermutung, daß je höher die Bibliothek in die betriebliche Hierarchie eingebunden ist, desto leichter restriktive Maßnahmen von der Bibliotheksleitung abzuwehren sind.

b) Leitungsstruktur

Eng mit der Frage der organisatorischen Einbindung der Bibliothek ist die Qualität der Leitungsfunktion in der betrieblichen Einheit Bibliothek verbunden. Eine möglichst weitreichende Entscheidungskompetenz des Leiters in Fragen der Erwerbung, der Etatzuweisung, der Personalpolitik wie auch der Informationspolitik im innerbetrieblichen Bereich garantieren der Bibliothek einen Aktionsspielraum, der ihre Existenz sichern hilft.

Der Beweis für diese These ist die Tatsache, daß Unternehmungsleitungen in Zeiten wirtschaftlicher Rezession häufig versuchen, durch organisatorische Maßnahmen den Entscheidungsspielraum ihrer Bibliotheksleiter einzuengen.

c) Personalfragen

Die Personalsituation in Bibliotheken ist ein allgemeines Problem, das immer wieder diskutiert wird und daher keineswegs als Privileg der Spezialbibliotheken anzusehen ist. Allerdings stellt es sich m. E. für Industriebibliotheken als besonders gravierend dar. Das betrifft sowohl den Umfang des Personalbestandes als auch seine Qualifikation.

Im Gegensatz zu den öffentlich finanzierten Bibliotheken sind Veränderungen im Personalbereich – also hier: Personalreduzierungen – relativ leicht und schnell durch Umsetzungen, aber auch durch Entlassungen, durchzuführen. Eine weitere, häufig angewandte Maßnahme besteht in der zusätzlichen Zuweisung bibliotheksfremder Funktionen, z. B. im Sozialbereich oder Personalbereich.

Nicht minder schwerwiegend ist jedoch die relative Verminderung der Qualifikation der Mitarbeiter, auf die in Phasen der wirtschaftlichen Rezession von Unternehmungsleitungen gern zurückgegriffen wird. Das kann zum einen darin bestehen, daß in anderen Betriebsbereichen freigesetztes – also bibliotheksfremdes – Personal in die Bibliothek „abgeschoben" wird; das kann aber auch darin bestehen, daß den Bibliotheken jegliche Beteiligung an einer fachspezifischen Nachwuchsausbildung untersagt wird. Eine solche Entwicklung kann deswegen bedrohliche Ausmaße annehmen, weil die Industriebibliotheken ohnehin schon einen unverhältnismäßig hohen Anteil an nicht fachlich vorgebildetem Personal aufweisen.

d) Bestandsaufbau

(Unter Bestandsaufbau ist in diesem Zusammenhang die Bestandsvermehrung sowie die Erschließung zu verstehen.)

Besonders schnell realisierbar, zudem mit durchschlagender Wirkung, sind in rezessiven Phasen Kürzungen des Vermehrungsetats. Und hier zeigt sich mit besonderer Deutlichkeit die Unvereinbarkeit unternehmerischen Handelns aufgrund kurz- bis mittelfristiger konjunktureller Lagen mit dem langfristig ausgerichteten Ziel eines sinnvollen Bestandsaufbaus. Die Abbestellung von Zeitschriften und Serien, der Verzicht auf schwer beschaffbare Literatur, die Nichterwerbung von Literatur mit geringen Auflagehöhen führen zu Bestandslücken, die schon nach relativ kurzer Zeit – bei einer vielleicht dann entspannten konjunkturellen Lage – kaum noch aufzufüllen sind und zu einer Bestandsentwertung auf Dauer führen.

Ähnliches gilt für eine zeitweilige Vernachlässigung der Erschließungstätigkeit, die zu einem späteren Zeitpunkt kaum noch nachvollziehbar sein wird und damit die Abgabe von Informationsdienstleistungen an den betriebsinternen Anwender nachhaltig negativ beeinflußt.

3. *Die antizyklischen Funktionen der Spezialbibliotheken im Wirtschaftsablauf*

Die bisherigen Ausführungen haben gezeigt, daß Spezialbibliotheken – insbesondere die Gruppe der Industriebibliotheken – von konjunkturellen Abschwüngen (besonders bei Konjunkturtiefs) negativen Einflüssen in ihrer Funktionsfähigkeit ausgesetzt sind, die bis an die Grenze ihrer Existenz reichen können. Das gilt – in unterschiedlichem Ausmaß – für Bibliotheken in öffentlicher wie auch für Bibliotheken in privater Trägerschaft; das gilt gesamtwirtschaftlich, branchenbezogen wie auch einzelwirtschaftlich.

Das moderne wirtschaftspolitische Instrumentarium wie auch die Ergebnisse betriebswirtschaftlicher Forschung zeigen jedoch auf, daß ein genau entgegengesetztes Verhalten der richtigere Weg wäre, aus dem konjunkturellen Tal herauszukommen: Gerade im konjunkturellen Abschwung bedarf es besonderer Anstrengungen sowohl der öffentlichen Hand als auch der Unternehmen, durch eine Steigerung ihrer Investitions- und Verbrauchsausgaben Impulse zu einer Wende der wirtschaftlichen Entwicklung zu geben. Das würde z. B. in der derzeitigen konjunkturellen Situation bedeuten, daß die öffentlichen Verwaltungen alle Leerstellen in Bibliotheken zur Wiederbesetzung freigeben, um somit zu einer Entlastung der Arbeitsmarktsituation beizutragen. Im Bereich der Industriebibliotheken bedeutet ein solches „antizyklisches" Verhalten, daß gerade in Zeiten sinkender Marktchancen durch eine Unterstützung der innerbetrieblichen Informationsmöglichkeiten der Informationsbedarf hinsichtlich der Entwicklung neuer Produkte, des Aufspürens neuer Märkte, der Entwicklung neuartiger und besserer Absatzwege usw. optimaler abgedeckt werden kann. Umgekehrt bedeuten restriktive Maßnahmen „Sparen am falschen Platz".

IV. Zusammenfassung

Ich möchte abschließend meine Ausführungen thesenartig zusammenfassen:

1. Spezialbibliotheken sind als besondere Bibliotheksform sowie als Betrieb eigener Art wie alle Wirtschaftsobjekte und -subjekte Gegenstand wirtschaftlichen Handelns und damit in den Wirtschaftskreislauf eingebunden.
2. Insbesondere im Bereich der Industriebibliotheken bestehen deutliche und kurzfristig wirksam werdende Beziehungen zwischen der wirtschaftlichen Lage und der Funktionsfähigkeit des Bibliotheksbetriebes.
3. In Wachstumsphasen haben Industriebibliotheken kaum Probleme; erst in rezessiven Situationen steigt der Druck nach restriktiven Maßnahmen, die bis zur Existenzgefährdung führen können.
4. Die besonderen Probleme bestehen für die Industriebibliotheken in den Bereichen Organisationsform, Leitungsfunktion, Personalwirtschaft sowie Bestandsaufbau und Erschließung.
5. An die Träger der Spezialbibliotheken – insbesondere an die privaten Wirtschaftsunternehmen – ist die Forderung zu richten, durch antizyklisches Verhalten die Funktionsfähigkeit der Informationsvermittlung gerade in rezessiven Phasen des Wirtschaftsablaufs zu stärken.

Freiheit und Bindung des Bibliothekars bei der Informationsvermittlung

Einführungsreferat zu einer Podiumsdiskussion*

Von

ENGELBERT PLASSMANN

I

In der Zeitschrift *Buch und Bibliothek* („BuB") werden seit längerem auf den ersten Seiten eines jeden neuen Heftes in dem sog. „BuB-Journal" wirkliche oder vermeintliche Verletzungen unserer verbrieften Informationsfreiheiten angeprangert[1]. Die Freiheit des Bibliothekars wird als bedroht dargestellt, bedroht von einer unerträglichen Bindung, die ihr von der politischen Macht auferlegt wird. Wer diese Beiträge aufmerksam verfolgt hat, der weiß, daß zwar nicht viele Fälle inkriminiert werden – einige Stichworte: Lübeck, Amerika-Gedenkbibliothek, Bommi Baumann –, so daß man bei bloß quantitativer Betrachtung über sie zur bibliothekarischen Alltagsarbeit übergehen könnte, daß es sich aber gleichwohl um Fälle handelt, die Anlaß zu Fragen von grundsätzlicher Bedeutung sein können.

Die laute Emotion freilich, mit der dort und in verschiedenen anderen Veröffentlichungen[2] von „Zensur" geschrieben wird, mit der ein Begriff aus dem juristischen Sprachgebrauch entnommen und in seiner Bedeutung verändert wird, erweckt den Eindruck einer politischen Kampagne; eine sachliche Erörterung von Freiheit und Bindung des Bibliothekars scheint nicht beabsichtigt.

Immerhin hat die Kampagne unter Bibliothekaren Wellen geschlagen, die hoch genug waren, um die Gestade des Bibliothekskongresses zu erreichen. Hier sollen sie nun nicht abgewehrt, wohl aber – und das ist unerläßlich – so kanalisiert werden, daß die wichtige und schwierige Frage nach Freiheit und Bindung des Bibliothekars nicht verschüttet wird, daß sie vielmehr – um im Bilde zu

* Für die Drucklegung leicht überarbeitete und mit Anmerkungen versehene Fassung.

1 BuB ist unter den deutschen bibliothekarischen Fachzeitschriften die einzige, die dieses Thema behandelt.

2 „... Eine Zensur findet ~~nicht~~ statt." Art. 5 GG. Dokumentation zu einer aktuellen Diskussion. Hrsg. von der Arbeitsgemeinschaft der Verleger, Buchhändler und Bibliothekare in der Friedrich-Ebert-Stiftung – Gruppe Bibliothekare –. – Bonn 1978. 88 S.
„Wir verfolgen aufmerksam und bereit ..." Dokumentation im Anschluß an die Diskussionsgrundlage zur Vorbereitung des Bibliothekskongresses 1978 in Stuttgart ‹veröffentlicht im Rundschreiben 1978/1 des VdDB/VDB›. – Bremen 1978. 115 S.

bleiben – an die Oberfläche kommt, im Tageslicht klar erkannt und vielleicht gar auf den Kanälen der rationalen Unterscheidung beantwortet wird.

II

Hierfür ist es zunächst erforderlich, einige Begriffe zu klären, vor allem, die Verdrehung ihres rechtlichen Sinngehalts, die sich an vielen Stellen findet, zu zeigen.

Zu diesen verdrehten Begriffen gehört vor allem der Begriff der Zensur. Das Bestehen von Zensur in der Bundesrepublik oder Fälle von Zensur werden im BuB-Journal an verschiedenen Stellen beklagt, so z. B. bei der Besprechung des Buches „Die Schere im Kopf"[3], in dem Bericht „Erfolg im Kampf gegen das Berufsverbot" (betreffend ein erfolgreiches Verfahren von DKP-Mitgliedern gegen ihre Entlassung aus dem Dienst einer Volkshochschule)[4], in dem Bericht über eine Resolution der Studenten des Fachbereichs Bibliothekswesen an der Fachhochschule Hamburg in Zusammenhang mit dem Lübecker Vorfall[5]. Der Verein der Diplom-Bibliothekare an wissenschaftlichen Bibliotheken und der Verein Deutscher Bibliothekare sprechen in ihrem gemeinsamen Rundschreiben 1978/1 bei der Einführung in den Bibliothekskongreß in bezug auf unsere Veranstaltung heute nachmittag von dem „seit einiger Zeit aktuellen Problem der Zensur und Selbstzensur" in Bibliotheken.

In Art. 5 Abs. 1 S. 3 GG heißt es lapidar: „Eine Zensur findet nicht statt." Wenn es zuträfe, was BuB schreibt, was auch anderswo geschrieben wird, was neuestens auch der VdDB und der VDB schreiben, dann hätten wir verfassungswidrige Zustände in unseren Bibliotheken, dann würde es höchste Zeit für energische rechtliche und politische Schritte gegen derartige Zustände.

Die Behauptung der unstatthaften Zensur hält aber – Gott sei Dank – keiner Prüfung stand. Und zwar schon deshalb nicht, weil unter der unstatthaften Zensur im Sinne von Art. 5 Abs. 1 S. 3 GG allein die Vorzensur zu verstehen ist, das heißt, nach einer Entscheidung des Bundesverfassungsgerichts „einschränkende Maßnahmen vor der Herstellung oder Verbreitung eines Geisteswerkes, insbesondere das Abhängigmachen von behördlicher Vorprüfung oder Genehmigung seines Inhalts"[6]. Dieser rechtliche Zensurbegriff entspricht in vollem Umfang der geschichtlich im 19. Jahrhundert geprägten Bedeutung des Wortes. Eine Vorzensur in diesem Sinne gibt es in der Bundesrepublik nicht; die tatbestandsmäßigen Voraussetzungen für eine solche werden auch in BuB nicht behauptet.

Das Stadtparlament in Lübeck, dem die Ausübung von Zensur vorgeworfen wird[7], hat eben nicht beschlossen, die weitere Verbreitung jenes kommunisti-

[3] BuB 29 (1977) S. 101 f.
[4] BuB 29 (1977) S. 102.
[5] BuB 29 (1977) S. 450 f.
[6] BVerfGE 33, 72.
[7] BuB 29 (1977) S. 189 f., S. 273 f., S. 353 f.

schen Kinderlexikons einem behördlichen Genehmigungsverfahren zu unterwerfen und solchermaßen zu versuchen, seine Verbreitung in der Bundesrepublik Deutschland oder auch nur in der Stadt Lübeck zu verhindern – keines von beidem hätte es im übrigen rechtlich oder faktisch gekonnt –, vielmehr wollte es lediglich das Buch aus der Kinder- und Jugendabteilung der Stadtbibliothek entfernt wissen. Die Möglichkeit, das Buch in der Erwachsenen-Abteilung einzusehen oder es von dort zu entleihen, blieb von dem Beschluß unberührt, gar nicht davon zu reden, daß niemand durch den Beschluß gehindert wurde oder gehindert werden sollte, sich das Buch über den Buchhandel zu beschaffen. Also keine Spur von Zensur.

Eine andere Frage ist die, ob das Stadtparlament in Lübeck mit seinem Beschluß wenn nicht gegen das Zensurverbot verstoßen, so aber doch andere Rechte verletzt hat, auch eine andere Frage, ob es mit seinem Beschluß politisch klug gehandelt hat. Hier sollten wir zunächst festhalten, daß es eine Zensur in deutschen Bibliotheken nicht gibt, solange nicht die tatbestandsmäßigen Voraussetzungen im Sinne der oben erwähnten Definition durch das Bundesverfassungsgericht gegeben sind.

Wenn wir wissen wollen, ob das Stadtparlament in Lübeck gleichwohl Rechte von Bürgern verletzt hat, so führt es nicht weiter, das Mittel zur Verletzung der Informationsfreiheit, die Zensur, ins Auge zu fassen, da dieses von niemandem angewandt worden ist. Es muß vielmehr gefragt werden, welche Rechte der Bürger überhaupt gegenüber den Bibliotheken der öffentlichen Hand hat, wie weit sein Grundrecht auf ungehinderte Information aus öffentlich zugänglichen Quellen gemäß Art. 5 GG ihm einen Anspruch gibt, Informationen in bestimmtem Umfang von diesen Bibliotheken zu verlangen. Erst dann, wenn wir wissen, welche Ansprüche der Bürger hier billigerweise stellen kann, sind wir in der Lage festzustellen, ob die Bibliothek oder ihr Träger durch Vorenthaltung oder Erschwerung bestimmter Informationsmöglichkeiten Rechte von Bürgern verletzt hat.

Wenn die folgende Diskussion in dieser Frage mehr Klarheit bringt, als sie bisher bestand, wären wir einen wichtigen Schritt weiter, und die Diskussion hätte ihren Ertrag gebracht.

Es bleibt anzumerken, daß das Wort „Selbstzensur", das immer wieder – leider auch in dem Rundschreiben des VdDB und des VDB – zu lesen steht, rechtlich total unbrauchbar ist. Wie kann jemand gegenüber sich selbst eine behördliche Vorprüfung des Inhalts einer Schrift durchführen, wie kann jemand sodann sich selbst eine amtliche Genehmigung erteilen? Falls aber mit dieser eigenartigen Wortschöpfung eine ängstliche und restriktive Selbstprüfung des Bibliothekars gemeint ist, der sich immer wieder ohne rechtfertigenden sachlichen Grund die Frage stellt, ob er ein bestimmtes Buch nicht besser von der Anschaffung ausschließe, weil er sonst Schwierigkeiten bekommen könnte, dann gehört die „Selbstzensur" in den Bereich der Psychologie und entzieht sich weitgehend der Erörterung auf unserem Kongreß. Wer das Wort „Selbstzensur" in diesem Sinne gebraucht, verharmlost dadurch die Brutalität und die Infamie einer wirklichen Zensur; und das ist gefährlich.

III

Weitere begriffliche Klärung ist hinsichtlich der neuen Strafbestimmungen gegen die verfassungsfeindliche Befürwortung von Straftaten (§ 88 a StGB) und gegen die Anleitung zu Straftaten (§ 130 a StGB) erforderlich. Diese Bestimmungen lauten:

§ 88 a. Verfassungsfeindliche Befürwortung von Straftaten.

(1) Wer eine Schrift (§ 11 Abs. 3), die die Befürwortung einer der in § 126 Abs. 1 Nr. 1 bis 6 genannten rechtswidrigen Taten enthält und bestimmt sowie nach den Umständen geeignet ist, die Bereitschaft anderer zu fördern, sich durch die Begehung solcher Taten für Bestrebungen gegen den Bestand oder die Sicherheit der Bundesrepublik Deutschland oder gegen Verfassungsgrundsätze einzusetzen,

1. verbreitet,
2. öffentlich ausstellt, anschlägt, vorführt oder sonst zugänglich macht oder
3. herstellt, bezieht, liefert, vorrätig hält, anbietet, ankündigt, anpreist, in den räumlichen Geltungsbereich dieses Gesetzes einzuführen oder daraus auszuführen unternimmt, um sie oder aus ihr gewonnene Stücke im Sinne der Nummern 1 oder 2 zu verwenden oder einem anderen eine solche Verwendung zu ermöglichen,

wird mit Freiheitsstrafe bis zu drei Jahren oder mit Geldstrafe bestraft.

(2) ... [betrifft hier nicht]

(3) § 86 Abs. 3 gilt entsprechend.

§ 130 a. Anleitung zu Straftaten.

(1) Wer eine Schrift (§ 11 Abs. 3), die die Anleitung zu einer der in § 126 Abs. 1 Nr. 1 bis 6 genannten rechtswidrigen Taten enthält und bestimmt sowie nach den Umständen geeignet ist, die Bereitschaft anderer zu fördern, solche Taten zu begehen,

1. verbreitet,
2. öffentlich ausstellt ... [der weitere Text stimmt wörtlich mit dem in § 88 a, Abs. 1 überein.]

Diese Normen, aus den bekannten, in der schmerzlich miterlebten Zeitgeschichte liegenden Gründen in das Strafgesetzbuch eingefügt und seit dem 1. Mai 1976 in Kraft, werden ebenso heftig angegriffen wie die vermeintliche Zensur in Bibliotheken.

So hat der Große Senat der Fachhochschule für Bibliothekswesen hier in Stuttgart Ende 1976 eine Resolution gegen diese Strafbestimmungen gefaßt, nach einem Bericht in BuB mit der Begründung, durch sie würde „eine weitere [!] Einschränkung der Meinungs-, Presse- und Informationsfreiheit bewirkt, wie die praktische Anwendung in der letzten Zeit, die auch unsere Arbeit als Bibliothekare tangiert, beweist"[8]. Ein BuB-Artikel, der sich mit dem Lübecker Vorfall beschäftigt[9], meint gar, § 88 a StGB diene der „Einschüchterung" der Bibliothekare; ein weiterer[10] meint: „Vor allem durch den neugefaßten § 88 a StGB ist ein Instrumentarium geschaffen worden, gesellschaftskritische Literatur gegebenenfalls, das heißt bei entsprechenden politischen Machtverhältnissen, aus den Bibliotheken zu entfernen. Dieser Paragraph muß wieder gestrichen werden."

Sind nach der Einfügung der §§ 88 a und 130 a StGB in das Strafgesetzbuch tatsächlich derartige Konsequenzen eingetreten bzw. zu befürchten?

Schon der Aufbau der Tatbestände ist – wie wir vorhin alle hören konnten – äußerst kompliziert. Ein namhafter Kommentar hält den § 88 a aus diesem Grunde schlicht für „unpraktikabel"[11]. In einem der gängigsten Lehrbücher des Strafrechts heißt es zu § 88 a sogar: „Wer die Bestimmung nicht nur liest, um sich dadurch in exaltierte Zustände versetzen zu lassen, erkennt leicht, daß die überfüllige Häufung objektiver und subjektiver Tatbestandsmerkmale für ihren völligen Leerlauf reichlich Gewähr bietet."[12]

Wenden wir diesen allgemeinen, aus dem Tatbestandsaufbau sich ergebenden Gesichtspunkt in die bibliothekarische Praxis. Ziehen wir aus den etwa 50000 deutschen Titeln, die im Jahre 1976 erschienen sind[13], einmal diejenigen heraus, in welchen die in § 126 StGB genannten Straftaten (darauf wird ja in den §§ 88 a und 130 a verwiesen), befürwortet werden, und prüfen wir diese vermutlich recht kleine Anzahl von Titeln an den weiteren Tatbestandsmerkmalen des § 88 a, so werden nur noch ganz wenige Titel übrigbleiben. Es müssen in der Schrift ja nicht nur bestimmte Straftaten befürwortet werden, die Schrift muß auch – zweitens – dazu bestimmt und drittens nach den Umständen geeignet sein, die Bereitschaft anderer zu fördern, sich durch die Begehung solcher Taten für Bestrebungen gegen den Bestand oder die Sicherheit der Bundesrepublik Deutschland oder gegen Verfassungsgrundsätze einzusetzen.

Falls nun der Bibliothekar bei seiner Tätigkeit, aus den ihm bekannt werdenden zehntausenden deutschen und nochmals zehntausenden ausländischen Titeln die für seine Bibliothek wichtigen auszuwählen, auf jene wenigen Titel stößt, welche die objektiven Merkmale des § 88 a StGB erfüllen, und er gute

[8] BuB 29 (1977) S. 2.

[9] BuB 29 (1977) S. 273 f.

[10] BuB 29 (1977) S. 451.

[11] Strafgesetzbuch mit Nebengesetzen und Verordnungen. Erläutert von Eduard Dreher. 37., neubearb. Aufl. – München 1977. S. 487 f.

[12] Hermann Blei: Strafrecht II. Besonderer Teil. 10., völlig neu bearb. Aufl. des von Edmund Mezger begr. Werkes. – München 1976. S. 310 f.

[13] Buch und Buchhandel in Zahlen. – Frankfurt am Main 1977. S. 10 (ohne DDR, Österreich und Schweiz).

Gründe hat, gerade diese Bücher für seine Bibliothek auszuwählen, dann wird er sich dennoch kaum wegen des Beziehens dieser Schriften strafbar machen; denn die sog. Sozialadäquanzklausel des § 86 Abs. 3 StGB wird in den meisten Fällen seine Strafbarkeit ausschließen. In dieser Vorschrift sind nämlich praktisch all die „guten Gründe" aufgezählt, die ein Bibliothekar haben kann, wenn er ein solches Buch anschafft und es den Benutzern zugänglich macht. Diese Vorschrift, die über § 88 a Abs. 3 StGB anwendbar ist, lautet:

> Absatz 1 [d.h. die Strafdrohung] gilt nicht, wenn das Propagandamittel oder die Handlung der staatsbürgerlichen Aufklärung, der Abwehr verfassungswidriger Bestrebungen, der Kunst oder der Wissenschaft, der Forschung oder der Berichterstattung über Vorgänge des Zeitgeschehens oder der Geschichte oder ähnlichen Zwecken dient.

Damit dürfte für Bibliothekare an wissenschaftlichen Bibliotheken stets, für die anderen Bibliothekare in sehr vielen Fällen die Strafbarkeit entfallen, es sei denn, sie würden selbst konspirativ tätig. Für ängstliche Selbstprüfungen des Bibliothekars besteht also kaum Anlaß. Auch ergeben sich für den Bestandsaufbau kaum praktische Folgen von nennenswertem Umfang.

Für Privatpersonen, die verfassungsfeindliche Tätigkeiten mit den entsprechenden Schriften in der in § 88 a beschriebenen Weise betreiben, bleibt die Strafdrohung freilich in vollem Umfang bestehen. Doch darüber zu sprechen, ist hier nicht unsere Aufgabe.

Trotz der geringen praktischen Bedeutung der Strafbestimmungen für die Bibliothekare ist eine grundsätzliche Diskussion über sie durchaus sinnvoll. Denn es geht letztlich um die Bindung, der auch die Freiheit des Bibliothekars unterliegt, es geht um die inneren Schranken und die äußeren Einschränkungen, welche das in Art. 5 GG garantierte Grundrecht der Meinungs-, Presse- und Informationsfreiheit beengen.

Welches sind nun unberechtigte Einschränkungen, die das Grundrecht verletzen, welches sind notwendige und daher berechtigte, die bestimmt und geeignet sind, es zu sichern?

Brächte die Diskussion uns einer überzeugenden Antwort auf diese Fragen näher, so wäre viel gewonnen.

IV

Lassen Sie mich zum Schluß dieser kurzen Einführung, welche die notwendige klarstellende Kritik an einer aufgeregten öffentlichen Diskussion nur holzschnittartig vortragen konnte, kurz eigene Thesen vorlegen. Diese sind nicht mehr in engerem Sinne als Einführung zu verstehen, sondern als ein kleiner eigener Beitrag, mit dem ich unmittelbar in die Diskussion hineinführen möchte, Zustimmung und Widerspruch erwartend.

Freiheit und Bindung ist das große Thema unseres Grundgesetzes. Die Balance, welche die Väter unserer Verfassung den Rechten und Pflichten der Bürger, ihrer Freiheit und ihrer Bindung gegeben haben, hat uns im freien Teile Deutschlands fast drei Jahrzehnte innerer Befriedigung gegeben, für die wir dankbar sein dürfen. Diese Balance hat ihren bündigsten Ausdruck gefunden in der in Art. 2 Abs. 1 GG niedergelegten Regel:

Jeder hat das Recht auf freie Entfaltung seiner Persönlichkeit, soweit er nicht die Rechte anderer verletzt und nicht gegen die verfassungsmäßige Ordnung oder das Sittengesetz verstößt.

Rechte und Pflichten bedingen einander, denn die Freiheit des einzelnen darf durch das Gemeinwesen nicht gefährdet werden wie umgekehrt die Freiheit des Gemeinwesens nicht durch zu hohe individuelle Freiheitsansprüche gefährdet werden darf; niemand darf von seinen Freiheiten so Gebrauch machen, daß die Freiheiten der anderen verletzt werden.

Was hat das mit der Frage nach Freiheit und Bindung des Bibliothekars in der Informationsvermittlung zu tun?

Die meisten Bibliothekare sind es gewöhnt, ihre vornehmsten beruflichen Arbeiten in einer Freiheit zu tun, die den meisten anderen beruflichen Tätigkeiten nicht eignet. Sie wählen die Bücher aus, die sie für ihre Bibliothek für notwendig halten, und sind dabei in aller Regel von irgendwelchen äußeren Zwängen frei; sie stellen die Bücher ihrer Bibliothek im Lesesaal, in der Orts- und Fernleihe jedermann frei zur Verfügung, kaum je in der Liberalität dieser Tätigkeit durch irgendwelche Restriktionen behindert. Diese große Freiheit im Kern ihrer beruflichen Tätigkeit, eben der Informationsvermittlung durch die Auswahl der Bücher und ihre Bereitstellung, hat die Bibliothekare vielleicht besonders empfindlich gemacht gegenüber Eingriffen in diese Freiheit, seien sie berechtigt oder unberechtigt. Das ist sicher gut so. Doch sollten wir uns selbstkritisch fragen, ob das Bewußtsein der Bindung, ohne welche auch diese Freiheit nicht leben kann, bei uns in eben dem Maße lebendig und gegenwärtig ist wie das Bewußtsein der Freiheit.

Zur Wahrung unserer Freiheit bei der Informationsvermittlung wird es auf die Dauer nicht genügen, unberechtigte Eingriffe abzuwehren; es ist genauso notwendig, die Freiheit immer wieder positiv zu begründen, um sie zu sichern. Das aber wird nur gelingen, wenn wir unsere Freiheit nicht als Selbstzweck verstehen, sondern sie in ihrer dienenden Funktion sehen: Die Freiheit des Bibliothekars in der Informationsvermittlung dient der Freiheit des Lesers, sich ungehindert zu informieren, wie es ihm Art. 5 GG verbürgt. Unter diesem Gesichtspunkt ist der große Freiheitsspielraum des Bibliothekars legitimiert. Das Recht, sich aus allgemein zugänglichen Quellen ungehindert zu unterrichten, ist das fundamentale Recht zur Sicherung der geistigen Kontroverse, dem Lebenselement unserer demokratischen Ordnung. Darum ist jedes Rechtsinstitut, das dieses in Art. 5 GG garantierte Freiheitsrecht sichern hilft, zu erhalten und zu schützen; das gilt bestimmt von dem – sagen wir: Gewohnheitsrecht[14], aufgrund dessen der Bibliothekar an der öffentlich zugänglichen Bibliothek frei von äußerem Zwang arbeitet.

Wir haben es mit zwei Freiheiten zu tun, deren eine zur Sicherung der anderen da ist. Wer die Freiheit des Bibliothekars verletzt, der verletzt damit die Freiheit des Lesers, die durch Art. 5 GG verbürgte Informationsfreiheit. Diese Abhängigkeit führt zu der Feststellung, daß die Freiheit des Bibliothekars bei der Informationsvermittlung – ohnehin nicht im Range eines Grundrechts stehend wie die Freiheit des Lesers, sich ungehindert zu informieren –, dieselben Eingriffe dulden, dieselben Beschränkungen hinnehmen muß wie die Informationsfreiheit des Lesers. Solche Einschränkungen können sich ohne Zweifel im Einzelfall aus den heftig bekämpften, 1976 ins Strafgesetzbuch eingefügten Bestimmungen ergeben.

Ob dies zulässige Beschränkungen und mithin keine Verletzungen der Freiheit des Bibliothekars sind, kann nur auf der Basis von Art. 5 Abs. 2 GG geklärt werden. Dieser Absatz lautet:

> Diese Rechte [d. h. die Meinungs-, Presse- und Informationsfreiheit] finden ihre Schranken in den Vorschriften der allgemeinen Gesetze, den gesetzlichen Bestimmungen zum Schutze der Jugend und dem Recht der persönlichen Ehre.

Unter den dort genannten *allgemeinen Gesetzen* sind nach herrschender Auffassung vor allem diejenigen Gesetze zu verstehen, die der Erhaltung des friedlichen Zusammenlebens der Menschen dienen, das heißt nicht zuletzt die Strafgesetze.

Wenn nun Strafnormen wie die §§ 88 a und 130 a StGB das Beziehen, Vorrätighalten, Verbreiten usw. gewisser Schriften unter bestimmten Voraussetzungen mit Strafe bedrohen, so bedeuten diese Normen sicher die Gefahr konkreter Eingriffe in die Freiheit des Bibliothekars bei der Informationsvermittlung. Nach der hier vertretenen Auffassung sind diese denkbaren Eingriffe zulässig und daher keine Verletzung der Freiheit des Bibliothekars bei der Informations-

[14] Der Begriff „Gewohnheitsrecht" ist hier nicht unbedingt im rechtstechnischen Sinne zu verstehen. Durch die Wahl dieses Wortes soll deutlich gemacht werden, daß der Bibliothekar bei Ausübung seines Amtes zwar herkömmlicherweise einen großen Freiheitsspielraum hat, aber nicht in einer grundgesetzlich garantierten Freiheit handelt; nur Künstler und Wissenschaftler genießen bei Ausübung ihrer Tätigkeit das Privileg des Art. 5 Abs. 3 GG. Trotz ihrer Nähe zur Wissenschaft ist die Arbeit des Bibliothekars nicht eigentlich wissenschaftliche Tätigkeit. Der Bibliothekar ist bei der Ausübung seines Amtes vielmehr den besonderen Bindungen unterworfen, die gerade dieses, der allgemeinen Informationsfreiheit dienende Amt ihm auferlegt (Ausgewogenheit, Vermeiden von Einseitigkeiten). Außerhalb seines Amtes, als Bürger genießt der Bibliothekar natürlich dieselbe grundrechtliche Freiheit wie jeder andere.

vermittlung. Der Bibliothekar muß Eingriffe aufgrund von Strafgesetzen hinnehmen, wie es jeder Bürger muß – unbeschadet der Privilegierung des Bibliothekars durch die Sozialadäquanzklausel, von der schon die Rede war. Wenn die in den §§ 88 a und 130 a StGB enthaltenen neuen Strafbestimmungen überhaupt verfassungsmäßig sind, weil sie der Sicherung des Gemeinschaftsfriedens, der Sicherung unserer verfassungsmäßigen Ordnung dienen, dann führt an der eben gezogenen Konsequenz kein Weg vorbei. Dessen ungeachtet sollten die Vorschriften großzügig und im Zweifel stets zugunsten der Freiheit des Bibliothekars bei der Informationsvermittlung ausgelegt werden. Dann braucht kein Bibliothekar seinen Beruf in Ängstlichkeit auszuüben und kein Bürger seine berechtigten Erwartungen auf ungehinderte Information beeinträchtigt zu sehen oder zu fürchten.

Zensur und Selbstzensur

Droht unseren Öffentlichen Bibliotheken Gefahr?

Von

JOHANNES KROGOLL

Zensur und Selbstzensur in Öffentlichen Bibliotheken: Das Thema wird im Verein der Bibliothekare an Öffentlichen Bibliotheken e. V. (VBB) seit 1976 engagiert diskutiert. Es durchzieht als Leitmotiv das Publikationsorgan des VBB „Buch und Bibliothek" (BuB). Zunehmend beschäftigt es die Tagespresse. Ihm wurde die Abschlußveranstaltung des „Stuttgarter Bibliothekskongresses 1978" am 19. Mai gewidmet. Die Podiumsdiskussion, an der sich Schriftsteller, Wissenschaftler, Politiker und Bibliothekare beteiligten, kam über allgemeine Statements und respondierenden Beifall und Mißfall kaum hinaus. Geklärt wurde nichts.

Es scheint an der Zeit, die nun öffentlich gewordene, aber nach wie vor undurchsichtige Problemlage zu analysieren und beurteilbar zu machen. Grundlage dieser Analyse sind die Unterlagen und Dokumentationen, die von Bibliothekaren bzw. vom VBB selbst erstellt worden sind und mir als einem der Teilnehmer an der Stuttgarter Podiumsdiskussion zugänglich gemacht wurden. Insbesondere beziehe ich mich auf die Ausgaben von BuB 10, 1977 und 4, 1978, die eigens für die Diskussion verfaßte Broschüre „... Eine Zensur findet ~~nicht~~ statt" (Bonn 1978) und eine inoffiziell zum gleichen Zweck vorgelegte Dokumentation „Wir verfolgen aufmerksam und bereit..." (Bremen 1978).

Eine nüchterne Analyse setzt die Abkehr von der Politmetaphorik voraus, die sich im intellektuellen Raum gern vor fruchtbare politische Diskussionen schiebt.

Es ist üblich geworden, von Studenten-*Streiks*, Berufs-*Verboten*, Isolations-*Folter* zu sprechen. Anonyme Anrufer übernehmen die *Verantwortung* für Terroranschläge. Vor einiger Zeit – um ein freundlicheres, gleichwohl törichtes Beispiel zu nennen – wurden in Hamburg die Hauptschulen vorübergehend in „Technische *Oberschulen*" umbenannt.

Solche Metaphorik sagt manches über ihren Benutzer – seine Bedürfnisse, Interessen, Absichten –, wenig über die so verkleideten Probleme selbst, – außer, daß es sich jeweils nicht um den umschriebenen Sachverhalt handelt. Studentenstreiks sind eben keine Streiks, eine „Technische Oberschule" ist keine Oberschule; die anonymen Anrufer gestehen zwar ihre Schuld, entziehen sich jedoch der Verantwortung.

Keineswegs ist gesagt, daß sich hinter der metaphorischen Vermummung nicht konkrete Probleme verbergen. Nur verbergen sie sich. Lösbar werden sie auf diese Weise nicht.

Auch mit „Zensur“ und „Selbstzensur“ verhält es sich so. Die Dinge werden hier sogar vollends auf den Kopf gestellt. Was als Zensur deklariert wird, ist gerade die – notwendige – Folge des Fehlens von Zensur.

Zensur im Sinne des § 5 des Grundgesetzes meint Vorzensur. Diese findet in der Tat nicht statt. Daraus folgt freilich, daß der Publizierende und derjenige, der Publikationen als Verleger, Buchhändler oder Bibliothekar verbreitet, für die freigestellte Veröffentlichung und Verbreitung Verantwortung tragen: rechtlich vor dem Gesetz, politisch vor den zuständigen Institutionen, intellektuell vor der öffentlichen Kritik. Es wird zu prüfen sein, wieweit der korrespondierende Begriff „Selbstzensur“ die Bedrängnis durch überscharfe Gesetze, politische Repression und kritische Polemik meint oder nur die mangelnde Bereitschaft, Verantwortung als Folge von Freiheit zu tragen. Wenn Peter O. Chotjewitz in der Stuttgarter Diskussion – sicher prononciert – andeutete, er würde einen Staat, der tatsächlich Zensur ausübte, vorziehen, weil er dann wüßte, was er schreiben dürfte und was nicht, dann artikuliert sich eine solche Unlust an der Verantwortung aus Freiheit zumindest versuchsweise. Er fand Beifall.

Vor dem Gesetz sind Autor und „Verbreiter“ insofern verantwortlich, als sie nicht gegen Gesetze zum Schutz der Jugend, zum Schutz der Persönlichkeit und der Geschäftssphäre sowie des Staates verstoßen dürfen. Davon stehen eigentlich nur die letzteren als strittig zur Debatte und auch hier wieder nur die im 14. Strafrechtsänderungsgesetz eingefügten Paragraphen 88a und 130a. Sie betreffen die „Befürwortung“ von und die „Anleitung“ zu Straftaten, die entsprechend § 126 und § 92 StGB den öffentlichen Frieden gewaltsam stören und/oder sich gegen den Bestand, die Sicherheit oder die Verfassung der Bundesrepublik richten.

Siebzehn Fälle haben Bibliothekare in den verschiedenen Dokumentationen hierzu beigebracht. Die Zahl hält nicht stand. Die Fälle, die gar nicht das politische Strafrecht betreffen und wohl nur der Menge halber eingefügt sind, fallen heraus: die Indizierung von Klaus Manns Roman „Mephisto“ (1968), Streichungen in Czichons „Der Bankier und die Macht“ (1970) und in Delius' „Unsere Siemenswelt“ (1972). Bei dem verbleibenden Rest handelt es sich zum Teil um „erledigte“ (gegen die Anklage entschiedene) Rechtsvorgänge. Zu einem weiteren beträchtlichen Teil geht es nur um vorsorgliche Mit-Beschlagnahmungen in anderen Zusammenhängen. So wurden zum Beispiel am 8. 6. 1977 bei einer Beschlagnahmeaktion in Helmstedt, die der „Revolutionären Liste, Konventswahlen 1977“ galt, Scharrers „Vaterlandslose Gesellen“, Kreimeiers „Joris Ivens" und Meyns' „Nationale Unabhängigkeit und ländliche Entwicklung in der Dritten Welt" beschlagnahmt, ohne daß eine Indizierung der Titel ernsthaft zu befürchten wäre.

Von den tatsächlich bedrohten Restpublikationen („88a in Aktion…", „Buback – Ein Nachruf…", „Revolutionärer Zorn…" u. ä.) kommt nur *eine* – allein von der Gattung und Funktion her – für die Einstellung in Öffentliche Bibliotheken in Betracht: (Michael) Bommi Baumanns „Wie alles anfing" (1975), die autobiographische Darstellung einer individuellen Entwicklung zum Stadtguerilla. Ein endgültiges Urteil steht auch hier noch aus. Die Kassierung eines vorgängigen Urteils durch den BGH am 9. 8. 1977 deutet jedoch darauf hin, daß die nachträgliche Distanzierung von Straftatverherrlichungen, je nach Sachlage des Kontextes, nicht notwendig den Tatbestand der Verherrlichung aufhebt. Das ist kritisch zu verfolgen.

Mitzubedenken ist dabei, daß die §§ 88a und 130a StGB sich nicht spezifisch gegen – wie man heute gern sagt – „progressive" Literatur richten. Die sinnvolle und wünschenswerte Beschlagnahme von Neonazi-Material und von faschistischen Hetzschriften am Pfingstwochenende in Scharzfeld (Harz) legitimiert sich ebenfalls aus der genannten Gesetzesgrundlage. Kann man gleichzeitig neonazistische Bestrebungen ernst nehmen und die §§ 88a und 130a verwerfen wollen?

Auch zeigt die Gegenprobe, daß das öffentliche Informationsbedürfnis nicht in Not ist. So hat z. B. das in anderem Zusammenhang verschiedentlich mitbeschlagnahmte „Holger, der Kampf geht weiter…" (1975) aufgrund seines relativ breit angelegten dokumentarischen Charakters eine Indizierung nicht ernsthaft zu besorgen. (Ich habe es in der Tat in Hamburg mühelos entleihen können.) Dabei enthält es immerhin das geschmacklose „Lorenz-Lied" und einen besonders brutalen Aufruf Curcios zur internationalen terroristischen Zusammenarbeit (die längst nicht mehr Fiktion ist). – Nun kann man sicher einwenden, dies genüge nicht. Ein solcher Aufruf werde im Kontext einer Dokumentation „entpragmatisiert" und verliere jede praktische Wirkung. Aber, wer will die?

Vor allem aber bleibt auch ein Fall wie der Fall Bommi Baumann – wie immer er ausgehe – außerhalb der Bibliotheks-Problematik. Sollte das Buch indiziert werden, so könnte es zwar nicht mehr in der Freihandbibliothek feilgeboten werden. Es müßte sekretiert werden. Ausgeliehen werden dürfte es dennoch. Auch für Öffentliche Bibliotheken gilt die Sozialadäquanz-Klausel (entsprechend § 86,3 StGB), wonach indizierte Bücher, auch im Bereich des politischen Strafrechts, zugänglich gemacht werden können, wenn sie der „staatsbürgerlichen Aufklärung, der Abwehr verfassungswidriger Bestrebungen, der Kunst oder der Wissenschaft, der Forschung oder der Berichterstattung über Vorgänge des Zeitgeschehens oder der Geschichte oder ähnlichen Zwecken dienen". Ein Revers des Benutzers, daß dies der Zweck der Entleihung sei, genügt und stellt den Bibliothekar außer Gefahr. – Überdies stellt sich die Frage, ob eine Liste sekretierter Bücher – sofern es nur genug gäbe – nicht wesentlich informativer wäre als die Verstauung der Titel in der Freihandbibliothek.

Fazit: Gefordert sind nicht herausragender persönlicher Mut des Bibliothekars, sondern Urteilsvermögen und berufliche Phantasie.

Substantieller Kern bibliothekarischer Beschwernisse sind zweifellos Eingriffe der kommunalen Trägerschaft in die Beschaffungs- und Bucheinstellungspolitik der Bibliotheken. Hier sind Probleme erkennbar geworden, durch die Art ihrer Behandlung aber wieder verschüttet worden.

Zunächst fällt auf, daß stets von der Spitze eines Eisberges die Rede ist. Jeder Dokumentator versichert, er greife nur einige wenige Fälle aus vielen heraus. Das ist nun offensichtlich ein rhetorischer Topos. Das angebotene Material ist zahlenmäßig und sachlich so dürftig, daß man sich sonst über die Informationsstrategie wundern müßte.

Um es in Zahlen auszudrücken: In den mir zugänglichen Materialien wird auf insgesamt 72 identifizierbare Vorgänge Bezug genommen. Sie reduzieren sich aufgrund von Mehrfachnennungen auf 55. Davon sind jedoch lediglich *acht* für das Problem ‚Zensur' in Bibliotheken einschlägig. „Umwerfend" sind auch sie nicht.

Bei dem Rest handelt es sich um das bereits erwähnte, sich noch vor den Toren der Bibliotheken abspielende Problem der strafrechtlichen Indizierung von Literatur. Ferner um wesentlich sachfremde Probleme, wie die Schulbuchzulassungen durch Kultusministerien, die Absetzung von Theateraufführungen, die Verweigerung von Ausstellungs- und Vortragsräumen. (Soweit es sich um Veranstaltungen in Bibliotheken handelt, sind diese allerdings betroffen. Jedoch geht es dabei um ein anderes Problem. Es kann in unserem Zusammenhang nicht behandelt werden. Eine Vermischung der Probleme wäre kaum zweckdienlich, weil hier das kommunale Einspruchsrecht sehr viel naheliegender ist und von da aus transferiert werden könnte.) Auch die höchst widersprüchlichen Aussagen über ein Interesse des Verfassungsschutzes an den Leselisten von Bibliotheken gehören nicht hierher. Die Rechtslage ist eindeutig. Außer bei gezielten Fahndungsvorhaben sind Bibliothekare nicht gehalten, ja nicht befugt, entsprechende Auskünfte zu erteilen. Es steht zu hoffen, daß sie so verfahren. In Bedrängnis sind dabei jedenfalls nicht sie, vielmehr die Benutzer ihrer Bibliotheken.

Bei den acht verbleibenden Fällen geht es

- um eine geplante, aber zurückgezogene Anfrage eines Wiesbadener Stadtverordneten zur Ausstellungsstrategie der Stadtbibliothek,
- um den erfolglosen Angriff eines in jeder Hinsicht unzuständigen Neurologieprofessors auf die Ulmer Studentenbibliothek,

- um die gleichzeitige Exkommunizierung des ,,Spiegels" und des ,,Bayernkuriers" aus der Bibliothek eines kleinen bayerischen Städtchens,
- um die Ausgliederung oder Umstellung (in Erwachsenenabteilungen) von Kinder- und Jugendliteratur (Irmela Brenders ,,Streitbuch" [Stuttgart], B. Claessons' ,,Vom Lieben und Kinderkriegen" [Burgdorf], das DDR-Kinderlexikon ,,Von Anton bis Zylinder" [Lübeck], Yaak Karsunkes ,,Die Apotse kommen" [Mühlheim/Sprendlingen], Ulrike Meinhofs ,,Bambule" [Geesthacht]).

Eins sticht ins Auge. Die Erwachsenenbibliotheken sind offenbar nicht ernsthaft betroffen. Die drei angezogenen Fälle sind ohne Leichtfertigkeit in der Rubrik ,,Curiosa" abzulegen.

Relevante Probleme scheinen nur in Kinder- und Jugendabteilungen aufgetaucht zu sein. Hier wird man den ,,aktiv" gewordenen Kritikern zubilligen müssen, daß ihre Sorge – auch wenn sie unangemessen reagiert – Kindern und Jugendlichen gilt. Bibliotheken sind ja in der Tat ein wesentlicher Sozialisationsfaktor. Sie stehen im Rang unmittelbar hinter Schulen.

Insofern sind die Probleme doch vielschichtiger, als sie in der Berichterstattung erscheinen. An dem hervorstechenden, öffentlich besonders eingehend gewürdigten Eklat um das Kinderlexikon ,,Von Anton bis Zylinder" kann das verdeutlicht werden. (Ohnehin ist dies der einzige aktuelle Fall; die übrigen betreffen den Zeitraum zwischen 1974 und 1976.)

Der Sachverhalt: Im Januar 1977 wurde auf Antrag eines CDU-Vertreters, eines FDP-Vertreters und eines Parteilosen in der Lübecker Bürgerschaft beschlossen, das DDR-Kinderlexikon aus der Kinder- und Jugendbibliothek in die Erwachsenen-Bibliothek umzustellen, da sein doktrinärer Charakter von Kindern nicht zu durchschauen sei. Für den Antrag stimmte auch ein SPD-Mitglied.

Hierüber ist viel und süffisant berichtet worden. Zwei deutliche Tendenzen machen die Berichterstattung jedoch zunehmend desinformativ.

Einmal wird der Fall unter der Hand zu einem CDU-Fall stilisiert. Darüber wird ein erstes wichtiges Problem vergessen. Welche Einspruchsrechte und -möglichkeiten hat der kommunale Träger einer Bibliothek?

Zum anderen wird auffällig vermieden, über den Inhalt des Lexikons zureichend zu informieren. Der Leser kann sich kein Bild machen. So verschwindet hinter der Erregung über die Umstellung des Nachschlagewerkes die eigentlich interessante Frage, *warum* es angeschafft wurde. Dafür muß es doch ausweisbare positive Gründe geben. Aber niemand vertritt sie. Eine in der Bonner Dokumentation kommentarlos wiederabgedruckte Kurzkritik – jede eigene Stellungnahme wird vermieden – meint, daß es der ,,sachlichen Information und der politischen Erziehung der werdenden Staatsbürger" diene. Tut es das?

Das Lexikon wendet sich an 8- bis 12jährige. Der kindliche Benutzer erfährt nichts über unser demokratisches System, über Parteien in diesem System, über freie Wahlen, staatliche Institutionen, Gewerkschaften, Streiks u. ä. Viel erfährt er über Berlin als Hauptstadt der DDR, die DDR selbst, die nationale Volksarmee, Kampfgruppen, Pionierorganisationen, die SED, den FDGB, Sozialismus im orthodox-marxistischen Sinn. Und siehe: Alles ist gut. – Unter der Hand fällt freilich mancher profilierende Seitenhieb gegen die imperialistische BRD ab. – Ganz sind ihr allerdings nur zwei Artikel gewidmet: „Westberlin“ und „Westdeutschland“. Sie müssen in Ansätzen zitiert werden.

„*Westberlin* ist ein besonderes Gebiet auf dem Territorium der DDR... Die Feinde der deutschen Einheit, die in den Jahren 1948 und 1949 den Weg zu einem einheitlichen, demokratischen und friedliebenden Deutschland versperrten und den westlichen Staat schufen, spalteten auch die Stadt... Die Forderungen des Potsdamer Abkommens, Faschisten und Kriegsverbrecher zu bestrafen und den Faschismus für immer auszurotten, wurden in Westberlin nicht erfüllt. Die Spaltung der Stadt war ein weiterer Verstoß gegen das Potsdamer Abkommen. – Im Interesse der Imperialisten wurden von Westberlin aus viele Anschläge gegen die friedliche Aufbauarbeit in der DDR geführt. Das erhöhte die Kriegsgefahr. Um alle Störversuche zu unterbinden, errichteten am 13. August 1961 Angehörige der Kampftruppen entlang der Staatsgrenze den antifaschistischen Schutzwall... Die Rechte der Werktätigen in Westberlin blieben eingeschränkt und werden von Jahr zu Jahr mehr beschnitten. Westberlin verwandelte sich in einen Mittelpunkt der Kriegsvorbereitungen gegen die DDR und andere sozialistische Länder. Im Interesse des Friedens schlug die Regierung der DDR deshalb vor, das Gebiet Westberlins... in eine Freie Stadt umzuwandeln...“

„*Westdeutschland* wird von den Herren der mächtigen Industriebetriebe und Großbanken, den Imperialisten, beherrscht. Nach ihrer Niederlage im Zweiten Weltkrieg sollte ihnen in ganz Deutschland die Macht genommen werden, denn in ihrem Auftrag war von der faschistischen Regierung und den Generalen der Krieg geführt worden... Das Potsdamer Abkommen wurde aber nur in der Deutschen Demokratischen Republik erfüllt. In Westdeutschland konnten sich zahlreiche Faschisten und Kriegsverbrecher der Bestrafung ihrer Untaten entziehen. Schon bald nach Kriegsende hatten viele von ihnen wieder einflußreiche Posten in Regierungsstellen und in der Wirtschaft besetzt. In dem von den Truppen der Westmächte besetzten Teil des Landes konnten die deutschen Imperialisten ihre Herrschaft ungehindert errichten. So wurde Deutschland gespalten. – Im westdeutschen Staat ist die Hetze gegen andere Völker und zum Krieg erlaubt und wird sogar gefördert. Auch Mitglieder der Regierung beteiligen sich an dieser Hetze, die vor allem gegen die DDR... und andere sozialistische Staaten gerichtet ist. Die Menschen aber, die für Frieden und Verständigung zwischen den Völkern eintreten, sind Verfolgungen ausgesetzt... Die Kriegsgefahr, die von Westdeutschland her droht, ist groß. Die deutschen Imperialisten wollen mit Gewalt ihren Herrschaftsbereich auf die DDR... ausdehnen...“

Wohlgemerkt: Es geht nicht darum, ob dieses Lexikon verboten werden sollte. Dafür gäbe es keine ernsthafte oder auch nur wünschenswerte Handhabe. Es interessiert lediglich, welche Gründe für seine Anschaffung sprachen und sprechen. – Zu betrachten ist dies vor den gesicherten Erkenntnissen der Wirkungsforschung, daß der Einfluß von Literatur auf Kinder erheblich stärker ist als auf Erwachsene, und daß der Status eines Textes (Lexika haben einen ungewöhnlich hohen Status!) seine Wirkungsintensität steigert.

Gemeinsam ist allen angeführten Fällen eines. Irgendein Bibliothekar ist nicht zu Schaden gekommen. Gründe für eine freiwillige „Selbstzensur“ lassen sich nicht erkennen. Wenn von einem „Klima“ der Unterdrückung und Verunsicherung – schon wieder eine Metapher – gesprochen wird, so erscheint das angesichts des ausgebreiteten Beweismaterials ungerechtfertigt, ja unverantwortlich.

Denn auch Kritik ist verantwortlich. Ihr ängstlicher Unterlaß ist ebenso Sünde wider die vielberufene Demokratie wie ihre rücksichtslose Stilisierung um ihrer selbst willen. Demokratie ist eine hohe soziale *Leistung.* Sie erfordert einen keineswegs leicht zu erbringenden Grundkonsens, nämlich den, auch bei der Austragung von Gegensätzen als übergeordnetes Rechtsgut das demokratische System und seine Institutionen, die die Austragung von Interessengegensätzen erst ermöglichen, zu bewahren. Das demokratische Prinzip selbst steht, gerade weil es in seinem Rahmen im hohen Maße Veränderungen ermöglicht, nicht zur Disposition. Dieses Mindestmaß an Identifizierung mit dem „System“ sollte nicht grundlos und kann dauerhaft nicht ohne Schaden gestört werden. Kritik an der Demokratie hat sich in der Funktion für sie zu verantworten.

Das gilt natürlich nur für das vernünftige, aber glanzlose und fragile Gebilde einer liberalen bürgerlichen Demokratie, definiert durch Volkssouveränität, Mehrparteiensystem, Gewaltenteilung, Verantwortung der Regierung, Gesetzmäßigkeit der Verwaltung, Unabhängigkeit der Gerichte, Disponibilität der Wirtschaftsordnung und der – nicht nur nominellen – Realisierung der Menschenrechte auf dieser Basis. (Das sind verfassungsgerichtlich weitgehend präzisierte Indikatoren.)

„Demokratie“ kann aber auch anderes meinen. Ihre verschiedenen historischen Ursprünge und die sich überschneidenden und endlich auseinanderlaufenden Entwicklungen zum liberalen Rechtsstaat einerseits und zur „Volksdemokratie“ andererseits haben den Begriff Demokratie vieldeutig gemacht.

Die Grenzen sind fließend. Was meint Ernst Buchholz, der Herausgeber der Bonner Dokumentation, wenn er sagt, daß eine demokratische Gesellschaft sich ständig wandeln müsse, insofern auch die Grenzen dieser Gesellschaft aufzuzeigen habe und nicht anders sein könne als „radikal demokratisch“? Meint das noch den Konsens über das unveräußerliche demokratische Prinzip als Garanten von Veränderungen innerhalb dieses Prinzips? Was meinen die von den Bibliothekaren herbeigerufenen Helfer des VDS? Chotjewitz forderte in der Stuttgarter Diskussion eine Offenheit der Demokratie zur Veränderung auf den Sozialismus hin. Welcher Sozialismus ist da gemeint? Was bedeutet es, wenn Ingeborg Drewitz in der Bonner Dokumentation Demokratie nicht mehr durch den verfassungsrechtlichen Begriff der Volkssouveränität definiert, sondern durch den politpropagandistischen der „Volksherrschaft". Volksherrschaft ist die offizielle Formel für die Volksdemokratie der DDR. Ist das gemeint? Wenn nein: Warum rekurriert Frau Drewitz auf die §§ 1–5 unseres Grundgesetzes? Auch die §§ 6–19 gehören zu den „Grundrechten" und sind unveräußerlich. Erst sie definieren die politischen Dimensionen der Menschenrechte.

Dies sind Fragen, keine Verdächtigungen. Sie müssen erlaubt sein. Sie sind notwendig.

Resümee: Die von seiten der Bibliothekare vorgelegten Materialien – und nur sie sind analysierbar – berechtigen nicht zum Selbstmitleid, noch erfordern sie Heroentum. Es ist nicht zu erkennen, daß Bibliothekaren mehr abverlangt würde als Vertretern anderer Berufe in einer freien und deshalb Verantwortung fordernden Gesellschaft. Allenthalben ist eingesehen worden, daß zur beruflichen Kompetenz auch das Bewußtsein und die Verantwortung der politischen Implikationen einer Tätigkeit gehören.

Erst wo Berufe – insbesondere öffentliche Berufe – nicht mehr in diesem Sinne kompetent ausgefüllt werden, dringen angemaßte und unberechtigte Interessen von außen ein.

Statt zu lamentieren und dabei begründete Sorge um die Demokratie in schädigende Denunziation umschlagen zu lassen, sollte man drei inzwischen erkennbare Probleme bedenken – und zwar in praktischer Absicht:

1. Es sollten positive Kriterien für die Anschaffung von Büchern entwickelt werden. Daß ein Titel eventuell gegen irgendwelche Strafgesetze verstoßen könnte, kann doch auf die Dauer kein ausreichender Anlaß für seinen Erwerb sein.

2. Diese Kriterien sollten öffentlich diskutiert und angewendet werden. Ein Weg hierzu wären Bibliotheksräte. Manches mag dabei „verdeckt" diskutiert werden. Jeder, der Gremienerfahrung hat, weiß das. Eine unzureichende Diskussion ist jedoch besser als keine. – Kollegial verantwortete und rational begründbare Entscheidungen werden inkompetenten Angriffen gegenüber widerstandsfähiger sein.

3. Gleichwohl ist zu überlegen, ob dem öffentlichen Träger ein Mitspracherecht eingeräumt werden soll. Bejaht man dies, so ist eine überschaubare Institutionalisierung den Alleingängen selbsternannter Sittenrichter vorzuziehen. Ein Sitz für den kommunalen Vertreter im Bibliotheksrat ist sicher eine bessere Lösung als ein kontrollierender kommunaler Beirat.

Die automatisierten Dienstleistungen der Deutschen Bibliothek und ihre Voraussetzungen in den deutschen Bibliotheken

Von

GÜNTHER PFLUG

Die Deutsche Bibliothek hat den Stuttgarter Bibliothekskongreß in mehrfacher Hinsicht benutzt, um ihre Servicefunktionen für andere Bibliotheken eingehend vor Augen zu führen. Eine umfassende Ausstellung, die während des gesamten Kongresses zugänglich war, vereinte alle zentralen nationalbibliographischen Dienstleistungen der Deutschen Bibliothek. Diese Ausstellung wurde begleitet von Demonstrationen, Prospektmaterial und einem ständigen Informationsdienst, so daß jeder Besucher des Bibliothekskongresses sicherlich Gelegenheit hatte, wenigstens einen kurzen Blick auf diese Form des Selbstverständnisses der Deutschen Bibliothek zu werfen. Die Kommission für Bibliographie des Deutschen Bibliotheksverbandes hat ihrerseits ihre öffentliche Sitzung am letzten Dienstag dazu benutzt, die Teilnehmer und Gäste dieser Sitzung in die Materialien und Probleme dieser Ausstellung einzuführen.

Nach diesen Aktivitäten, die die zentralen Dienstleistungen der Deutschen Bibliothek in klarem Licht erscheinen lassen, dürfte es wohl nicht mehr angezeigt sein, daß ich noch einmal die einzelnen Dienstleistungen wiederhole, die die Deutsche Bibliothek für die anderen deutschen Bibliotheken anbietet oder in der nächsten Zeit anzubieten beabsichtigt. Vielmehr setze ich bei Ihnen die Kenntnis der einzelnen bibliographischen Dienstleistungen voraus und versuche, die Planung dieser Dienstleistungen in ein Gesamtkonzept einzuordnen, das die deutsche Informationslandschaft für die nächsten Jahre nicht unerheblich beeinflussen wird.

Doch sei vorweg noch ein Wort gesagt zu dem Typ von Dienstleistungen, mit denen ich mich hier beschäftigen werde, da diese Erläuterung zugleich klar macht, worüber Sie Informationen hier nicht zu erwarten haben. Wenn der Titel dieser Erörterungen – grammatikalisch wohl nicht ganz präzise – von den automatisierten Dienstleistungen spricht, so soll damit ein bestimmter Typ von Dienstleistungen bezeichnet werden, der nicht nur zu seiner Erzeugung, sondern auch zu seiner Nutzung elektronischer Arbeitsmedien bedarf. Die Deutsche Bibliographie in ihren traditionellen Erscheinungsformen als wöchentliches, Halbjahres- und Mehrjahresverzeichnis bleibt – obwohl die Deutsche Bibliothek sie seit 1966 mit Hilfe der elektronischen Datenverarbeitung produziert – aus dieser Betrachtung ausgeschlossen. Den Kunden der Deutschen Bibliothek kann es letztendlich gleichgültig sein, wie die Deutsche Bibliothek ihre Produkte erzeugt, wenn sich bei dieser Prozeßänderung die Erscheinungsform nicht verändert. Ja selbst der Übergang von der traditionellen Buchausgabe zur Mikroform soll hier außer Betracht bleiben. Auch diesem Thema wurde eine eigene Veranstaltung der Kommission für Mikrofilmfragen und eine Ausstellung gewidmet.

Die Dienstleistungen, um die es hier geht, sind dadurch charakterisiert, daß sie für sich allein nicht bestehen können, sondern die Existenz eines umfassenden Systems voraussetzen, das erst die Nutzung dieser Dienstleistungen ermöglicht. Es ist also hier recht eigentlich nicht von Dienstleistungen der Deutschen Bibliothek, sondern von Verbundsystemen für die deutschen Bibliotheken zu berichten, deren Aufbau eine Zukunftsaufgabe der Bibliotheken darstellt. Zuerst mag es einmal auffallen, daß ich bei den Verbundsystemen im Plural spreche, und daher sei gleich zu Beginn der Ausführungen gesagt, daß es sich um zwei verschiedene Systeme handelt, um einen Informationsverbund und um einen Verarbeitungsverbund.

Ein automatisierter Informationsverbund wird zur Zeit vom Bundesminister für Forschung und Technologie aufgebaut – als deutscher Beitrag zu einem solchen europäischen Zuschnitts. Der deutsche hat den Namen ODIN erhalten, ein Akronym, das für on-line-Dokumentations- und -Informationsnetz steht; der europäische ist unter dem Namen EURONET bekannt. Diese Systeme sollen alle Datenbanken im deutschen beziehungsweise europäischen Raum verbinden und über das von der Postverwaltung zur Verfügung zu stellende Leitungsnetz allgemein nutzbar machen. Natürlich ist hier in erster Linie an eine Nutzung der Fachinformationszentren gedacht. Doch hat der Bundesminister für Forschung und Technologie die Datenbank der Deutschen Bibliothek in dieses Netz einbezogen, da auch spezielle Informationen nach monographischer Literatur erforderlich erscheinen. Die Deutsche Bibliothek hat daher in den letzten Jahren in Verbindung mit der Zentralstelle für maschinelle Dokumentation eine spezielle Datenbank entwickelt, die die deutsche monographische Literatur seit 1972 umfaßt. Diese Datenbank – unter dem Namen BIBLIO-DATA – wird bereits für den Auskunftsdienst der Deutschen Bibliothek seit 1977 ausgenutzt und soll noch in diesem Jahr für eine Anzahl von Bibliotheken geöffnet werden. Die Stadt- und Universitätsbibliothek Frankfurt ist bereits angeschlossen. Einige weitere Bibliotheken werden in Kürze folgen.

Welchen Aufgaben kann eine solche Datenbank dienen? Hier sei zugleich deutlich gesagt, daß es sich bei dieser Datenbank ausschließlich um eine Informationsbank handelt, nicht jedoch um eine Verarbeitungshilfe. Assoziationen an Einrichtungen wie das Ohio College Library Center in den USA seien daher hier von vornherein abgeschnitten. Diese Bank ermöglicht weder die Übernahme kategorisierter Titelaufnahmen noch die Zufügung lokaler Daten oder die Ergänzung weiterer bibliographischer Informationen, zum Beispiel bei Lieferungswerken oder Zeitschriften.

Die zentrale Aufgabe dieser Datenbank ist vielmehr eine Informationsaufgabe im Rahmen von EURONET. Die Deutsche Bibliothek benutzt ihre eigene Datenbank denn auch vornehmlich zu Auskunftszwecken und kann mit ihrer Hilfe fast ein Drittel ihrer rund 45 000 bibliographischen Auskünfte erledigen. Doch ist nicht zu übersehen, daß diese Datenbank auch Funktionen bei der Vereinfachung der Buchbearbeitung übernehmen kann, da auch bei diesen Arbeitsgängen zahlreiche bibliographische Ermittlungen anfallen. Die Deutsche Bibliothek hat ihr BIBLIO-DATA-System vorerst im Bereich der Sacherschließung eingesetzt, um zum Beispiel die Verschlagwortung verschiedener Auflagen und Ausgaben eines Werkes leichter koordinieren zu können und um mit seiner Hilfe Abgrenzungsprobleme bei den Schlagwörtern leichter zu lösen. Ihre Einsetzungsmöglichkeiten innerhalb der alphabetischen Katalogisierung zu erproben, dürfte eine reizvolle Aufgabe für Bibliotheken sein. Da die Deutsche Bibliothek beabsichtigt, den Datenspeicher von BIBLIO-DATA noch in diesem Jahr um die Titelaufnahmen der British National Bibliography zu erweitern, dürfte eine Hochschulbibliothek ungefähr die Hälfte der zu katalogisierenden Titel in der Datenbank vorfinden.

Doch nicht nur zur bibliothekarischen Auskunft oder alphabetischen Katalogisierung soll BIBLIO-DATA dienen. Als Teil von ODIN wird die Frage der sachlichen Recherche natürlich im Vordergrund stehen. Das setzt voraus, daß die Deutsche Bibliothek ihre Sacherschließungsgrundsätze, die bisher auf die systematische Erschließung der Bibliographien ausgerichtet waren, den Erfordernissen einer Datenbank anpaßt. Da die höchste Kumulierungsstufe der Bibliographien das Fünfjahresverzeichnis ist, konnten bisher nach Ablauf einer derartigen Periode Grundsätze wie Wortschatz für die Schlagwortvergabe frei geändert werden. Diese hohe Flexibilität der Sacherschließung hat natürlich ihre Vorteile. Durch den BIBLIO-DATA-Speicher, der keine zeitliche Begrenzung aufweist, wird die Deutsche Bibliothek gezwungen, ihre Grundsätze so festzulegen, daß die erforderlichen Änderungen möglichst klein bleiben. Doch ist es nicht nur eine Festlegung der Prinzipien, die BIBLIO-DATA von der Deutschen Bibliothek fordert. Bislang sind die Schlagwörter nicht in ihrer hierarchischen Struktur fixiert worden. Zwar weisen die Halbjahres- und Mehrjahresverzeichnisse zu Beginn der Registerbände jeweils systematische Übersichten über die vergebenen Schlagwörter auf, doch werden die Übersichtslisten bislang post festum erstellt. Für entsprechende elektronische Recherche ist es jedoch erforderlich, eine einheitliche Hierarchie ein für alle Male festzulegen. Die Deutsche Bibliothek hat daher dem Institut für Linguistik der Johannes Gutenberg-Universität in Mainz einen Forschungsauftrag gegeben, eine Methode zu entwickeln, um dem Schlagwortbestand der Deutschen Bibliothek – rund 150000 Begriffe und Namen – eine hierarchische Struktur zu verleihen.

Schließlich ist zu bedenken, daß die Titelaufnahmen des BIBLIO-DATA-Speichers von den anderen Bibliotheken auch für die Sacherschließung besser genutzt werden können, wenn die Deutsche Bibliothek ihre Schlagwortregeln so weit fixiert und publiziert, daß sie auch von den anderen Bibliotheken ohne Mühe übernommen werden können. Daß hier die Deutsche Bibliothek – ebensowenig wie bei den Regeln für die alphabetische Katalogisierung – ihre Schlagwörter nicht im Alleingang entwickeln sollte, versteht sich von selbst. Im Laufe dieses Jahres soll daher eine Reihe von Bibliotheken zu gemeinsamen Besprechungen über das Vorgehen zur Entwicklung einheitlicher Schlagwortregeln für deutsche Bibliotheken eingeladen werden. Die Bayerische Staatsbibliothek und die Deutsche Bibliothek bereiten dieses Kolloquium zur Zeit vor.

Zur technischen Nutzung der BIBLIO-DATA-Datenbank ist noch zu sagen, daß das allgemeine Informationsnetz ODIN sich noch erst in der Entwicklung befindet. Weder ist der Vertrag mit der Bundespost perfekt, noch sind die Knotenrechner installiert, die die Vermittlungsarbeit übernehmen sollen. Erst nach Realisierung dieser Schritte wird BIBLIO-DATA ohne Einschränkung über die allgemeine Wählvermittlung der Deutschen Bundespost erreichbar sein. Nach der Planung des Bundesministers für Forschung und Technologie ist jedoch im Laufe des nächsten Jahres damit zu rechnen. Inzwischen wird die Deutsche Bibliothek einigen Bibliotheken einen Direktanschluß ermöglichen, damit die Formen der Zusammenarbeit, die Art der Präsentierung der Daten, die Probleme der Bereitstellungs- und Servicezeiten und einige andere organisatorische Fragen für einen allgemeinen Dauerbetrieb erprobt werden können.

Diese zentrale Dienstleistung der Deutschen Bibliothek stellt in gewisser Hinsicht die deutschen Bibliotheken nicht vor neue Aufgaben, da der Anschluß von wissenschaftlichen Bibliotheken an die elektronischen Speicher der Fachinformationssysteme seit zwei Jahren zunehmend an Interesse gewinnt. Mehrere Bibliotheken sind bereits an den elektronischen Datenspeicher des Deutschen Instituts für medizinische Dokumentation und Information in Köln, einige auch an andere Speicher im In- und Ausland – einschließlich der Lockheed-Speicher in den USA – angeschlossen und können auf diese Weise im on-line-Betrieb Informationen erhalten. In diesem System stellt die Datenbank der Deutschen Bibliothek nur eine zusätzliche Informationsquelle dar.

Neben diese Dienstleistung tritt eine zweite, die nicht auf einen Informationsverbund, sondern auf einen Verarbeitungsverbund zielt. In ihren Grundzügen ist diese Dienstleistung schon mehrere Jahre alt. Sie geht zurück auf die erste Zusammenarbeit zwischen der Deutschen Bibliothek und der Universitätsbibliothek Bochum aus dem Jahre 1968. Doch wurde diese Form bibliothekarischer Kooperation von der Deutschen Bibliothek erst zum 1. Januar 1977 institutionalisiert. Dieser Dienst ist immer noch im Entwicklungsstadium. Eine Reihe von selbstverständlichen Erwartungen werden von ihm noch nicht erfüllt. So existiert zum Beispiel noch kein organisierter Korrektur- und Ergänzungsdienst. Auch die Behandlung von Fortsetzungen bedarf noch einer erheblichen Verbesserung. Hier wird die Deutsche Bibliothek zur Zeit behindert durch einen Wechsel der Datenverarbeitungsanlage bei der Zentralstelle für maschinelle Dokumentation. Doch sind diese Punkte vorgemerkt.

Der im Januar 1977 allgemein eingeführte Magnetbanddienst hat bisher noch keine große Resonanz unter den deutschen Bibliotheken gefunden. Die meisten Bibliotheken sind in ihren Automatisierungsbemühungen wohl noch nicht so weit fortgeschritten, daß sie problemlos die Magnetbänder der Deutschen Bibliothek ausnutzen können. Daneben geben die Bibliotheken auf Befragen gern Kostengründe an. Sicherlich ist ein solcher Magnetbanddienst mit DM 10000,– im Jahresabonnement nicht billig. Doch darf nicht verkannt werden, daß es sich bei diesem Abonnement um mehr als 50 Magnetbänder handelt, so daß sich ein durchschnittlicher Bandpreis von weniger als DM 200,– ergibt, der sicherlich an der unteren Grenze der Herstellungskosten liegt, die die Deutsche Bibliothek der Zentralstelle für maschinelle Dokumentation ersetzen muß. Die Deutsche Bibliothek hat – um den Bezug der Bänder zu erleichtern – ein Linking-System eingeführt, das für die Bibliotheken einer Region zu einer erheblichen Verbilligung der Abonnementsgebühren führt, wobei allerdings nicht übersehen werden darf, daß in diesem System die Duplizierung der Magnetbänder auf den Kunden verlagert wird. Im Grundsatz ist also auch dieser Linking-Dienst nicht billiger. Da jedoch einige Bibliotheken die Möglichkeit haben, das Kopieren der Magnetbänder durch ihr Hochschulrechenzentrum ohne Kostenersatz erledigen zu lassen, werden die Kosten unauffällig verteilt und der Bibliotheksetat entlastet.

Im Grunde jedoch stößt diese Dienstleistung zur Zeit noch an Grenzen, die sich aus dem derzeitigen Planungsstand des EDV-Einsatzes in den deutschen Bibliotheken ergeben. Das Ziel aller Bibliotheken ist die Schaffung von integrierten Systemen, die eine möglichst komfortable Dialogausstattung aufweisen, wobei die Mensch-Maschine-Kommunikation durch ein sofortiges Aktualisieren der Daten sehr erleichtert wird. Es kann nicht Gegenstand dieses Vortrages sein, die verschiedenen Modelle zu untersuchen, die sich durch unterschiedliche Abgrenzungen zwischen dem Dialog- und dem Stapelteil unterscheiden. Da der Dialog die erheblich kompliziertere und kostenungünstigere Lösung darstellt, gilt unter den Bibliothekaren im allgemeinen der Grundsatz:

Dialog soweit wie nötig, Batch so viel wie möglich. Was jedoch nötig ist, darüber gehen die bibliothekarischen Meinungen noch weit auseinander.

Dabei sind es nicht nur die Kostenfragen, die hier die Bibliotheken zu Kompromissen zwingen, sondern auch gewisse technische Probleme. Aktualisierungskomfort und Recherchekomfort behindern sich gegenseitig, so daß ein umfassendes Retrieval-System gewöhnlich nur geringe Möglichkeiten zur Änderung und Aktualisierung der Daten aufweist und dies in aller Regel nur in Batchläufen, während Dateien mit einem hohen Änderungs- und Ergänzungskomfort nur eingeschränkte Zugriffsmöglichkeiten bieten. Für die Verwaltungsarbeit ist also eine Datenbank erforderlich, die andere Strukturen aufweist, als die oben beschriebene Retrieval-Datenbank BIBLIO-DATA, die jedoch in der Lage ist, die bibliothekarischen Vorstellungen von den on-line-Verarbeitungsroutinen zu erfüllen. Aufgrund dieser Forderungen der Bibliotheken ist das Ziel der allgemeinen Systementwicklung im Bibliothekswesen stärker auf eine interaktiv erschließbare Datenbank als auf die Ausnutzung von off-line-Systemen gerichtet. Es sei nur auf die beiden großen vom Bundesminister für Forschung und Technologie geförderten Projekte des Berliner Verbundes und des Verbundes der Bibliotheken der obersten Bundesbehörden in Bonn verwiesen.

Wie bereits dieses eine Problem des Verhältnisses von Recherchekomfort und Änderungskomfort zeigt, sind es eben nicht nur die hardware-Probleme, die für die Automatisierung der deutschen Bibliotheken der Lösung harren. In gleicher Weise bedarf es neuer Konzepte für einheitliche software-Pakete, die die Interessen der einzelnen Bibliotheken zusammenfassen und den Planungs- und Programmieraufwand verringern. In den letzten Jahren sind mehrere Bibliothekssysteme unter Förderung durch den Bundesminister für Forschung und Technologie entwickelt worden. Anderer Systeme haben sich die Herstellerfirmen von Datenverarbeitungsanlagen angenommen. Daß keines dieser Systeme sich bisher durchgesetzt hat, liegt nicht nur an dem altbekannten bibliothekarischen Partikularismus, sondern auch an dem offensichtlichen Unzureichen der entwickelten Systeme. Der Bundesminister für Forschung und Technologie bemüht sich, die einzelnen Aktivitäten zusammenzufassen und ein System zu fördern, das nicht nur den eingeschränkten Bedürfnissen einer Bibliothek genügt. Die Deutsche Bibliothek wird bei dieser Entwicklung mitarbeiten. Es wäre jedoch zu viel erwartet, wollten die deutschen Bibliotheken der Deutschen Bibliothek die Entwicklung dieses Systems überlassen. Durch ihre bibliographischen Aufgaben stellen sich manche Probleme bei ihr eben anders als bei den Staats- und Hochschulbibliotheken. Es sei nur an die Druckausgabe der Bibliographie mit ihren Kumulierungsstufen und Stichwortregistern erinnert, die erhebliche Stapelverarbeitungsläufe bedingen. Dagegen sieht das angestrebte System für die deutschen Bibliotheken doch anders aus!

Traumziel der deutschen Bibliothekare ist daher die Errichtung einer bibliothekarischen Verarbeitungszentrale, derer sie sich im Dialogverkehr bedienen können. Daß dieses Ideal im Grundsatz realisierbar ist, scheint die Existenz des Ohio College Library Centers zu beweisen.

Unter dieser Betrachtungsweise scheint es so, als ob die Deutsche Bibliothek mit der Errichtung eines Magnetbanddienstes an den vordringlichen Marktinteressen vorbeigegangen sei. Was sich in den USA hat realisieren lassen, bleibt als Forderung in der Bundesrepublik Deutschland bestehen. Die Deutsche Bibliothek wird dieser Argumentation nicht ausweichen können. Der Hinweis darauf, daß die Verarbeitungszentrale auch in den Vereinigten Staaten nicht von der Nationalbibliothek betrieben wird, sondern von einem Computer-Center, das ursprünglich allein regionale Funktionen für den Staat Ohio wahrzunehmen hatte, löst natürlich den oben angeschnittenen Antagonismus nicht. Zwar kann darauf verwiesen werden, daß die Library of Congress als Nationalbibliothek einen Magnetbandservice unterhält wie die Deutsche Bibliothek, und daß das Ohio College Library Center – und mittlerweile auch das eine und andere Computerzentrum in den Vereinigten Staaten – landesweite Verarbeitungsdienste anbieten, für die es in der Bundesrepublik Deutschland in etwa Parallelen im Hochschulbibliothekszentrum in Köln und im Bayerischen Verbundsystem in Regensburg gibt, die jedoch alle nur streng regionale Begrenzungen aufweisen. Doch dürfte diese Scheidung von Magnetband- und Verarbeitungsservice auf verschiedene Zentren nicht als naturgegeben angesehen werden.

Gewichtiger erscheint schon das Argument, daß die verschiedenen fiskalischen Strukturen des amerikanischen und des deutschen Bibliothekssystems die Errichtung derartiger Zentralen in den USA erheblich leichter machen als in der Bundesrepublik Deutschland. Das Ohio College Library Center bietet seine Dienstleistungen zu kostendeckenden Tarifen an, eine Kondition, die nach deutschen fiskalischen Vorstellungen nicht leicht realisierbar erscheint. Versuche mit derartigen marktwirtschaftlich organisierten Dienstleistungseinrichtungen innerhalb der öffentlichen Hand – etwa mit Hochschulbaugesellschaften – haben keine ermutigenden Ergebnisse gezeigt.

Es gilt also, für die Bundesrepublik Deutschland ein System zu entwickeln, das es gestattet, die Wünsche der Bibliotheken auf umfassende Dialogroutinen bei der Automatisierung der Buchbearbeitung zu realisieren. Dabei kann gleich zu Beginn gesagt werden, daß die in den letzten Jahren entwickelten Systeme dieses Ziel nicht erreichen. Die Hoffnung auf die Hilfe der Hochschulrechenzentren hat, dort wo sie überhaupt bestand, durchweg getrogen. Der Glaube, daß ein solches System mit einem kleinen Bruchteil der cpu-Zeit eines Großrechners betrieben werden könne – an einer deutschen Hochschule wurde lange Zeit die Vermutung geäußert, daß dazu weniger als 5% einer Anlage der Dimension IBM 370/158 hinreiche – hat sich als reine Illusion erwiesen[1]. Das einzige laufende Einzelsystem an der Universität Bielefeld benötigte einen eigenen Rechner mittlerer Größenordnung. Zweifellos kann kaum erwartet werden, daß alle deutschen Hochschulbibliotheken mit Rechnern dieser Größenordnung ausgestattet werden. Die Deutsche Forschungsgemeinschaft hat daher bereits im Jahre 1974 darauf hingewiesen, daß der Rechenbedarf der Hochschulbibliotheken nicht durch die Hochschulrechenzentren gedeckt werden kann, daß es vielmehr eigener Einrichtungen bedarf, die Serviceleistungen für Bibliotheken zu erbringen. Dieser Empfehlung zur Errichtung von Regionalen Bibliotheksrechenzentren ist bisher nur das Land Nordrhein-Westfalen, und dieses auch nur mit völlig unzureichender Rechnerausstattung, nachgekommen. In der letzten Zeit sind die Aktivitäten zur Errichtung derartiger Fachrechenzentren in den einzelnen Bundesländern jedoch deutlich gewachsen. Die Entwicklung von Verbundsystemen, die über eine Zentrale die auf Datenverarbeitungsanlagen übertragbaren Arbeiten zusammenfassen, ist allgemeines Planungsziel geworden.

Hier sind mehrere Initiativen zusammengewachsen. In den meisten Bundesländern haben unter entsprechender ministerieller Assistenz Planungsgruppen neue Bibliothekskonzepte für eine stärkere bibliothekarische Kooperation entwickelt, die in ihrem Zielkatalog die Errichtung von regionalen Bibliotheksrechenzentren enthalten. Am einfachsten stellt sich dabei die Situation in Berlin dar, da der dortige Bibliotheksverbund die Arbeitsstelle für Bibliothekstechnik als Bearbeitungszentrale in seine Planung einbauen kann. Dabei erhalten nicht nur die Berliner Bibliotheken ein regionales Rechenzentrum, sondern auch die Arbeitsstelle für Bibliothekstechnik ein praktisches Erprobungsfeld für ihre Modellentwicklungen. In den anderen Bundesländern bedarf es dagegen der Schaffung einer eigenen Zentralinstitution, eines Verwaltungsaktes, der aus Rechts- und Kostengründen sicherlich nicht immer einfach vonstatten gehen wird. Diese regionalen Planungen erhalten jedoch von zwei Seiten erheblichen Flankenschutz: Auf der einen Seite berät der Bibliotheksausschuß der Deutschen Forschungsgemeinschaft ein neues umfassendes Gutachten über die Dekkung des Bedarfs der deutschen Bibliotheken an EDV-Kapazität, in dessen Mittelpunkt die Notwendigkeit der Errichtung regionaler Bibliotheksrechenzen-

[1] Diese Aussage könnte den Eindruck vermitteln, daß eine mit IBM arbeitende Hochschulbibliothek den Großrechner des Rechenzentrums der Universität in unzuträglicher und ständig steigender Weise belaste. Dieser Auffassung wird seitens der Universitätsbibliothek Dortmund entschieden entgegengetreten. Es könne dort nach Mitteilung von V. Wehefritz keine Rede davon sein, daß der cpu-Bedarf der Bibliothek gegenüber den Planungen angestiegen wäre. Außerdem sei in der von Rechenzentrum und Universitätsbibliothek der Universität Dortmund herausgegebenen Studie „Überlegungen zur Wirtschaftlichkeit von DOBIS", bearbeitet von Peter Küchler, überzeugend nachgewiesen, daß das System DOBIS auf einem Großrechner einer Universität neben anderen Nutzern wirtschaftlich betrieben werden könne. (Anm. d. Red.)

tren stehen wird, wie dies schon im Papier der Deutschen Forschungsgemeinschaft von 1974 der Fall war. Die Zielsetzung des damaligen Gutachtens war jedoch gegenüber dem neuen wesentlich eingeschränkt, da es ausschließlich auf die Einbeziehung der bibliothekarischen Bedürfnisse in das dritte Datenverarbeitungsprogramm der Bundesregierung ausgerichtet war. Es ist zu hoffen, daß das neue Gutachten, das zweifellos wesentlich zu einer Koordinierung der Bemühungen der deutschen Bibliotheken auf dem Gebiet des Einsatzes der elektronischen Datenverarbeitung beitragen wird, bis zum Herbst dieses Jahres vorliegt.

Ergänzt wird diese Aktivität der Deutschen Forschungsgemeinschaft von einem Programm, das zur Zeit der Bundesminister für Forschung und Technologie entwickelt und dessen Ausgangspunkt bei den Erfahrungen liegt, die in den letzten Jahren innerhalb des von der UNESCO und dem ICSU betriebenen Systems UNISIST gemacht wurden. Aufgrund dieses weltweiten Systems zur Verbreitung technisch-wissenschaftlicher Information hat sich die Kenntnis über den Forschungsstand auf allen betroffenen Gebieten derart erweitert, daß es in den meisten Ländern zu ernsthaften Problemen bei der Literaturversorgung gekommen ist. Informationssysteme können eben ohne eine zureichende bibliothekarische Basis für die neuen Literaturbedürfnisse, die durch eine umfassende Informationsversorgung geweckt werden, nicht bestehen. Dies gilt natürlich vor allem für einige Entwicklungsländer, die sich – zum Teil sogar automatisierte – Dokumentationszentralen zugelegt haben, ohne etwas an der bibliothekarischen Infrastruktur zu tun. Doch beschränken sich die Klagen über die Kluft zwischen Informations- und Literaturversorgung auf der letzten zwischenstaatlichen Konferenz von UNISIST im Herbst vorigen Jahres in Friedrichsdorf nicht nur auf die Entwicklungsländer. Wie das Abschlußkommuniqué zeigt, gilt die hier aufgezeigte Problematik allgemein. Auch in der Bundesrepublik Deutschland ist es bisher nicht voll gelungen, die Deckung derjenigen Literaturwünsche, die durch die Fachinformationszentren angeregt werden, in der erforderlichen Zeit zu erreichen.

Zwar kann man die Probleme sicherlich nicht weltweit auf eine einheitliche Linie bringen. In der Bundesrepublik Deutschland besteht das Problem nicht vordringlich darin, daß die benötigte Literatur in den Bibliotheken fehlt. Hier ist es vielmehr die Schwerfälligkeit und Umständlichkeit des sogenannten auswärtigen Leihverkehrs, die zu Klagen Anlaß gibt. An dieser Stelle setzen die Überlegungen des Bundesministers für Forschung und Technologie an. In einem System, in dem der gesamte Informationsvermittlungsprozeß voll automatisiert ist, erscheint die Abwicklung der zweiten Phase im Informationsprozeß, die Vermittlung der Literatur, in der bisherigen Weise als anachronistisch. Noch so detaillierte Regelungen in einer neuen Leihverkehrsordnung werden diesen Mangel nicht beheben können.

Ziel der Planung des Bundesministers für Forschung und Technologie ist es daher, neben die Automatisation der Informationsvermittlung eine Automatisation der Literaturversorgung zu setzen durch entsprechende Förderung bei der Einrichtung regionaler bibliographischer Datenbanken. Daß sich bei diesem System die bestehenden Zentralkatalogregionen als gegebene Gliederungseinheiten anbieten, versteht sich wohl von selbst. Das muß keineswegs heißen, daß die Zentralkataloge selbst auch als die Betreiber der Datenverarbeitungsanlagen auftreten müssen. Aus technischen und organisatorischen Gründen empfiehlt sich wohl, diese regionalen Datenverarbeitungszentren organisatorisch von den Zentralkatalogen getrennt zu halten und ihre Vereinigung erst auf einer späteren Stufe ins Auge zu fassen. Doch dies kann nicht eigentlich Planungsaufgabe des Bundesministers für Forschung und Technologie sein, da die Lösung der regionalen Organisationsaufgaben eindeutig der Länderkompetenz zufällt. Der Bundesminister für Forschung und Technologie betrachtet sich in diesem Zusammenhang lediglich als eine Instanz, die durch die Einbringung entsprechender Projektmittel den Prozeß in Gang setzt. Von ihm ist daher in erster Linie die Bereitstellung von Mitteln zur Ausstattung dieser Zentren mit Datenverarbeitungsanlagen zu erwarten. In welcher Höhe dabei diese Anlagen vom Bund finanziert werden, welchen Anteil die Länder übernehmen müssen, ist zur Zeit noch Verhandlungsgegenstand zwischen diesen Partnern.

Dieses Literaturnachweis- und -vermittlungssystem – wie es in einem Arbeitspapier des Bundesministers für Forschung und Technologie genannt wird – scheint auf den ersten Blick mehr eine Ergänzung des zu Anfang meiner Ausführungen beschriebenen Informationsverbundes zu sein als eine Aktivität in Richtung des hier behandelten Verarbeitungsverbundes durch regionale Bibliotheksrechenzentren. Doch lassen sich zwei Aspekte anführen, die gerade in dieser Aktivität des Bundesministers für Forschung und Technologie die beiden Verbundsysteme miteinander verknüpfen. Der eine Gesichtspunkt ist mehr fiskalischer Art. Der Kampf unter den Hochschulrechenzentren innerhalb der Bundesländer ist bei knapper werdenden Geldmitteln deutlich schärfer geworden, und damit schrumpft auch die Aussicht für die Errichtung von Spezialrechenzentren innerhalb des Bereichs der Kultus- und Wissenschaftsministerien. Die Diskussion um die Ausstattung des Hochschulbibliothekszentrums des Landes Nordrhein-Westfalen mit einer Datenverarbeitungsanlage macht dies deutlich.

In dieser Situation stellt das Angebot des Bundesministers für Forschung und Technologie eine deutliche Hilfe zur Verteidigung der bibliothekarischen Position dar, unter der Voraussetzung allerdings, daß dieses Angebot für die Länder einen konkreten Vorteil einschließt. Der ursprünglich konzipierte Kostenanteil von 50% Bund und 50% Land kann bei den Bundesländern nicht als Vorteil empfunden werden, da nach Artikel 91 b Grundgesetz und dem Hochschulbauförderungsgesetz die Länder auf einen derartigen Beteiligungssatz einen Rechtsanspruch haben. Für manche Länder gehört es darüber hinaus fast zur Selbstverständlichkeit, daß die Datenverarbeitungsanlagen im Hochschulbereich nicht nach dem Hochschulbauförderungsgesetz, sondern nach dem 3. Datenverarbeitungsprogramm der Bundesregierung finanziert werden, bei dem der Bundesanteil 85% beträgt. Wenn also das Angebot des Bundesministers für Forschung und Technologie zur anteiligen Finanzierung von regionalen Bibliotheksrechenzentren wirksam werden soll, wird es sich eher in der Nähe der 85% als der 50% bewegen müssen. Dann jedoch kann von ihm eine Initialzündung ausgehen, die die Frage von Informationsverbund und Verarbeitungsverbund zugleich anzugreifen vermag. Denn – und dies ist der zweite Aspekt zwischen den beiden Verbundsystemen – ein Literaturvermittlungssystem wird um so wirkungsvoller arbeiten, je umfassender und früher die bibliographischen Daten in den Bibliotheken zur Verfügung stehen. Diese Bedingung wird um so eher erfüllt, je früher die Bibliotheken ihre Daten in das System einbringen, und dies wird natürlich am besten erreicht, wenn die Zentrale nicht nur nachträglich und zusätzlich Katalogfunktionen erhält – wie das für die konventionellen Zentralkataloge gilt –, sondern wenn sie zugleich als die Verarbeitungszentrale für die Bibliotheken in ihrer Region fungiert.

Was hat dies Ganze – so faszinierend es sein mag – mit der Deutschen Bibliothek zu tun? Welche Rolle spielt die Deutsche Bibliothek in diesem Zusammenspiel von Bibliotheken und ihren regionalen Bibliotheksrechenzentren? Ein solches regionales Konzept wird zweifellos um so wirksamer sein, je stärker es auf dem Prinzip der kooperativen Dienstleistungen aufbaut. Diese Erfahrungen hat nicht nur das Ohio College Library Center gemacht, sondern auch – um im nationalen Rahmen zu bleiben – die deutschen Verbundsysteme Hochschulbibliothekszentrum in Köln und Bayerischer Bibliotheksverbund in Regensburg. Die Deutsche Bibliothek, als zentraler Produzent der nationalen bibliographischen Daten und als nationaler Vertreiber der elektronisch gespeicherten bibliographischen Daten der außerdeutschen nationalen Bibliographien, nimmt als hauptsächlicher Datenlieferant dieser Zentren eine wesentliche Rolle in der schnellen Versorgung mit bibliographischer Information ein, die hier – im Unterschied zu den Daten im BIBLIO-DATA-System – nun nicht zur Information, sondern für die Verarbeitungsroutinen in den Bibliotheken verwandt werden sollen. Im Augenblick steht dazu seitens der Deutschen Bibliothek ein Magnetbanddienst zur Verfügung. Mit Errichtung einer eigenen Verarbeitungsdatenbank wird es in den nächsten Jahren den regionalen Rechenzentren möglich sein, die benötigten bibliographischen Daten in der für ihre Verarbeitungsroutinen aufbereiteten Form – also etwa im MAB-Format – auch im Dialogverkehr von der Deutschen Bibliothek zu beziehen. Damit wird der für batch-Läufe günstigere Magnetbanddienst zugleich um eine Dialogvariante bereichert. Die Bibliotheken jedoch werden den direkten Durchgriff auf diese Dateien der Deutschen Bibliothek voraussichtlich nicht erhalten können. Für einen Direktanschluß aller Bibliotheken in der Bundesrepublik ist die Datenverarbeitungsanlage, die voraussichtlich im nächsten Jahr in der Deutschen Bibliothek installiert wird, nicht groß genug dimensioniert. Das Zusammenspiel der deutschen Bibliotheken ist also auf ein zweistufiges System angelegt, bei dem die einzelnen Bibliotheken mit ihren regionalen Bibliotheksrechenzentren, diese wiederum mit der Deutschen Bibliothek kooperieren.

Der laufende Magnetbanddienst ist also nur ein erster Schritt zur bibliographischen Zusammenarbeit mittels elektronischer Datenverarbeitung. Die Deutsche Bibliothek hofft, ihrerseits bereits in den nächsten zwei, drei Jahren die Voraussetzung für ein umfassendes Verarbeitungsnetz zu schaffen. Es liegt bei den einzelnen Bundesländern, ihre Planung in entsprechender Geschwindigkeit zu realisieren, damit Anfang der achtziger Jahre das neue System in Gang gesetzt werden kann.

Die Bedeutung eines deutschen Gesamtkatalogs und eines DV-Verbundkatalogs für das Informationswesen und die Literaturversorgung in der Bundesrepublik Deutschland

Von

MAX PAUER

Wenn im Kreise von Bibliothekaren die Wiederaufnahme eines Unternehmens wie des Deutschen Gesamtkatalogs diskutiert werden soll, so bin ich mir der Skepsis durchaus bewußt, den dieser Kreis, der neben hoher fachlicher Kompetenz auch über die Kenntnis der historischen Entwicklung des deutschen Bibliothekswesens verfügt, einem solchen Thema entgegenbringen wird. Allenthalben steht in unseren Bibliotheken der Torso des Unternehmens Preußischer und Deutscher Gesamtkatalog als Warnung davor, sich im nicht mehr Machbaren zu verlieren. Hermann Escher[1], der bekannte Züricher Bibliothekar, hat im Rahmen der Diskussion um den Preußischen Gesamtkatalog im Jahr 1932 die Forderung aufgestellt, „wer ein Unternehmen anpackt, das schon frühere aufgegriffen haben, wird sich ohne weiteres Rechenschaft geben müssen, wie er über deren Leistung hinausgelangen kann". Der Schweizer Kollege hat damals die Kataloge des Britischen Museums und der Bibliothèque Nationale als Vergleichsobjekte ins Auge gefaßt. Selbstverständlich müssen auch wir uns diese Frage stellen und davon ausgehen, daß neue Großkataloge, insbesondere der National Union Catalog und die mit ihm verbundenen retrospektiven und laufenden Katalogunternehmen der Library of Congress als Vergleichsobjekte herangezogen werden müssen. Zu beachten ist allerdings auch, daß die Pläne für die Projekte „Deutscher Gesamtkatalog" und „Verbundkatalog aus den maschinenlesbaren Katalogdaten der neueren Universitätsbibliotheken", die von Oberschelp und Niewalda[2] im Auftrag der Arbeitsstelle für das Bibliothekswesen vorgelegt wurden, deutlich von der Tradition des Preußischen bzw. Deutschen Gesamtkatalogs abweichen und in mancher Hinsicht eher als eine Weiterentwicklung der Zentralkataloge und ihrer Funktionen anzusehen sind.

In den folgenden Ausführungen gehe ich davon aus, daß das in den Projektberichten geplante Vorgehen zur Realisierung der Projekte in großen Zügen bekannt ist, und möchte versuchen, die Zukunftsperspektiven der beiden Projekte

[1] ZfB 49 (1932) S. 148–155, hier S. 149.

[2] Deutscher Gesamtkatalog und Verbundkatalog. Zwei Projektstudien. Reinhard Oberschelp: Der Deutsche Gesamtkatalog. – Paul Niewalda: Der Verbundkatalog. – Berlin: DBV 1978. 95 S.

für Information und Literaturversorgung und damit ihre Bedeutung für das Bibliothekswesen im In- und Ausland Ihnen vorzustellen.

Deutscher Gesamtkatalog

Um ein einheitliches, an vielen Bibliotheken zugängliches Instrumentarium zur Beschleunigung des Leihverkehrs zu schaffen, ist es erklärtes Ziel des Projekts Deutscher Gesamtkatalog, die in den sieben Zentralkatalogen nicht selten in einer Mehrzahl von Alphabeten verzeichneten Titel zusammenzufassen und diese Titelmasse durch diejenigen großen Kataloge zu ergänzen, die bis heute noch nicht verfilmt und in die Zentralkataloge eingearbeitet werden konnten. Die Standorte der Zentralkataloge sind zumeist durch das Vorhandensein von Katalogen bedeutender Bibliotheken bestimmt, die wegen ihrer unmittelbaren Nachbarschaft nicht kopiert werden mußten. Zu verweisen ist auf die Staatsbibliotheken in Berlin und in München, die Württembergische Landesbibliothek in Stuttgart und die Staats- und Universitätsbibliotheken in Göttingen und in Hamburg.

Als Supplement zum Gesamtkatalog kann der Verbundkatalog aus den maschinenlesbaren Daten verstanden werden, obwohl er auch als völlig in sich geschlossenes Unternehmen betrachtet werden kann und keineswegs die Realisierung des GK zur Voraussetzung hat. Unter Berücksichtigung der bereits im Aufbau befindlichen Zeitschriftendatenbank der Arbeitsstelle für Bibliothekstechnik in Berlin als weiteren konstitutiven Elements für den Nachweis von Literatur in der Bundesrepublik Deutschland erscheint es zweckmäßig, daß beide Unternehmen sich auf die Erfassung der Monographien konzentrieren, so daß sie zusammen mit der Zeitschriftendatenbank ein abgerundetes Nachweisinstrument für die Druckschriftenbestände in der Bundesrepublik Deutschland ergeben. Während der Deutsche Gesamtkatalog den ganzen an die Zentralkataloge gemeldeten Titelbestand unter Ausschluß von Zeitschriften umfassen soll, wird der Verbundkatalog zunächst auf einen verhältnismäßig kleinen, maschinenlesbar katalogisierten Teil der Bibliotheksbestände beschränkt bleiben. Solange die älteren Bibliotheken nicht die Datenverarbeitung für die Katalogisierung einsetzen, werden die Zentralkataloge nach wie vor benötigt, um die Erwerbungen der noch nicht maschinenlesbar katalogisierenden Bibliotheken nachzuweisen. Insofern gehören auch die Zentralkataloge als weiteres Element nach wie vor zu dem skizzierten, relativ vollständigen Gesamtnachweis der Bibliotheksbestände der Bundesrepublik Deutschland. Sie können sich dieser Aufgabe um so mehr widmen, als durch den Gesamtkatalog und den Verbundkatalog eine erhebliche Entlastung eintreten wird. Die Grenzen zwischen Gesamt- und Verbundkatalog werden sich mit der Zeit verschieben, da letzterer zunehmend auch ältere Literatur entsprechend der Ausdehnung der Bestände der neugegründeten Bibliotheken aufnehmen und nachweisen wird, zumal diese auch Bibliotheken von Vorläufer-Institutionen, z. B. Pädagogischen Hochschulen oder kleineren wissenschaftlichen Hochschulen, ihres Standortes übernehmen.

Die beiden vorgelegten Projektstudien sind freilich noch als mehr oder weniger vorläufig zu betrachten. Sie dienen dem Ziel, die als realisierbar erachtete Erstellung eines Gesamtkatalogs und eines Verbundkatalogs zur Diskussion zu stellen und zu Verbesserungsvorschlägen anzuregen. Insbesondere hinsichtlich des Gesamtkatalogs handelt es sich nicht um endgültige und unveränderbare Thesen. Oberschelp kommt zu dem Ergebnis, daß zunächst ein Modellversuch durch Erarbeitung eines Bandes Klarheit über Einzelheiten und technische Abwicklung schaffen sollte. Im Falle des Verbundkatalogs kann allerdings von einer Erweiterung der bereits vorhandenen Verbundkataloge der bayerischen Bibliotheken mit insgesamt zur Zeit ca. 1,5 Millionen Titeln ausgegangen werden. Zur Größenordnung der beiden Unternehmen ist festzustellen, daß sie sich wie eine Mark zu einen Pfennig verhalten. Die Realisierungsmöglichkeiten für einen Verbundkatalog sind greifbar und bedürfen eines finanziellen Aufwands von 400000 bis 500000 DM. Die Schätzungen für den Gesamtkatalog betragen dagegen etwa das Hundertfache dieser Summe und sind mit 44 Millionen angegeben. Dementsprechend ist damit zu rechnen, daß der Deutschen Forschungsgemeinschaft schon sehr bald ein Antrag der Arbeitsstelle für Bibliothekstechnik zur Realisierung des Verbundkatalogs vorgelegt werden kann, während für den Gesamtkatalog nach Meinung des Projektbeirates ein Probelauf zwecks Erstellung des an den letzten Band des Deutschen Gesamtkatalogs anschließenden Abschnitt von ca. 1/900 des Alphabets zur Ermittlung von realistischer Arbeitsnorm, Feststellung besonderer Schwierigkeiten und zur Präzisierung der Kalkulation vorgeschaltet werden muß. Es darf schließlich nicht unerwähnt bleiben, daß eine Aufarbeitung der Titelkarten der Zentralkataloge für den Gesamtkatalog bis etwa zum Jahr 1975 oder 1980 mit rund 42–44 Millionen Stück rechnen muß, während für den Preußischen Gesamtkatalog des Jahres 1931 nur 2,5 Millionen Titel und 7 Mio Bände[3] kalkuliert wurden. Nehmen wir noch die Zahlen des Verbundkatalogs hinzu, so überschreitet die Zahl von Titelkarten und Titelaufnahme von beiden Werken zusammen die 50-Millionen-Grenze. Die Zahl der Besitznachweise liegt noch weit höher, ist jedoch insgesamt schwer zu schätzen. Sie dürfte über 100 Millionen Einheiten betragen.

Betrachtet man die reichhaltige Literatur zum Thema Gesamtkatalog aus der Zeit kurz vor bzw. nach Erscheinen der ersten Bände des Preußischen und Deutschen Gesamtkatalogs, so standen drei Hauptziele des Werkes gleichwertig ne-

[3] Roloff, Heinrich: Die Katalogisierung. In: Handbuch der Bibliothekswissenschaft. 2. Aufl. Bd. 2 (Wiesbaden 1961) S. 338. Der DGK umfaßte laut Vorwort zu Bd. 9 rund 100 Bibliotheken mit einem Bestand von über 35 Millionen.

beneinander. Es ging darum, einen Nachweis der in Deutschland verfügbaren Bestände für den Leihverkehr zu schaffen und diesen zu beschleunigen, gleichzeitig aber auch jeden Titel bibliographisch einwandfrei und nach Autoren präzis geordnet wiederzugeben, um auch die Katalogisierung nach den Preußischen Instruktionen durch Verbreitung gründlich redigierter Titelaufnahmen zu erleichtern und zu vereinheitlichen. Supplemente aus den „Neuen Titeln" sollten diese Bemühungen ergänzen und zu einem Katalogisierungsverbund führen. Hinzu kam eine nationale Komponente in der Zielsetzung, der die Erweiterung des Preußischen Gesamtkatalogs zum Deutschen Gesamtkatalog ein besonderes Anliegen war. Rückblickend bewertet das Handbuch der Bibliothekswissenschaft in seiner zweiten Auflage in dem von Roloff etwa um 1958 bearbeiteten Kapitel Katalogisierung[4] den Gesamtkatalog und seine Bedeutung für die Bibliotheken in folgender Weise: „Als Lehre und Ergebnis dieses mit der Verschollenheit der Substanz als beendet zu betrachtenden Unternehmens ist manches wesentliche gewonnen, vor allem jene unschätzbare Erfahrung der Anwendung der Preußischen Instruktionen, wie sie sich nun für die Arbeit an deren Reform so nutzbringend erweist, sodann aber scheint heute die Erkenntnis als gesichert gelten zu dürfen, daß durch richtige Regionierung der Zentralkataloge und durch ihre gegenseitige Abstimmung das Ziel einer befriedigenden Steuerung des Leihverkehrs besser erreicht wird, als durch einen überdimensionierten Gesamtkatalog, sofern die Zusammenarbeit dieser Zentren durch geeignete technische und organisatorische Maßnahmen gewährleistet ist."

Weder können wir uns heute damit abfinden, den Ertrag eines derartigen Werkes in der Anwendung der Preußischen Instruktionen oder irgend einer anderen Katalogisierungsordnung zu sehen – die Entwicklung ist längst darüber hinweggegangen –, noch kann das Urteil über die Zentralkataloge nach 20 Jahren in vollem Umfang aufrechterhalten werden, denn die Kritik an der langen Umlaufzeit der Leihscheine durch die Zentralkataloge ist unüberhörbar geworden. Wir werden die Ziele des Deutschen Gesamtkatalogs anders bestimmen müssen als vor 50 oder 20 Jahren. Die seinerzeit geforderte bibliographische Arbeitsweise und die zunehmend intensiver werdende Redaktionsarbeit, wie sie von Fuchs in den dreißiger Jahren vertreten[5] und trotz der Kritik und Bedenken von Vorstius[6] weitergeführt wurde, hatte die Verwirklichung des Projekts mehr und mehr aus den Augen verloren. Im Vordergrund muß heute ein Deutscher Gesamtkatalog als Instrument des Leihverkehrs zum Nachweis der in der Bundesrepublik Deutschland vorhandenen Monographien im bereits dargelegten Verbund mit der Zeitschriftendatenbank, den weiterbestehenden Zentralkata-

[4] Roloff a. a. O. S. 341.

[5] Fuchs, Hermann: Der DGK als Organisation und Leistung. In: ZfB 55 (1938) S. 443–457.

[6] Vorstius, Joris: Vergangenheit, Gegenwart und Zukunft des DGK. In: Festschrift Georg Leyh (Leipzig 1937) S. 312–328, hier S. 323 und 328.

logen und dem Verbundkatalog gesehen werden. Die Berechnung Oberschelps über die Einsparung an Laufzeiten in den Zentralkatalogen ist überzeugend[7]: Von den rund 890000 Bestellungen, die im Jahre 1976 den Zentralkatalogen aus ihren Regionen zugeleitet wurden, konnten rund 550000 mit einem Nachweis aus der jeweils eigenen Region versehen werden. Rund 340000 waren also an die anderen Zentralkataloge weiterzuleiten. Diesen gingen aber aus anderen Regionen insgesamt rund 1040000 Bestellungen zu. Das bedeutet, daß jede der 340000 weitergereichten Bestellungen im Durchschnitt drei weitere Zentralkataloge passiert hat. Auch Jürgen Eyssen hat in der Frankfurter Zeitung[8] gerade diesen Aspekt des Gesamtkatalogs besonders herausgestellt.

So müssen wir hinsichtlich der Zusammenfassung und Auflistung der Schriften eines Autors deutliche Abstriche in Kauf nehmen; insbesondere bei häufigen Familiennamen wird das unvermeidbare Prinzip, die Vornamen ganz oder zum Teil wegzulassen, sich auswirken. Das Erfordernis, die redaktionellen Arbeiten in Grenzen zu halten, wird ohne Zweifel zu gewissen Einbußen in der bibliographischen Aussagekraft und Nutzung des Katalogs führen. Trotzdem bleiben weite Teile des Katalogs auch als bibliographisches Hilfsmittel oder Katalogisierungshilfe brauchbar. Das Prinzip, die jeweils besten der vorliegenden Titelaufnahmen für die Verwendung im Gesamtkatalog heranzuziehen[9], ergibt einen hohen Prozentsatz vollständiger bibliographischer Informationen. Auch für die bibliographisch gesehen ,,dunklen Jahrhunderte" wird durch die vorläufige Erfassung der vorhandenen Titel die Grundlage einer genaueren Verzeichnung geschaffen, meint Oberschelp. Für diesen Zeitraum ist zu erwarten, daß der Deutsche Gesamtkatalog, auch international gesehen, das im Katalog der Bibliothèque Nationale, im National Union Catalog, ja sogar im British Museum Catalogue vorliegende Material übertreffen wird. Es kann insofern auch von einem epochemachenden bibliographischen Werk gesprochen werden, durch das Arbeiten wie etwa die Erforschung der Rezeption der englischen Literatur im Deutschland des 17. und 18. Jahrhunderts wesentlich erleichtert würden. Bei allen historischen und geistesgeschichtlichen Arbeiten, die sich auf breite Literaturgrundlagen stützen, wird es ein besonderer Vorteil sein, wenn bei der Titelsuche gleichzeitig die Standorte festgestellt werden können, so daß synchron mit dem Fortgang der Arbeit am Ort Fehlendes rechtzeitig bestellt oder durch eine Bibliotheksreise an Ort und Stelle nach einem Fahr- und Zeitplan aufgesucht werden kann. Der Wegfall langwieriger und unberechenbarer Umlaufzeiten wird eine systematische Planung literaturabhängiger Forschungsarbeiten wesentlich vereinfachen.

[7] A. a. O. S. 39.
[8] FAZ vom 20. 2. 1978, S. 17.
[9] Oberschelp a. a. O. S. 35.

Bei einem geschätzten Umfang von 14–15 Millionen verschiedener Titel und Ausgaben, die aus insgesamt etwa 44 Millionen Zetteln anfallen werden, wird ein hoher Prozentsatz der bis zum Redaktionsschluß des Katalogs erschienenen monographischen Literatur der ganzen Welt mit Nachweisen in dem Werk vertreten sein. Dank der verbesserten Reprotechnik wird ein weiterer Vorzug des Katalogs darin liegen, daß nicht wie früher streng darauf geachtet werden muß, bestimmte Literaturgruppen redaktionell auszuscheiden. Auch Aufnahmen in nichtlateinischen Schriftzeichen können übernommen werden. Die mögliche Anwendung des Mikrofiche läßt es untunlich erscheinen, aus Kostengründen einen hohen Redaktionsaufwand zu betreiben, um Kategorien wie etwa Musikalien, Dissertationen, Schulprogramme, Orientalia oder Periodica, die vom Titel her als solche nicht klar erkennbar sind, aus dem Manuskript fernzuhalten. Dank der Vorarbeiten der Zentralkataloge, die über drei Jahrzehnte lang auch zahlreiche kleinere Bestände aufnahmen, kann der Deutsche Gesamtkatalog auch an die Stelle einer deutschen bzw. deutschsprachigen „Nationalbibliothek" treten, weil er im Unterschied zum Gesamtkatalog der dreißiger Jahre Material aus einer wesentlich größeren Zahl von Bibliothekstypen und Regionen nachweist, als dies jemals bei der Fortführung des früheren Unternehmens möglich gewesen wäre. Die jahrhundertalte ungewöhnliche Vielfalt des deutschen Bibliothekswesens und seiner Bestände wird diesem Katalog das Interesse der Bibliotheken und Forschung weit über den deutschen Sprachbereich hinaus sichern. Ein ernstzunehmender Einwand ist freilich der Hinweis, daß die Bedeutung eines retrospektiv angelegten Werkes abnimmt, weil zunehmend weniger ältere Literatur bestellt werde und sich die Masse der Fernleihbestellungen auf Literatur der letzten Jahrzehnte konzentriere[10]. Oberschelp hat demgegenüber darauf hingewiesen, daß im Leihverkehr die absoluten Zahlen der Anforderung von Literatur aus der Zeit vor 1975 erfahrungsgemäß in etwa konstant bleiben werden, auch wenn bei steigender Zahl der gesamten Bestellungen ihr prozentualer Anteil abnimmt[11]. Unbeachtet bleiben bei dieser Überlegung allerdings die Auswirkung des Gesamtkatalogs selbst bei der Unterstützung der eben skizzierten umfangreichen Arbeiten mit umfassendem Literaturbedarf und die Anregungen, die von einem solchen Werk auf die Forschung ausgehen.

Nicht unbeachtet sollte die Funktion des Katalogs bei der systematischen Ergänzung des nationalen Kulturguts in allen deutschsprachigen Ländern bleiben. Für alle Bibliotheken, die sich mit der Abrundung geistesgeschichtlich oder historisch bedeutsamer Bestände befassen, wird der Gesamtkatalog bei Kaufüberlegungen durch Beantwortung der Frage, ob, wo und in welcher Bibliothek das fehlende Werk verfügbar ist, ein hervorragender Ratgeber sein. Insbeson-

[10] Oberschelp a. a. O. S. 40.
[11] Ebd.

dere für die Sondersammelgebietsbibliotheken kann er zur Ergänzung der Bestände eine wichtige Rolle spielen und zur Rationalisierung und Ersparnis ebenso beitragen wie zur schnelleren Lückenergänzung.

Als wesentlicher informationspolitischer Aspekt der Konzeption von Oberschelp erscheint auch die verhältnismäßig billige Weiterverbreitung des Katalogs durch den Mikrofiche, so daß er auch für kleine Bibliotheken erschwinglich sein wird. Ob für die Zwecke der Bestandsergänzung oder als Grundlage für die Herstellung von Supplementen und die Hereinnahme weiterer noch nicht in die Zentralkataloge aufgenommener Bestände eine Druckausgabe erforderlich sein wird, braucht heute noch nicht beantwortet zu werden. Doch auch dafür wird eine Mikroficheausgabe ausreichend sein, denn ein Vergleich des Bestandes anderer Bibliotheken mit dem Gesamtkatalog ist nicht unbedingt an ein Druckexemplar gebunden. Es gibt durchaus die Möglichkeit, anhand der Mikrofiche vorzugehen und den zusätzlichen Bestand lediglich an den verglichenen Band- oder Zettelkatalogen zu markieren und diese zu fotokopieren. Jedenfalls wird der Mikrofiche den unschätzbaren Vorteil gewähren, nach einer gewissen Zeit weitere Auflagen dieses Katalogs herauszubringen, so daß das Werk lebendig bleiben kann und einer ständigen Erneuerung zugänglich ist.

Der wichtige Einwand, zur Steuerung des Leihverkehrs genüge im Gesamtkatalog ein Hinweis auf einen oder mehrere Zentralkataloge, wurde von Oberschelp in der Weise beantwortet[12], daß es sinnlos sei, den Gesamtkatalog nur als einen Wegweiser zu den Zentralkatalogen zu verwenden. Nach Meinung von Oberschelp würde ein solches Minimalprogramm den trotzdem notwendigen Aufwand nicht rechtfertigen. Anzustreben sei vielmehr, den Leihverkehr mittels des Gesamtkatalogs direkt, aber trotzdem regionbezogen zu lenken. Dazu bedarf es aber ausreichender Besitznachweise aus den einzelnen Regionen. Durch die von Oberschelp vorgeschlagene Methode der Randzahnkarte und eine möglicherweise dezentralisierte Redaktion kann dieses informationspolitisch bedeutsame Ziel wohl ohne übertriebenen Aufwand und ohne Gefahr für die Durchführung des Projekts im Interesse der Literaturversorgung erreicht werden.

Verbundkatalog

Während beim Gesamtkatalog eine grundlegend neue Situation gegenüber den Planungen der ersten Hälfte unseres Jahrhunderts nicht besteht, bietet der Verbundkatalog eine Reihe zusätzlicher Aspekte. Es ist bisher der breiten bibliothekarischen Öffentlichkeit entgangen, daß in den Regalen der Bibliothekssysteme strukturell anders geartete Bestände stehen als in den herkömmlichen Universitätsbibliotheken. Anders als bei diesen handelt es sich um den Gesamt-

[12] Vgl. dazu die Bibliothekssiglen auf den Randzahnkarten a. a. O. S. 57.

buchbestand der jeweiligen Universitäten, der in maschinenlesbaren Katalogen zugänglich gemacht wird. Es darf nicht übersehen werden, daß die älteren Universitätsbibliotheken trotz aller historisch oder lokal bedingter Schwerpunktbildung ein gemeinsames, gleichartiges Sammelziel verfolgen, nämlich Literatur in ihre Bestände aufzunehmen, der sie Dauerwert zuerkennen können und deren Sammelberechtigung über jeden Zweifel erhaben erscheint, so daß ihre Bestände sich in mancher Beziehung gleichen. Im Leihverkehr gesucht wird aber ebenso die aktuelle „graue" Literatur, Trivialliteratur und Quellenmaterial, wie es Berichte von Wirtschaft und Verbänden darstellen, jedenfalls Sammelgut, das von den Kollegen an den Universitätsbibliotheken in der Regel nicht als dauernd archivierungs- und sammelwürdig angesehen wird, in den Universitätsinstituten jedoch als aktuelle Forschungs- und Informationsliteratur gesammelt und gesucht wird. Diese Art von Beständen, die besonders in Fächern wie Pädagogik, Politologie, Soziologie, Wirtschaftswissenschaften zahlreich vertreten sind, wird über die Kataloge der Bibliothekssysteme verstärkt in den Leihverkehr eingebracht. Die Tiefe der Literaturschichtung im Verbundkatalog ist deshalb mit Sicherheit höher anzusetzen als bei Zentralkatalogen, die aus den Beständen der klassischen Universitätsbibliotheken schöpfen[13].

Eine solche Entwicklung im Titelbestand des Verbundkatalogs läßt die Notwendigkeit der Erweiterung und Abgrenzung der Sondersammelgebiete, insbesondere aber die Frage der Neugründung weiterer Zentraler Fachbibliotheken in neuem Licht erscheinen. Angesichts der erheblichen Betriebs- und Infrastrukturkosten, die neue Zentrale Fachbibliotheken erfordern würden, könnte schon die Einsparung einer einzigen solchen Institution durch einen zentralen Nachweis großer und weitreichender Spezialbestände an bestehenden Bibliothekssystemen den Aufwand für die Erstellung des Verbundskatalogs vielfach rechtfertigen. Es scheint mir ein besonders wichtiger Aspekt des Verbundkatalogs zu sein, daß er schon vorhandene, aber derzeit nicht nachgewiesene Bestände erfaßt und zugänglich macht, bevor durch den Bau Zentraler Fachbibliotheken große Anstrengungen unternommen werden, welche die Literaturgrundlage selbst nicht oder doch nur sehr langsam und unter hohen Kosten verbessern. Auch der Gesichtspunkt, daß das nachgewiesene Sammelgut in enger Zusammenarbeit mit zahllosen wissenschaftlich Tätigen an den Hochschulen zustandegekommen ist, gibt dem Verbundkatalog einen besonderen Wert. Er wird ebenso wie der Gesamtkatalog durch den umfassenden Nachweis spezieller Bestände die Ergänzungsbemühungen der Sondersammelgebiets-Bibliotheken beeinflussen und erleichtern.

[13] Pauer, Max: Literaturversorgung – Grundlagen, Leistungen, Weiterentwicklungen. In: Überregionale Literaturversorgung und Kostenrechnung in Bibliotheken (Frankfurt am Main 1977) S. 21–37, hier S. 23.

Allerdings taucht das Problem auf, ob das Sammelgut der Bibliothekssysteme in vollem Umfang dem Leihverkehr zur Verfügung stehen wird. Sicher steht der größere und aktuellere Teil der Titel offen in den Teilbibliotheken der Bibliothekssysteme. Für weniger benütztes und sehr spezielles Material, das andere Bibliotheken nicht besitzen, gilt dies aber nur begrenzt. Aufgabe der allgemeinen Bibliothekspolitik, der sich auch die DFG annehmen muß, wird es sein, lenkend einzugreifen, wenn einzelne Benützergruppen in egoistischer Überschätzung ihrer eigenen Bedürfnisse und sogar unter Mißachtung ihres eigenen Vorteils den Austausch von Informationen innerhalb der wissenschaftlichen Welt behindern sollten, wie dies heute bisweilen durch den Hinweis darauf geschieht, daß in den Bibliothekssystemen aus den offen aufgestellten Beständen nichts entnommen werden sollte, weil auch die Institutsbibliotheken der alten Universitäten der Fernleihe nicht zur Verfügung stünden. Hat sich aber erst einmal der allgemeine Nutzen einer gewissen Freizügigkeit herausgestellt, werden solche Stimmen besserer Einsicht Platz machen; denn bei der Nutzung des Verbundkatalogs geht es nicht darum, häufig gebrauchte Literatur zwischen den Universitäten und Bibliotheken auszutauschen, sondern darum, Informationsträger, die relativ selten gebraucht werden und deshalb auch nur an wenigen Stellen vorhanden sind, gemeinsam zu nutzen. Weder ein naturwissenschaftliches Handbuch noch ein aktuelles Lehrbuch oder die neueste Auflage eines juristischen Kommentars gehören zur typischen, zwischen Universitäten im Fernleihverkehr vermittelten Literatur.

Nicht übersehen werden darf, daß der Verbundkatalog viele mögliche Ansätze zu einer Erweiterung und zur Aufnahme besonders aktueller Informationen bietet. Niewalda weist in seinem Projektbericht auf verschiedene derartige Möglichkeiten hin, wie on-line-Projekte und Computer Input in Microfilm (CIM)[14]. Am naheliegendsten erscheint eine zusätzliche Erfassung und Aufnahme des laufend eingehenden ausländischen Schrifttums im Rahmen der Sondersammelgebiete. Wie ich schon in meinem Referat beim Bibliothekartag in Münster ausführte[15], sollte man einen Weg suchen, alle durch die Hilfeleistung der DFG einlaufenden Titel möglichst schnell allen Bibliotheken bekanntzumachen und ihren Standort nachzuweisen. Es wäre sicher von Vorteil, wenn für diese Literaturgruppe unabhängig von der empfangenden Bibliothek wenigstens eine sofortige maschinenlesbare Kurztitelaufnahme veranlaßt würde, gleich ob das Material zentral beschafft wird oder die beschaffenden Bibliotheken eine entsprechende Meldung an eine Zentralstelle geben, die dafür sorgt, daß diese Titel in den Verbundkatalog mit der Angabe des Sigels der besitzenden Bibliothek eingebracht werden. Damit könnte den Folgen des erfahrungsgemäß lan-

[14] A.a.O. S. 92.
[15] A.a.O. S. 30f.

gen Geschäftsgangs begegnet werden, die immer dann eintreten, wenn eine Bibliothek vor Erstellung der Titelaufnahme umfangreiche Nachweisungen und sachliche Erschließung vornehmen muß.

Durch den von Niewalda geplanten einjährigen Ausgaberhythmus des Verbundkatalogs, der wirtschaftlich am sinnvollsten erscheint, werden laufend überholte Katalogauflagen anfallen, die aber durchaus noch als brauchbar anzusehen sind. Auch kleinere Bibliotheken können dadurch mit einem wichtigen Nachweisinstrument ausgestattet werden, das in ihrem Bereich weniger der Steuerung des Leihverkehrs als der Auskunft und bibliographischen Information der Benützer dient. Nach Erscheinen der Verbundkataloge können binnen weniger Jahre fast alle von Fachkräften geleiteten Öffentlichen und Spezialbibliotheken mit Verbundkatalogen ausgestattet werden, die dann etwa ein bis drei Jahre alt sind. Bei sachgemäßer Nutzung werden die kleineren Bibliotheken für ihre Leitbibliothek wertvolle Vorarbeiten bei Fernleihbestellungen leisten können, so daß sich eine breite Streuung der Verbundkataloge auch positiv für die Entlastung der Leitbibliotheken auswirken wird. Zusammen mit entsprechend zu nutzenden Ausdrucken der Zeitschriftendatenbank werden die im Raum beschränkten kleineren Bibliotheken in absehbarer Zeit mit einem umfassenden bibliographischen Nachweis ausgestattet werden, dessen günstige Wirkungen auf Information und Literaturversorgung wir heute noch kaum absehen können.

Die Projekte Gesamtkatalog und Verbundkatalog im Rahmen des IuD-Programms

Die in den Projektstudien errechneten Einsparungen im Bereich der Zentralkataloge können hier nicht ausführlich dargelegt werden. Die vorgelegten Berechnungen lassen die Erstellung des Gesamt- und des Verbundkatalogs wirtschaftlich als sinnvoll erscheinen. Es geht jedoch heute mehr darum, den wissenschaftlichen und volkswirtschaftlichen, nicht in Mark und Pfennig darzustellenden Nutzen festzuhalten.

Wenn das Programm der Bundesregierung zur Förderung der Information und Dokumentation ein zentrales Nachweissystem über Bibliotheksbestände[16] fordert, die Schwerfälligkeit der regionalen Zentralkataloge kritisiert, ihre Vollständigkeit hinsichtlich der Spezialliteratur verbessert wissen will und „die Zusammenarbeit der Bibliotheken, die bereits heute ihre Bestände mit Hilfe der elektronischen Datenverarbeitung katalogisieren", fordert, so wird mit der Zeitschriftendatenbank, dem Gesamtkatalog und dem Verbundkatalog ein bi-

[16] Bundesrepublik Deutschland. Bundesministerium für Forschung und Technologie. Programm der Bundesregierung zur Förderung der Information und Dokumentation (IuD-Programm). 1974–1977 (Bonn 1975) S. 78.

bliothekarisches Konzept vorgelegt, das eine weitgehende Erfüllung der Vorstellungen des IuD-Programms von einem integrierten Informationsverbund zwischen Fachinformationszentren und Bibliotheken aufzeigt. Daß ein international verflochtener und abhängiger Industriestaat von der Bedeutung der Bundesrepublik Deutschland ein Zugriffssystem zu den gedruckten Informationsquellen der ganzen Welt in möglichster Vollständigkeit benötigt, ist eine Forderung, die zunächst wohl unabhängig von den Kosten ihrer Realisierung gestellt werden muß. Unter diesem Aspekt sind die Gesamtkosten der Nachweisinstrumente als durchaus angemessen anzusehen, sie sind weder überdimensioniert noch unrealistisch in ihren finanziellen Größenordnungen. Gleichzeitig sind sie flexibel und offen für Ergänzungen und Erweiterungen für die Zukunft. Inhaltlich und in ihrem Gesamtumfang haben sie zweifellos europäisches Format und weisen in der Informationsvermittlung über die Bundesrepublik Deutschland und den deutschsprachigen Raum mit einer Zahl in der Größenordnung von 15–20 Millionen hinaus und eröffnen damit auch dem gesamteuropäischen Informationsaustausch neue Wege.

Maßnahmen und Modellversuche zur Verbesserung des Leihverkehrs

Von

KLAUS-DIETER LEHMANN

Ein Blick in die Betriebsstatistiken[1] zeigt, daß die Buch- und Zeitschriftenbestellungen bei den wissenschaftlichen Bibliotheken Jahr für Jahr einen erheblichen Zuwachs erfahren; allein in den letzten drei Jahren stieg das Volumen von rund 8 Mio Bestellungen auf 12 Mio an, das ist eine Steigerungsrate von rund 50%. Gründe für das stetig zunehmende Bestellvolumen sind leicht zu nennen: Die Zahl der Bibliotheken insgesamt ist gestiegen, ebenso die Zahl ihrer Benutzer; gesellschafts- und bildungspolitische Maßnahmen haben zu einer weiteren Verwissenschaftlichung des Lebens geführt; neue technische Möglichkeiten bieten den Literatursuchenden umfassende fachliche Informationsdienste. In Zukunft wird daher mit einem weiteren Anwachsen zu rechnen sein.

Eine unbestrittene Tatsache für die Literaturversorgung ist, daß *keine* Bibliothek autark sein oder werden kann. Die Kooperation der Bibliotheken untereinander ist zwingend. Dabei gilt für die Bundesrepublik ein dezentrales Sammelsystem, das sich zum einen regional gliedert, zum anderen fachliche Sammelschwerpunkte kennt.

Von den rund 12 Mio Bestellungen entfallen zwar 87% auf die Ortsausleihe, aber es bleiben 13% Fernleihbestellungen oder, in absoluten Zahlen ausgedrückt, 1,6 Millionen. Davon sind wiederum 48% Direktbestellungen, insbesondere Zeitschriftenbestellungen. Es verbleiben somit 52% der Bestellungen, die 1977 den Zentralkatalogen aus ihren Regionen zugeleitet wurden. 64% davon konnten positiv im ersten Zentralkatalog erledigt werden. Jede der weitergegebenen Bestellungen durchlief im Mittel drei weitere Zentralkataloge. Betrachtet man die Positiverledigung, so kommt man zu dem Schluß, daß die Erledigungsquote im Leihverkehr gut ist.

Worum es geht, ist also zunächst nicht so sehr die Ausstattung, sondern die Schwerfälligkeit und Kompliziertheit des Leihverkehrs. Und hier steht eine Reihe von Maßnahmen an, die entweder schon realisiert sind oder deren Versuchsphase abgeschlossen ist oder die als Studie vorliegen[2]. Ich möchte mich hier beschränken auf Maßnahmen zur Verbesserung des Leihverkehrs, die auf der

[1] Betriebsstatistik. Verein Deutscher Bibliothekare. 1977.

[2] K.-D. Lehmann: Grenzen und Möglichkeiten des regionalen Leihverkehrs. In: ZfBB 23 (1976) S. 1.

Nutzung regionaler oder überregionaler Bestandsnachweise Direktbestellungen im Deutschen Leihverkehr ermöglichen bzw. wo keine Verzeichnisse kurzfristig erstellt werden können, die eine Reduzierung des bibliographischen Aufwandes ermöglichen – unter Beibehaltung vorhandener Strukturen.

ISBN-Register

Ende 1977 ist die Modellphase für das ISBN-Projekt in der hessischen Leihregion (1975 begonnen) mit Erfolg zu Ende gegangen und läuft jetzt in der Routine[3,4]. Kurz zum Verfahren: Die Bibliotheken melden – wie bisher – ihre Titel an den Zentralkatalog, für Aufnahmen ab Erscheinungsjahr 1974 mit allen im Buch enthaltenen ISBN. Konventionell werden alle Eingänge verarbeitet, die keine ISBN tragen oder vor dem Stichjahr 1974 liegen. Meldungen mit ISBN werden maschinenlesbar erfaßt und im Rechenzentrum verarbeitet. Der Datensatz besteht aus Bibliothekskennzeichen und ISBN, kurz, prüfbar und eindeutig. Die hessischen Bibliotheken erhalten vierteljährlich ein kumuliertes ISBN-Register auf Microfiche mit den in der Leihregion vorhandenen in- und ausländischen Büchern mit Erscheinungsjahr 1974 ff. mit ISBN.

Beim Bibliographieren des gesuchten Titels werden vom Signierdienst die in der Bibliographie aufgeführten ISBN festgehalten und am Microfiche-Register überprüft. Alle positiv ermittelten Bestellungen werden unmittelbar an die besitzende Bibliothek geschickt, den Leitweg bestimmt die bestellende Bibliothek, die nicht erledigten Bestellungen gehen wie bisher zum Zentralkatalog.

Von den gelieferten Katalogkarten trugen rund 60% eine ISBN (absolute Zahl 1974 ff.: 300 500 Haupteintragungen). Der Anteil der falsch angegebenen ISBN lag bei 3,5%. Aufgrund der Prüfziffer konnten sie zurückgewiesen werden; als falsch im Buch verblieben dann noch 0,5%. Projiziert man die Daten auf das Jahr 1980, so werden auf Meldungen mit Erscheinungsjahr 1974 ff. 70% aller Nachmeldungen entfallen, d. h. 50% der gesamten Meldungen tragen dann eine ISBN. In diesem Umfang wird der Zentralkatalog von der manuellen Katalogführung entlastet.

Die Bewertung im Leihverkehr sieht ähnlich positiv aus. Das Bestellvolumen der Bibliotheken aus der Region an den Zentralkatalog ist im Vergleich zum Vorjahr bereits um 7% gesunken, ebenso das der außerhessischen Bibliotheken an den Hessischen Zentralkatalog. Die Direktbestellungen zwischen den Bibliotheken der Leihregion wirken sich also bereits aus. Dabei gilt, daß der Anteil der Bestellungen mit ISBN an den Gesamtbestellungen 1974 ff. 84,6% beträgt. 47% konnten im ISBN-Register ermittelt werden, – ein ausgesprochen gutes Ergeb-

[3] K.-D. Lehmann: Der Hessische Zentralkatalog auf Microfiche. In: ZfBB 23 (1976) S. 201.

[4] H. Hüttermann: Zwei Jahre ISBN-Projekt beim Hessischen Zentralkatalog. In: ZfBB 24 (1977) S. 34.

nis. Die systembedingten Fehler – d. h. vom System nicht ermittelte Parallel-ISBN u. ä. – liegen bei rund 1%. Durch die Verkürzung der Versandwege im Direktverkehr konnte eine Reduzierung der Laufzeit um fast 40% erreicht werden.

Zusammenfassend kann man sagen, daß eine Rationalisierung erreicht wurde, die Bestellungen in kürzerer Zeit erledigt werden, Bestellungen auf neueste Literatur möglich sind und das Verfahren ausreichend Sicherheit bietet. Die Übernahme des Verfahrens durch weitere Zentralkataloge ist inzwischen in die Wege geleitet. Es liegt nahe, regionale Register später zu einem Gesamtregister zu kumulieren.

Der Zentralkatalog Nordrhein-Westfalen hat bereits begonnen, die ISBN zu erfassen. Sie werden beim Kommunalen Gebietsrechenzentrum Frankfurt verarbeitet. Derzeit melden 32 Bibliotheken aus dieser Leihregion. Inzwischen ist auch der erste Ausdruck erschienen.

In Niedersachsen ist beabsichtigt, die Neumeldungen an den Niedersächsischen Zentralkatalog ab Erscheinungsjahr 1977 als kumulierenden ISBN-Katalog in Microfiche-Form erscheinen zu lassen. Dort soll der ISBN-Katalog versuchsweise zusätzlich mit einer Kurzaufführung von Verfasser, Herausgeber, Titel und Erscheinungsjahr eines jeden Werkes versehen werden. Die erste Lieferung dieses ISBN-Katalogs soll im Mai 1978 erscheinen.

Die Staatsbibliothek Preußischer Kulturbesitz (SBPK), Berlin, hat sich bereit erklärt, am Hessischen ISBN-Projekt teilzunehmen. Sie erfaßt derzeit Monographien ab Erscheinungsjahr 1974. Es ist vorgesehen, die Verarbeitung beim Kommunalen Gebietsrechenzentrum Frankfurt a. M. durchzuführen und so zu verfahren, wie beim hessischen Projekt. Die Besitzvermerke der SBPK werden also im hessischen ISBN-Register aufgeführt, so daß es hessischen Bibliotheken möglich ist, nach Ausnutzung der regionalen Ressourcen bei der SBPK direkt zu bestellen. Umgekehrt besteht natürlich auch die Möglichkeit, daß die SBPK ihre Bestellungen bei den hessischen Bibliotheken direkt aufgeben kann.

Zentralkatalog auf Microfiche

In direktem zeitlichem Anschluß an das ISBN-Register wurde beim Hessischen Zentralkatalog der konventionelle Katalogteil 1960–1973 mit rund 760000 Titelkarten verfilmt und als Microfiche den Bibliotheken der Leihregion zur Verfügung gestellt[5]. Titelkarten, die nach dieser Verfilmung an den Zentralkatalog geschickt werden, kommen in ein Nachtragsalphabet. Es erscheint jeweils jährlich als kumuliertes Fiche-Supplement. Damit haben die Bibliotheken einen direkten Standortnachweis der neueren Literatur; das Bestellverfahren ent-

[5] K.-D. Lehmann: Verwendung der ISBN im Bereich des Hessischen Zentralkatalogs. In: ZfBB 21 (1974) S. 466.

spricht dem des ISBN-Registers – direkt zwischen bestellender und besitzender Bibliothek. Die Katalogsituation ist sicher nicht bei allen Zentralkatalogen für eine Mikroverfilmung gleich günstig, aber in der nächsten Zeit können und sollten die Voraussetzungen geschaffen werden. Die Auswertung des von der DFG finanzierten Projekts ist noch nicht abgeschlossen, aber einige Daten können bereits genannt werden.

Die 402 Microfiches (1 Fiche enthält ca. 1890 Titelkarten) haben den auch bei COM-Ausgaben üblichen Verkleinerungsfaktor, so daß die Verwendung von optisch-mechanisch und optisch-elektronisch produzierten Fichekatalogen keine unterschiedliche Behandlung erfordert. Der Ficheaufbau ist spaltenorientiert und wird von den Mitarbeitern als gut recherchierbar eingestuft. Von den Bestellungen entfallen derzeit 39% aller Bestellungen auf den Microfichekatalog 1960–1973. Die Erledigungsquote liegt aufgrund der Leihverkehrsausstattung bei 50%. Das ist wiederum ein erheblicher Anteil an Direktbeschaffung von Literatur, bei der der ZK nicht mehr eingeschaltet werden muß, und bei der eine entsprechende Beschleunigung erreicht wird.

Während der Versuchsphase soll auch untersucht werden, welche Möglichkeiten sich ergeben, wenn die Benutzer am Microfiche-Zentralkatalog unmittelbar recherchieren können und so eine Sofortauskunft über die Ressourcen der Region erhalten.

Zeitschriftenverzeichnisse

Im Zusammenhang mit den Möglichkeiten des Direktnachweises und der Direktbestellung von Literatur innerhalb der Region müssen in jedem Fall die regionalen Zeitschriftenverzeichnisse, die mit Datenverarbeitung erstellt wurden, genannt werden[6]. Sie sind inzwischen längst aus der Pilotphase in die Routine übergegangen und bilden ein erstklassiges Nachweissystem. Verzeichnisse sind verfügbar in Niedersachsen, Hessen, Bayern und Baden-Württemberg. Die Datenmengen decken bereits einen großen Teil der Bestellungen ab. Parallel dazu wurden die überregionalen Zeitschriftenverzeichnisse verstärkt gefördert, die insgesamt aus der Zeitschriftendatenbank der ABT erstellt werden. Hier sind inzwischen mehr als 120000 Zeitschriftentitel mit unzähligen Besitzvermerken maschinenlesbar verfügbar. Zudem ist bei einigen regionalen und den überregionalen Zeitschriftendatenpools aufgrund einheitlicher bibliothekarischer Festlegungen Datentausch in großem Umfang möglich, was die Leistungsfähigkeit der Verzeichnisse hinsichtlich Vollständigkeit und Aktualität weiter steigert.

Derartige EDV-erzeugte Regionalverzeichnisse auch für Monographien sind zur Zeit erst im Ansatz vorhanden, so der Verbundkatalog der neugegründeten

[6] Die Zukunft automatisierter Bibliotheksnetze in der Bundesrepublik Deutschland. Berlin 1977.

Universitätsbibliotheken in Bayern mit Regensburg als Zentrum. Aber hier wird in den nächsten Jahren sicher das Schwergewicht der Entwicklung liegen.

Unbibliographierter Leihverkehr

Die Direktbestellung innerhalb der Region mit Hilfe von vervielfältigten Gesamtnachweisen ist eine Möglichkeit zur Verbesserung der Literaturversorgung. Falls die geschilderten Verfahren aber so kurzfristig und nicht für den Gesamtbereich realisierbar sind, sollten Bestellungen innerhalb der Region, für die die Bibliothek keinen Besitznachweis hat, wegen des hohen und in vielen Fällen unnötigen Zeitaufwandes zunächst ohne bibliographische Überprüfung an den zuständigen Zentralkatalog gehen – wenn die Bestellangaben einem gewissen Minimalstandard entsprechen: Verfasser, Sachtitel, Erscheinungsjahr. Nicht betroffen sind die Bestellungen, die die Region verlassen. Ist die Bestellung beim Zentralkatalog nicht positiv nachzuweisen, geht sie an die Bibliothek zurück; erst dann wird sie bibliographiert.

Dieses von Tehnzen und Jacob vorgeschlagene Verfahren[7] wurde mit unterschiedlichen Bedingungen in den Leihregionen Nordrhein-Westfalen und Niedersachsen als Versuch durchgeführt. Es ist inzwischen auch in Hessen eingeführt worden.

Die Ergebnisse des Modellversuchs zeigten, daß die Nachweisquote bei solchen Leihscheinen kaum schlechter war als die der bibliographierten. Nur bei 2% der Bestellscheine änderten sich nach dem Bibliographieren ordnungswichtige Merkmale, so daß ihre Erledigung erst im zweiten Anlauf möglich war. Kraß ausgedrückt, das Bibliographieren war reiner Luxus:

– Die von den Benutzern vorgelegten Titelfassungen entsprechen weitgehend den Mindestanforderungen.
– Die Zentralkataloge können die unbibliographierten Bestellungen ohne Schwierigkeit verarbeiten.
– Die Gesamterledigungsdauer reduziert sich erheblich durch den verringerten Arbeitsaufwand bei der bestellenden Bibliothek.

Es ist klar, daß die Zulassung unbibliographierter Bestellungen dann besonders günstig abschneidet, wenn

a) die Positiv-Erledigungsquote in der Region allgemein hoch ist und
b) der Anteil der Direktbestellungen mit Hilfe ausgedruckter regionaler Standortnachweise keine große Bedeutung hat.

Ein Teil der Überlegungen, die wir ausschließlich auf die Region angewandt haben, ist inzwischen auch auf die Anwendungsmöglichkeiten für den gesamten

[7] J. Tehnzen und W. Jacob: Die regionalen Zentralkataloge, die „Negativstelle" und das GAZS. Berlin 1975. (Bibliotheksdienst. Beih. 116/117.)

Deutschen Leihverkehr, d. h. überregional geprüft worden. Die Zeitschriftendatenbank in Berlin wurde in diesem Zusammenhang bereits erwähnt, ebenso die ins Auge gefaßte Möglichkeit, die regionalen ISBN-Register zu einem nationalen ISBN-Register zu vereinen. Solche Überlegungen sind aber auch für einen Deutschen Gesamtkatalog auf der Basis einer Mikroverfilmung aller Zentralkataloge von Pauer formuliert und von R. Oberschelp in seinem Gutachten vorgelegt worden[8]. Es ist daran gedacht, die 42 Millionen Katalogzettel der Zentralkataloge und einiger weiterer Bibliotheken in ein Alphabet zusammenzufassen. Die Erfassung soll in zwei Stufen erfolgen: 1. auf regionaler Ebene (Zusammenführen der verschiedenen Alphabete) und 2. auf überregionaler Ebene (Zusammenführung der sieben Zentralkataloge). Zeitschriften und Reihen werden ausgeschieden. Für das Kopieren der Zettel werden Kosten in Höhe von 6 Millionen DM angesetzt. Für die Bearbeitung werden 900 Mannjahre angenommen, das sind Personalkosten in Höhe von 36 Millionen DM. Für die Erzeugung des Microfiche Gesamtkatalogs kann man für den Originalfilm 300000 DM ansetzen, für einen Duplikatsatz rund 6000 DM.

Ein zweiter überregionaler Gesamtkatalog ist geplant als Verbundkatalog aus den maschinenlesbaren Katalogdaten der neueren Universitätsbibliotheken, einem Bestand von rund 5 Millionen Bänden. Einer Studie von Paul Niewalda[9] ist zu entnehmen, daß die Kosten von Programmierung, Rechenzeit und Reproverfahren, einschließlich 100 Katalogkopien, bei 360000 DM liegen, ein durchaus angemessenes Preis-Leistungsverhältnis. Die Aktualisierung soll durch einen jährlichen Neuausdruck gewährleistet werden.

An diesen Beispielen wird deutlich, wie sehr sich die Leihverkehrslandschaft in den letzten Jahren bereits geändert hat bzw. ändern wird. Die Bibliotheken und die Zentralkataloge zeigen eine gesteigerte Leistungsbereitschaft. Gestützt wird dieses Programm durch Untersuchungen und Absprachen beim Bestandsaufbau. Unsere Bemühungen müssen jetzt darauf abzielen, solche Aktionen und Aktivitäten nicht isoliert zu betreiben, sondern sie in ein Gesamtkonzept einzubinden, die Kenntnis solcher Möglichkeiten bei den Kollegen durch entsprechende Fortbildungsveranstaltungen zu vermitteln und zu diskutieren und insbesondere die neue Leihverkehrsordnung hinsichtlich dieser Neuerungen konsequent anzuwenden.

[8] R. Oberschelp: Der Deutsche Gesamtkatalog. Berlin 1978. (Bibliotheksdienst. Beih. 131.)
[9] P. Niewalda: Der Verbundkatalog. Berlin 1978. (Bibliotheksdienst. Beih. 131.)

Leihverkehrsordnung 1978 und ASpB-Merkblatt

Von

JOBST TEHNZEN

Nach mehrjähriger, intensiver Arbeit einer „Reformkommission" legte der Deutsche Bibliotheksverband nunmehr den Entwurf für eine neue bzw. neu gefaßte Ordnung des „Leihverkehrs der deutschen Bibliotheken" (LVO) vor und verabschiedete sie zur Weiterleitung an die Kultusminister-Konferenz. Für den Spezialbibliothekar stellen sich damit eine Reihe von Fragen: Welche Ziele verfolgt diese Neubearbeitung? Welche Konsequenzen hat die neue Fassung für die tägliche Praxis aus der Sicht der Spezialbibliothekare? Ist der Leihverkehr der Spezialbibliotheken, der sog. ASpB-Leihverkehr, jetzt noch sinnvoll? Ist die Herausgabe der 3. Auflage des „ASpB-Merkblattes Leihverkehr" nicht überflüssig geworden?

1. Der Entwurf für eine Leihverkehrsordnung – LVO 1978

Vorweg sei festgestellt, daß aus der Sicht der Spezialbibliotheken bei aller Anerkennung der Bemühungen der Reformkommission um eine verbesserte Effizienz des Deutschen Leihverkehrs eine grundlegende Änderung in den Verfahren des Deutschen Leihverkehrs gegenüber früher nicht stattgefunden hat. Durch eine Änderung der LVO allein ist sie auch nicht zu erreichen. Hierzu gehörte eine Änderung des Systems.

Insgesamt gesehen bringt die neue LVO für alle Arten von Spezialbibliotheken und die von diesen praktizierten Methoden der Literaturversorgung die offizielle Anerkennung, ohne sie durch Festschreibung bestimmter Regeln mehr als *unbedingt* erforderlich einzuengen. Auch künftig sind also der Findigkeit und Phantasie der Spezialbibliothekare bei der Beschaffung von Literatur aus anderen Bibliotheken nur wenige Schranken gesetzt. Neu im LVO-Entwurf 1978 sind gegenüber der Fassung von 1966 vor allem die folgenden drei Punkte:

1. Die Anerkennung eines regionalen, durch die LVO nicht reglementierten Leihverkehrs und die Formen seiner Überführung in den überregionalen Leihverkehr

– der regionale Leihverkehr ist für die Spezialbibliotheken auf Grund ihres besonderen Literaturbedarfes weitgehend bedeutungslos.

2. Die erweiterte Möglichkeit der Direktbestellung

– da bekanntlich der gerade Weg immer der kürzeste ist, haben Spezialbibliothekare diesen Weg schon seit langem gefordert und genutzt.

3. Die Beschleunigung des Leihverkehrs durch Verkürzung des Umlaufweges der Bestellscheine

– dies wirkt sich nur auf einen Teil der Bestellungen von Spezialbibliotheken aus.

2. *Die einzelnen Paragraphen der LVO aus der Sicht der Spezialbibliotheken*

Vorbemerkung: Unter dem Begriff „Spezialbibliotheken" werden hier nicht nur die unmittelbar oder mittelbar zum Leihverkehr zugelassenen Spezialbibliotheken verstanden, sondern vor allem die um ein Vielfaches größere Zahl der als „korporative Benutzer" bei einer Öffentlichen oder wissenschaftlichen Bibliothek auftretenden Einrichtungen dieser Art.

§ 1. Zweck und Gliederung des Deutschen Leihverkehrs

Die Bemerkung zu § 1,1 Satz 1 stellt fest:

> Die auf gegenseitigen Absprachen zwischen Bibliotheken beruhende Literaturvermittlung (z. B. Leihringe kirchlicher Bibliotheken) unterliegt nicht dieser Leihverkehrsordnung. Die direkte Literaturvermittlung für natürliche und juristische Personen durch einzelne Bibliotheken wird von dieser Leihverkehrsordnung nicht berührt.

Hieraus folgt, daß die LVO keinen Absprachen zwischen einer oder mehreren Bibliotheken von beliebiger Art und geographischer Lage im Wege steht. Zugleich setzt sie allerdings einer verunklärenden Durchdringung „anderer Leihverkehre" mit dem Deutschen Leihverkehr deutliche Grenzen.

§ 3. Unmittelbare und mittelbare Teilnahme

Hier ist für Spezialbibliotheken der Hinweis wichtig, daß sie auch „mittelbar" oder *in*direkt nur dann am Deutschen Leihverkehr teilnehmen, wenn sie *amtlich zugelassen* sind. Die Zuordnung eines Bibliothekssigels hat auch weiterhin nichts mit der Zulassung zum Leihverkehr zu tun, wie gelegentlich irrtümlich angenommen wird. Alle Bibliotheken, die nicht in der amtlichen Leihverkehrsliste aufgeführt sind, haben aus der Sicht der LVO keine andere Stellung als irgendein beliebiger Bibliotheksbenutzer. Von den wenigen ganz großen Spezialbibliotheken abgesehen, nehmen alle amtlich zum Leihverkehr zugelassenen Spezialbibliotheken nur mittelbar, d. h. über eine Leitbibliothek, am Leihverkehr teil.

Gleichzeitig ist in der Bemerkung zu § 3,2 auf eine sehr positive Neuerung des LVO-Entwurfes hinzuweisen. Die bisher nicht ganz legale Praxis der direkten

Bestellung *innerhalb* des Leihverkehrs wurde für die Spezialbibliotheken für Literatur ihres eigenen Spezialgebietes in ein amtlich ausdrücklich sanktioniertes Verfahren umgewandelt. Nach wie vor gilt jedoch z. B. für den Bedarf einer wirtschaftswissenschaftlichen Spezialbibliothek an theologischer Literatur die Vorschrift, daß diese Literatur über die zuständige Leitbibliothek zu bestellen ist. Der Sinn dieser Regel ist aus

§ 4. Leitbibliotheken

Satz 2 d) zu ersehen: „(Leitbibliotheken sollen) über Bestände verfügen, mit denen sie einen erheblichen Teil des Bedarfs der zugeordneten Bibliotheken dekken." Die Weiterleitung von Bestellscheinen soll eigentlich nur für einen quasi „bedauerlichen Rest" in Frage kommen.

§ 6. Aufgabe der Bestellungen; Einschaltung von Leitbibliotheken

Dieser Paragraph enthält die bereits erwähnte Genehmigung für alle zum Leihverkehr zugelassenen Spezialbibliotheken, ihre spezielle Literatur unter Übergehung der Leitbibliotheken direkt dort zu bestellen, wo die größte Wahrscheinlichkeit für Besitz und zugleich für schnelle Erledigung besteht. Wenn die Spezialbibliothekare nicht wissen sollten, wo sie ihre Literatur erwarten können, die Mitarbeiter der Leitbibliotheken mit ihrem fachlich meist unbegrenzten Arbeitsspektrum werden es naturgemäß nur selten genauer wissen als der Spezialbibliothekar.

Bei dieser Gelegenheit seien alle Mitarbeiter der nur mittelbar dem Leihverkehr angeschlossenen Bibliotheken darauf hingewiesen, daß für sie wenige Dinge so nützlich sind wie häufige Kontakte mit den entsprechenden Kollegen der Leitbibliotheken.

Der neue Absatz 4 mit der Verpflichtung, „den örtlichen und gegebenenfalls überörtlichen Verflechtungsbereich soweit wie möglich zu nutzen", ist aus der Sicht der täglichen Praxis der Spezialbibliothekare einerseits eine Binsenwahrheit, denn der kürzeste Weg ist im allgemeinen auch der schnellste. Die schnellste Erledigung wiederum hat bei Spezialbibliotheken oberste Priorität. Andererseits gibt es – leider – zahllose Beispiele dafür, wie schwierig und zeitraubend es sein kann, diese Verpflichtung zu erfüllen. Glücklicherweise besagt der

§ 9. Regionalprinzip

daß – positiv gesehen – eine Bestellung immer dann vom Regionalprinzip abweichend und gegebenenfalls auch das diesem noch vorgeordnete „Lokalprinzip" außer acht gelassen werden darf, wenn „eine angemessene Erledigung nicht möglich ist".

Sicher ist die Ansicht darüber, was ,,angemessen" ist, sehr unterschiedlich. Ein Universitäts- oder Landesbibliothekar wird darunter häufig etwas völlig anderes verstehen als ein Spezialbibliothekar. Dadurch, daß in der LVO die ,,Angemessenheit" eine gleichsam dimensionslose Größe ist, wurde anerkannt, daß die Praxis darüber bestimmen muß. Das sollte ohne Scheu genützt werden. Wir Spezialbibliothekare wollen dankbar anerkennen, daß ,,größere Verzögerungen" und ,,zumutbarer Aufwand" nicht definiert worden sind, und wir wollen hoffen, daß sie es auch nie werden.

§§ 10 und 11. Zentralkataloge

Die interessanten Punkte liegen hier in den Anmerkungen.

1. Zu § 10,2: Es sollte nicht allein den Zentralkatalogen aufgebürdet werden, herauszufinden, welche Bibliotheken auf die gesuchte Veröffentlichung angesprochen werden können. Empfehlungen oder Vorschläge für den Leitweg kann jeder machen, auch eine nicht amtlich zum Leihverkehr zugelassene Bibliothek.

2. Zu § 11,2: Spezialbibliothekare werden wohl nie verstehen, was das gelegentlich beinahe dogmatisch vertretene Prinzip der Entlastung stark beanspruchter Bibliotheken für einen Sinn haben soll. Entweder eine Bibliothek ist leistungsfähig – warum soll man dann eine andere, womöglich weniger leistungsfähige Bibliothek benutzen? Oder eine Bibliothek ist wenig leistungsfähig – dann benutzt man sie auch nur im Notfall. Oder soll man sie etwa trotzdem mit Bestellscheinen bedenken, nur weil sie ihren Anteil bekommen muß, auch wenn sie ihn gar nicht haben will? Gegen die Vertretung dieses Prinzips müssen Spezialbibliothekare Einspruch erheben. Sie haben im Interesse einer schnellstmöglichen Bedienung ihrer Benutzer hierfür kein Verständnis.

3. Zu § 11,3: Sehr positiv ist die mehrfache Erwähnung einer ,,möglichst schnellen Erledigung" zu sehen. Sie kann, trotz ihres nur appellatorischen Charakters gar nicht häufig genug wiederholt werden. Die Reduzierung der sog. Ochsentour, d. h. die Abkehr vom Verfahren, alle Bestellscheine generell alle nur möglichen Stellen durchlaufen zu lassen, kann nur begrüßt werden. Drei sinnvoll ausgewählte Zentralkataloge reichen im Normalfall aus.

§ 12. Bestellung von Periodika und Serien aufgrund von Bestandsverzeichnissen

Die Bestimmungen dieses Paragraphen entsprechen der allgemeinen Praxis. Zu § 12,1 und den dort aufgeführten Verzeichnissen ist lediglich noch folgendes zu ergänzen:

Die Zeitschriften-Datenbank (bei der Arbeitsstelle für Bibliothekstechnik, Berlin) wird in Anbetracht der angestrebten hohen bibliographischen Präzision und Vollständigkeit aller Angaben auf absehbare Zeit noch kein auf den Leihverkehr der gesamten Bundesrepublik Deutschland ausgerichtetes Verzeichnis *aller* Fachgebiete herausgeben können. Für den technisch-naturwissenschaftlich-medizinischen Bereich, ab 1979 auch für den wirtschaftlichen Bereich, hat es daher die UB/TIB Hannover übernommen, die auf Magnetbändern gespeicherten Titel- und Bestandsangaben der Zentralen Fachbibliotheken und einiger ergänzender Bibliotheken ohne jede redaktionelle Bearbeitung maschinell in ein Alphabet zusammenzumischen. Das Ergebnis ist ein COM-Fiche 1:48. Die erste Ausgabe erscheint im Juni 1978. Zur Zeit sind jährlich Neuausgaben vorgesehen. Sie werden im ,,Bibliotheksdienst" angekündigt. Bestellungen sind an die Universitätsbibliothek und TIB, – Z 2 –, Welfengarten 1 B, 3000 Hannover 1, zu richten. Der Preis richtet sich nach dem Umfang des Verzeichnisses.

Im ,,Bibliotheksdienst" sollen auch von Zeit zu Zeit Übersichten über die lieferbaren bzw. die in absehbarer Zeit zu erwartenden regionalen Zeitschriften-Bestandsverzeichnisse veröffentlicht werden.

Da die §§ 13–15 keine wesentlichen Neuerungen bringen, sollen hierzu nur ein paar ergänzende Hinweise aus der Praxis gegeben werden. Der Begriff ,,Spezialliteratur" oder ,,seltene und sehr spezielle Literatur" taucht mehrfach in der LVO auf. Bestellungen auf diese – glücklicherweise ebenfalls nicht definierbare – Literatur kann über die Zentralkataloge versucht, nach der LVO aber mit dem gleichen Recht auch bei den in Frage kommenden Bibliotheken *direkt* bestellt werden. Die nicht zum Leihverkehr zugelassenen Bibliotheken sollten die Fernleihstellen der Bibliotheken, bei denen sie ihre Wünsche aufgeben, im zutreffenden Fall stets darauf hinweisen.

In der Anmerkung zu § 15,1 wird auf die vorlagengetreue Wiedergabe der bibliographischen Angaben bei Spezialschrifttum hingewiesen. Am besten ist die im ASpB-Merkblatt unter 3.2 empfohlene Methode, in allen nicht ganz klaren Fällen der Bestellung eine Kopie der Fundstelle beizufügen. Diese Praxis hat sich in den Zentralen Fachbibliotheken sehr bewährt.

§ 16. Form der Bestellungen

Anläßlich der Revision der LVO wurde auch der Bestellschein des Deutschen Leihverkehrs überarbeitet. Wie die Anmerkung zu § 16,1 festlegt, ist der Bestellschein des überregionalen Deutschen Leihverkehrs rot. Bestellscheine einzelner Leihregionen oder besonderer Leihringe sind in abweichender Färbung zu halten. Der bei der EKZ in Reutlingen erhältliche ASpB-Bestellschein ist bekanntlich weiß. Sobald die zur Zeit noch vorhandenen Bestände verbraucht sind, erfolgt der Nachdruck nach dem Muster des neuen Bestellscheines. Die in den Spezialbibliotheken vorhandenen Bestellscheine bleiben also innerhalb des ASpB-Leihverkehrs nach wie vor ,,gültig".

Das in § 17 neu zugelassene vereinfachte Bestellverfahren innerhalb einer Leihverkehrsregion wird für Spezialbibliotheken nicht allzu häufig in Frage kommen.

§ 18. Unverzügliche Bearbeitung

Es gibt leider wenig Grund für die Annahme, daß die Ende 1976 ermittelten Bearbeitungszeiten für Leihverkehrsbestellungen durch diesen LVO-Paragraphen auch nur im geringsten beeinflußt werden könnten.

Die übrigen Paragraphen bringen keine wesentlichen Änderungen gegenüber der LVO von 1966, so daß besondere Erläuterungen nicht erforderlich sind.

3. Das ASpB-Merkblatt „Leihverkehr" L 3 – 1978

Bei den entsprechenden Paragraphen der LVO wurde verschiedentlich darauf hingewiesen, daß der durch den LVO-Entwurf 1978 geregelte Leihverkehr durchaus nicht der einzige ist. Leihverkehrsfachleute betonen immer wieder, daß sie alle anderen Wege der Literaturbeschaffung, vom Kauf der gesuchten Veröffentlichung bis zum Leihverkehr der Spezialbibliotheken, als Entlastung des Deutschen Leihverkehrs sehr positiv beurteilen und keineswegs als Konkurrenz betrachten. Es gibt also keinen Grund für die Spezialbibliotheken, ihre Aktivitäten in dieser Richtung zu reduzieren. Es liegt vielmehr durchaus in allseitigem Interesse, wenn die ASpB ihr Leihverkehrs-Merkblatt überarbeitet und auf den neuesten Stand gebracht hat, so daß auf dem Stuttgarter Bibliothekskongreß die 3. Ausgabe vorgelegt werden konnte.

Der Sinn dieses Merkblattes ist es vor allem, der großen Zahl von *nicht* amtlich zum Leihverkehr zugelassenen Bibliotheken mit in der Regel auch nicht ausgebildeten Bibliothekaren eine „erste Hilfe" für die Literaturbestellung bei anderen Bibliotheken beliebiger Art zu geben. Das Merkblatt enthält daher auch eine ganze Reihe von vielleicht banal erscheinenden, jedoch sehr wichtigen Hinweisen z. B. über das Ausfüllen der Bestellscheine, wie sie sonst nirgendwo zu finden sind. Das eingehende Studium des Merkblattes ist daher auch allen Anfängern in wissenschaftlichen und Öffentlichen Bibliotheken dringend zu empfehlen. Wegen der bei jeder Neuauflage auf den neuesten Stand gebrachten Bezugsmöglichkeiten für bestimmte Veröffentlichungsarten (Normen, Patente, Reports) sowie der wichtigsten Bibliographien gehört es eigentlich in jede Bibliothek[1].

[1] Das ASpB-Merkblatt ist kostenlos erhältlich bei der ASpB-Geschäftsstelle
p. A. Universitätsbibliothek der Technischen Universität Berlin
Straße des 17. Juni 135
D-1000 Berlin 12

Der ASpB-Bestellschein schließlich kann als der gelungene Versuch gelten, die gegenseitigen Hilfeleistungen der Spezialbibliotheken untereinander zu formalisieren, ohne sie zu reglementieren.

Fazit: Der neuen LVO ist zu wünschen, daß sie die beabsichtigten Verbesserungen des Leihverkehrs insbesondere hinsichtlich einer Beschleunigung der Literaturversorgung erzielt. Der „Leihverkehr der Spezialbibliotheken" ist damit jedoch in keiner Weise überflüssig geworden. Er hat seine Anerkennung gefunden und bleibt als „schnelle Konkurrenz" sicher nicht ganz ohne Einfluß auf den Deutschen Leihverkehr.

Kommunikationsort Bibliothek: Bau- und Einrichtungsfragen

Von

WOLFRAM HENNING

Die Bibliothek ist, definiert durch ihre Materialien, ein Ort indirekter Kommunikation*. Den größtmöglichen Nutzen gedruckter Aufzeichnungen zu erreichen, bezeichnet der amerikanische Bibliothekswissenschaftler Jesse H. Shera apodiktisch als einzige Aufgabe des Bibliothekars[1]. Daneben tritt, besonders aus der Sicht der Öffentlichen Bibliotheken, die Forderung nach der Bibliothek als einem Ort, wo sich Menschen begegnen. Mevissen sprach vor 20 Jahren vom ,,geistig-gesellschaftlichen Zentrum"[2]. Kommunikationszentrum, Treffpunkt, Begegnungsstätte, auf Wiedersehn in der Stadtbibliothek – so heißen die Slogans heute. Gelegentlich wird, in nicht ungefährlicher Verkürzung, nur diese Form der direkten Begegnung als Kommunikation begriffen: Im Erdgeschoß machen wir die Bibliothek und etwas Kommunikation.

Wie baut man eine kommunikationsfreundliche Bibliothek und wie richtet man sie ein? Lassen Sie mich das Thema unter 3 Aspekten betrachten:

- Kommunikation und Raumorganisation
- Öffentliche Bibliothek im Kulturzentrum
- Wahrnehmung der Bibliothek durch den Benutzer.

Vollständigkeit ist nicht beabsichtigt. Wichtig ist jedoch die Verschiedenartigkeit der Zugänge.

1. Kommunikation und Raumorganisation

Die Amerika-Gedenkbibliothek in Berlin hat uns 1954 mit den Merkmalen der modernen Einraumbibliothek bekanntgemacht: zusammenhängende Flächen, nur durch Regale unterteilt; Studienzone statt Lesesaal; der gesamte Publikumsbereich, jedenfalls dem Prinzip nach, als ein einziger großer Raum; Übersichtlichkeit, Flexibilität. Aber wird dieses Prinzip allen in Bibliotheken begegnenden Kommunikationsformen gerecht? Ist das ,,offene Haus", das die Architekten als Lösung für mehrgeschossige Publikumsbereiche gern propagieren, der ideale Kommunikationsort? Die Grundidee der Einraumbibliothek

* Beim Bibliothekskongreß Stuttgart 1978 wurden die Ausführungen durch zahlreiche Dia-Beispiele unterstützt.

[1] Shera, Jesse H.: The Foundations of Education for Librarianship (NewYork 1972) S. 194.

[2] Mevissen, Werner: Büchereibau. Public Library building (Essen 1958) S. 16.

bleibt nach wie vor unbestreitbar. Gewisse Erfahrungen und die zunehmende Differenzierung der Benutzerdienste haben jedoch in den letzten Jahren Anlaß gegeben, das Schema zu modifizieren. Zur Differenzierung der Dienste gebe ich einige Hinweise auf die Entwicklung der siebziger Jahre.

Die Bibliotheksarbeit mit audiovisuellen Medien hat vielfach zur Einrichtung von Hörzonen im offenen Publikumsbereich geführt. Eine solche Zone kann für Einzelbenutzer gedacht sein. Die Anordnung der Hörsessel hindert den Kontakt zu anderen Benutzern. Raumorganisatorisch ist die Zone als Fortsetzung der Musikbibliothek angeordnet. In einem anderen Fall wird der Benutzer eine Hörlandschaft mit zwanglos angeordneten Sesselgruppen vorfinden, die den direkten Kontakt zu anderen Benutzern begünstigen. Hier ist man auf Gruppenbesuche Jugendlicher eingestellt; die „kommunale Diskothek" liegt im Erdgeschoß, von der Musikbibliothek ist sie völlig abgetrennt.

Anders die Situation in der Mediothek eines beruflichen Schulzentrums. Bei der Eröffnung waren ausschließlich Einzelplätze für die Beschäftigung mit audiovisuellen Medien vorgesehen. Das Benutzerverhalten – drei Schüler im Carrel – führte dazu, daß man im Rahmen einer räumlichen Reorganisation jetzt auch einige AV-Gruppenplätze einrichtete. Das Problem einer reinen Einraumbibliothek wurde nun freilich deutlich. Die Unruhe der Gruppenplätze strahlt in die übrigen Bibliotheksbereiche. Es besteht keine ausreichende Ruhe für einzeln Arbeitende, die indirekte Kommunikation ist beeinträchtigt. Ein von der Einraumbibliothek abgeteilter Nebenraum wäre notwendig.

Zu komplizierten raumorganisatorischen Überlegungen führte der in den siebziger Jahren sehr lebhaft sich entwickelnde Typ der kombinierten Öffentlichen und Schulbibliothek. Es galt, einander überschneidende Publikumsbereiche für Öffentlichkeit und Schule zu entwickeln. Der Bedarf an Gruppenräumen und Kabinen für Einzelarbeit wurde deutlich. Alle Bestände für die Öffentlichkeit sollten auch der Schule zugänglich sein, nicht jedoch umgekehrt. Eine Matrix, die der Raumplanung für die erste Bremer Bibliothek in einer Gesamtschule zugrunde lag, verdeutlicht dieses Konzept.

Die praktische Realisierung ist allerdings in den meisten Fällen weniger strikt.

Auch bei der Konzeption der normalen Zweigstelle, die sich ausschließlich an die Öffentlichkeit wendet, ist eine Differenzierung festzustellen. Sei es, daß man einen Raum für kleinere Kinder abgeteilt findet (Bilderbuchzimmer), einen Klubraum für Ausstellungen und Diskussionen, einen Gruppenraum, einen Fernsehraum oder Studienkabinen.

Gewiß ist die Entwicklung örtlich stark unterschiedlich. Soviel jedoch hat sich herausgestellt: Die modifizierte Einraumbibliothek ist benutzergerechter, ist kommunikationsfreundlicher im Sinne der indirekten wie auch der direkten Kommunikation als die reine Einraumbibliothek.

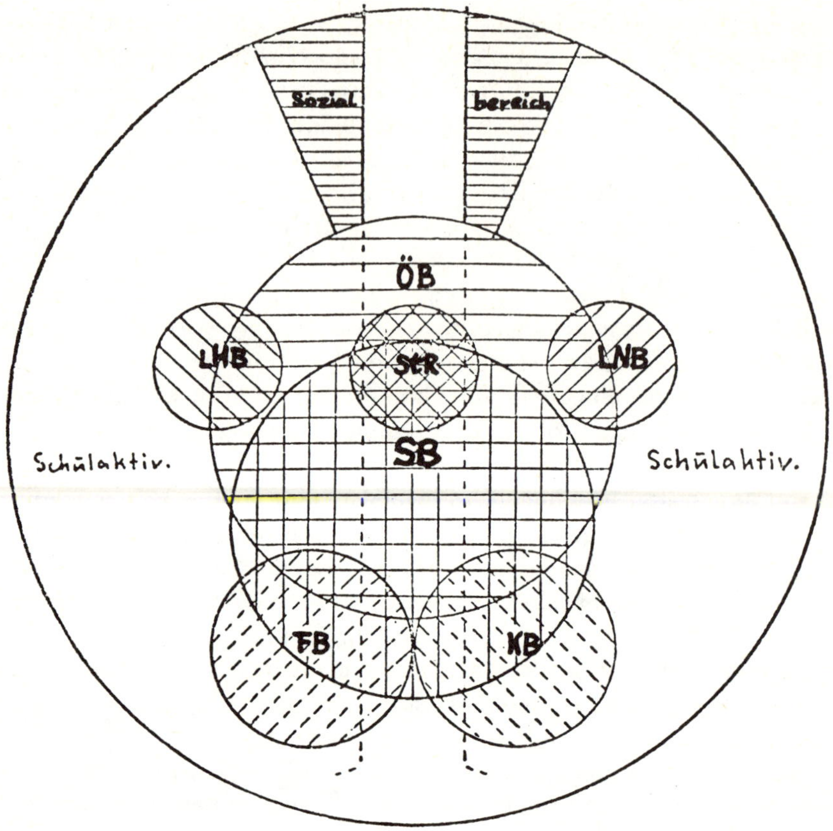

Matrix

ÖB	Öffentliche Bibliothek	FB	Fachbibliotheken
SB	Stufenbibliothek (Schulzentralbibliothek)	KB	Klassenbibliotheken
		LHB	Lehrmittelbibliothek
StR	Studienraum	LNB	Lernmittelbibliothek

(Aus: Meyer, Horst: Die Schulbibliothek in der Bremer Gesamtschule. BuB 1971, 5, S. 213–224.)

2. *Öffentliche Bibliothek im Kulturzentrum*

„Kulturzentrum" steht hier als Sammelbegriff. Die Öffentliche Bibliothek im Kulturzentrum kann kombiniert sein mit Schule, Volkshochschule, Bildstelle, Bürgerbüro, Theater, Museum, Musikschule; sie kann Teil von Bürgerhäusern und Freizeitheimen sein. Bibliothekspolitisch ist das Kombinationsgebäude vielfach der beste, manchmal der einzige Weg, um eine Neugründung durchzusetzen. Man denke an die kommunale Kannaufgabe Bibliothek und die kommunale Pflichtaufgabe Schule.

Insbesondere die wirtschaftlichen Vorteile von Kombinationslösungen sind bisher deutlich nachgewiesen. Ein Gutachten der Kommunalen Gemeinschaftsstelle für Verwaltungsvereinfachung (KGSt) über „Mehrfach- und Mehrzwecknutzung von Gemeindebedarfseinrichtungen" (Köln 1974) enthält ausführliche Angaben.

Interessant in unserem Zusammenhang sind Hypothesen, wonach die Kombination vieler Einrichtungen in einem Haus auch zu gesteigerten Kommunikationsmöglichkeiten führt. Die KGSt spricht von gebündeltem Informationsangebot, von der Kommunikation zwischen Öffentlichkeit und Schule bei entsprechenden Kombinationslösungen[3]. Die in der sozialdemokratischen Friedrich-Ebert-Stiftung aktiven Bibliothekare fordern in Orten mit 20000 bis 50000 Einwohnern „möglichst viele verschiedene Einrichtungen unter einem Dach"; keinesfalls dürfe die Bibliothek lediglich mit einer Einrichtung zusammengelegt werden[4]. Die Architekten Kleineberg und Wolf sehen „Wirtschaftlichkeit und Kommunikation" als die Ziele gemeinschaftlicher Einrichtungen[5].

Der Architekt Roland Ostertag weist freilich auch auf Gefahren dieses Konzeptes hin: erhöhter Verwaltungsaufwand, Steuerung von Aktivitäten und Manipulation können die Folge sein[6]. Die KGSt verzichtet bei aller Befürwortung nicht auf Nuancen: Kombinierte Öffentliche und Schulbibliothek nur, wenn die Lage des Geländes auch für die Öffentlichkeit günstig ist[7]!

Eine persönliche Bemerkung: Mancher Kommunalpolitiker, der vom Kristallisationspunkt städtischen Lebens spricht, meint schlicht die Einsparung von Quadratmetern.

Die Bibliothek wird nicht automatisch besser, *weil* sie in einem Kulturzentrum liegt. Man sollte ganz pragmatisch fragen, welche Bedingungen erfüllt sein müssen, wenn sie in einem Kulturzentrum erfolgreich arbeiten soll.

Gebäude:	Lage? Einladender oder abschreckender Eindruck auf den Benutzer (Schulsilo)? Eingang zur Bibliothek gut auffindbar? Unabhängigkeit in bezug auf Heizung, Toiletten, Klima, Öffnungszeiten?

[3] Neben dem im Text erwähnten Gutachten ist relevant: Öffentliche Bibliothek. Gutachten der KGSt (Berlin 1973) S. 91f. (AfB-Materialien. 1.)

[4] Bibliothek in einer menschlichen Stadt. Materialien zu einer aktuellen Diskussion. Hrsg. von d. Arbeitsgemeinschaft der Verleger, Buchhändler und Bibliothekare in der Friedrich-Ebert-Stiftung. Bonn 1976.

[5] Kleineberg, Uwe, u. Roland Wolf: Mehrzwecknutzung gesellschaftlicher Einrichtungen. Stuttgart 1977.

[6] In Kleineberg/Wolf, S. 5.

[7] Gutachten Öffentliche Bibliothek (vgl. Anm. 3) S. 92.

Fläche:	Genug ausschließliche Bibliotheksfläche? Wieviel für Mehrfach- und Mehrzwecknutzung? Erweiterungsmöglichkeiten?
Andere Einrichtungen:	Abstimmung (z. B. nach dem Alter der Zielgruppen)? Image? Räumliche Verbindung?
Kooperation:	Auf welchen Gebieten? Wer koordiniert?
Vorteile gegenüber Einzelunterbringung:	Wirtschaftlich? Architektonisch-städtebaulich? Höherer Bekanntheitsgrad? Bessere Bibliotheksdienste durch räumliche Verbindung mit anderen Einrichtungen möglich?

Als positives Beispiel ist die 1977 eröffnete neue „insel“ in Marl zu erwähnen. Sie liegt in einem überdachten Zentrum mit 80 Fachgeschäften und Kaufhäusern – „Die Straße, in der es nie regnet“ –, Öffentliche Bibliothek und Volkshochschule bilden verwaltungsmäßig ein Amt; als gemeinsame Abteilung betreiben sie den Lesesaal der „insel“, dessen Dienste für Information und Freizeit so konzipiert sind, wie es keiner der beiden Einrichtungen allein möglich wäre.

3. Wahrnehmung der Bibliothek durch den Benutzer

Wie wird eine Bibliothek wahrgenommen? Wie werden das Äußere des Gebäudes und die innere Gestaltung vom Benutzer erlebt?

Für einen Kommunikationsort eine entscheidende Frage. Je ungünstiger der Eindruck, desto fragwürdiger der Slogan vom „Treffpunkt“ Bibliothek. Auch die Lust zum Umgang mit den Materialien kann durch den Charme mausgraudezenter Büchersilos reduziert werden. Formeln vom „würdigen Haus“ oder der „Ästhetik einer publikumsbezogenen Repräsentationsatmosphäre“ sind wenig hilfreich.

Eine Projektgruppe bei der AfB (inzwischen beim Deutschen Bibliotheksinstitut), der außer Bibliothekaren auch Architekten sowie ein Spezialist für die Einrichtung von Buchhandlungen angehören, fordert eine zeitgemäße Präsentation der Öffentlichen Bibliothek. Das meint u. a.:
- Abbau von Kommunikationsschwellen,
- nach außen soll die Bibliothek modern und zeitgemäß wirken,
- im Innern keine Vernachlässigung der Funktion, aber benutzerfreundliche Bibliothekslandschaft, Klubatmosphäre[8].

Teils im Zusammenhang mit diesem Projekt, teils unabhängig davon, ist in den letzten Jahren ein Bemühen um neue Lösungen zu beobachten. Das betrifft beispielsweise Design und Anordnung des Mobiliars, Farbe als Mittel der Innenraumgestaltung, die Untergliederung großer zusammenhängender Publi-

[8] Die Präsentation der Öffentlichen Bibliothek. Arbeitspapiere, zusammengest. v. Franz Rakowski. Berlin 1977. (AfB-Materialien. 18.)

kumszonen nach dem Prinzip „Raum in Raum"; es entstanden Kinderbibliotheken, denen man nicht nur an den Maßen anmerkt, für welche Altersgruppe sie eigentlich gedacht sind.

Zu den Experimenten, die sich erfreulicherweise auch auf Öffentliche Bibliotheken in mittleren und kleinen Orten erstrecken, sollte nun die Überprüfung treten. Anlage 13 zum Bibliotheksplan 1973 ordnet die „Wahrnehmung der Bibliothek" mit Recht in den Aufgabenbereich bibliothekswissenschaftlicher Forschung ein.

Vorliegende Ansätze der Wahrnehmungspsychologie verdienen hier unser Interesse. So hat sich Jürgen Bortz mit der Fragestellung beschäftigt, wie Häuserfassaden auf den Betrachter wirken. Nach dem Prinzip des „Polaritätsprofils" arbeitet Bortz mit gegensätzlichen Begriffspaaren, die den Versuchspersonen als Fragebogen vorgelegt wurden:

	3	2	1	0	1	2	3	
heiter								düster
gepflegt								schäbig
muffig								luftig
interessant								uninteressant
eindrucksvoll								nichtssagend
lebhaft								ruhig
wuchtig								zart
übersichtlich								verwirrend
modern								altmodisch
eintönig								vielfältig
aufregend								beruhigend
aufdringlich								zurückhaltend

Die jeweilige Einstufung soll eine Quantifizierung von Erlebnisreaktionen ermöglichen[9].

Das Verfahren könnte, auch wenn Bibliothekare oft genug auf die Fassadengestaltung ihrer Bibliothek keinen Einfluß haben, Bedeutung für die Öffentlichkeitsarbeit gewinnen. So kann man, statt die Wirkung abweisender Fassaden durch möglichst elitäre Veranstaltungen zu potenzieren, durch ein bewußt „einladendes" Programm gegensteuern. Von größter Bedeutung wäre es, falls sich die Methode von Bortz auf den der bibliothekarischen Einflußnahme wesentlich zugänglicheren Bereich der Inneneinrichtung übertragen ließe. Erste Versuche im Rahmen eines Einrichtungsseminars an der Stuttgarter Fachhochschule für Bibliothekswesen zielten auf die Gewinnung geeigneter Gegensatzpaare ab. Als „konservativ", „kostbar", „bürgerlich" und „gediegen" wurde anhand von Dias eine Bibliothek eingestuft, die für Schüler im Alter von 10 bis 20 Jahren konzipiert worden war! Für die Weiterentwicklung der Methode wird eine Zusammenarbeit mit Architekten und Psychologen nötig sein

Soweit drei Aspekte eines gewiß umfassenderen Themas. Bau und Einrichtung der kommunikationsfreundlichen Bibliothek hängen eng mit den Diensten der Bibliothek, mit Bibliotheks- und Kulturpolitik und auch mit der Theorie des Kommunikationsortes Bibliothek zusammen. Ich habe meine Beispiele aus dem Bereich der Öffentlichen Bibliothek genommen, hoffe jedoch, daß der methodische Ansatz einige *generell* für das Bibliothekswesen wichtige Fragen berührt hat.

[9] Bortz, Jürgen: Erkundungsexperiment zur Beziehung zwischen Fassadengestaltung und ihrer Wirkung auf den Betrachter. In: Zeitschrift für experimentelle Psychologie 19 (1972) S. 226–281. (Beiträge zur Anwendung der Psychologie auf den Städtebau. II).

Bedeutung, Aufgaben und Organisation der Fahrbibliotheken in der Bundesrepublik Deutschland

Von

HORST BUSCHENDORF

Die Bedeutung, die der mobile Büchereizweig innerhalb des Bibliothekswesens der Bundesrepublik im Laufe der fünf Jahrzehnte seiner Existenz erlangt hat, läßt sich am besten ermessen, wenn man sich die Meilensteine der Entwicklung vergegenwärtigt.

Die ersten deutschen Fahrbüchereien werden 1926 und 1927 in der Region Worms und im Saargebiet – dort für einen nur vorübergehenden Zweck – eingerichtet. Im Jahre 1928 startet in München eine bereits als Dauereinrichtung geplante Straßenbahnbücherei mit der Devise „Das Buch muß zu den Leuten, nicht umgekehrt" zu ihrer ersten Haltestelle. Noch vor dem Zweiten Weltkrieg folgten die Städte Dresden und Frankfurt mit jeweils einem Bücherbus diesem Beispiel. Nach Beendigung des Krieges wird 1945 zunächst die Münchner Straßenbahnbücherei wieder verwendet. Sie blieb übrigens die einzige Bücherei dieser Art in Deutschland. Dann trägt Amerika wesentlich zum Aufschwung des mobilen Büchereigeschehens bei, indem es den Amerikahäusern Bookmobiles angliedert und diese Wagen für die deutsche Bevölkerung in der Besatzungszone auf die Reise schickt. Erst 1951 werden in Mannheim und München wieder deutsche Bücherei-Fahrzeuge eingesetzt. Von 1954 bis 1956 richten die ersten Mittelstädte – Freiburg, Koblenz, Offenbach und Remscheid – Autobüchereien ein. Anfang 1959 wird beim Deutschen Büchereiverband ein überörtlicher Arbeitskreis „Fahrbibliotheken" gebildet. Bis zum Jahre 1961 dauert es, ehe im Landkreis Rastatt wieder eine Fahrbücherei in einem ländlichen Gebiet tätig wird. Ein neuer Büchereiwagentyp – ein Sattelschleppzug – trägt nach seiner ersten Verwendung in Ludwigsburg entscheidend dazu bei, daß die Entwicklung des fahrbaren Büchereiwesens weiter vorankommt. Etwa 20 Fahrzeuge dieses Typs werden – vor allem von Großstädten – gekauft. In Schleswig-Holstein setzen die Büchereizentralen Flensburg 1962 und Rendsburg 1963 erstmals hauptamtlich geleitete Überland-Fahrzeuge ein. 1963 wird die erste Autobücherei in einer Kleinstadt – Walsum – in Betrieb genommen. Immer mehr werden in den sechziger Jahren Fahrbibliotheken für Spezialdienste verwendet. In verschiedenen Städten – und neuerdings auch in einigen Landkreisen – besuchen Bücherbusse regelmäßig Grund- und Hauptschulen, aber auch Betriebe, Institute, Altenheime und Lehrwerkstätten. Der Fahrzeugbau macht nach wiederholten Gesprächen mit Karosseriebaufirmen Fortschritte und erleichtert den Einsatz der mobilen Büchereien in Stadt und Land. Ab 1970 wird in München das erste dreiachsige Gelenkfahrzeug – 16,5 m lang und mit einem Fassungsvermögen von knapp 7000 Bänden – verwendet. Köln hat inzwischen einen 18 m langen Gelenkwagen in Dienst gestellt. 1972 fördert das Bundesministerium für Bildung und Wissenschaft im Rahmen seines Modellprogramms die Weiterentwicklung durch den Bau eines nach Zeichnung und Beschreibung im Beiheft 76 zum Bibliotheksdienst „Typisierung von Fahrbibliotheken" gestalteten Modell-Bücherwagens – dem Prototyp künftiger deutscher Büchereifahrzeuge. Zwei Jahre lang war dieses Musterfahrzeug – das inzwischen viele Nachfolger gefunden hat – kreuz und quer in der Bundesrepublik unterwegs und dabei in 225 Landkreisen und 65 Städten zu sehen. Der Blätterwald hat nach diesem Einsatz in allen Teilen Deutschlands gewaltig gerauscht; die Presse hat sich überwiegend für den Einsatz mobiler Büchereien ausgesprochen; auf die Verwaltungen hat der Wagen Eindruck gemacht. So konnte die Leiterin dieses Unternehmens – Frau Schrimpf – in ihrem Abschlußbericht feststellen, daß sich nach der Vorstellung des Modell-Fahrzeugs mehrere Stadt- und vor allem Landkreise zur Schaffung einer Fahrbücherei entschlossen hätten. Die Demonstrationsfahrt der Modell-Fahrbibliothek kam – was die notwendige Verstärkung des mobilen Büchereieinsatzes in unserem Lande betraf – gerade zum richtigen Zeitpunkt. Hatten die meisten Länder in ihren Büchereientwicklungsplänen – den Vorläufern der Bibliotheksgesetze – die Fahrbibliotheken als festen und wichtigen Bestandteil der Büchereinetze eingeplant und durchweg den Einsatz fahrbarer Einrichtungen in Gemeinden bis zu 5000 Einwohnern vorgesehen, so werden die Fahrbibliotheken im Bibliotheksplan 1973 als Bibliotheken mit Funktionen der 1. Stufe bezeichnet und erhalten ein genau umrissenes Aufgabengebiet. Bibliotheken der 1. Stufe sind innerhalb des dargestellten Systems in diesem Plan Einrichtungen zur unmittelbaren Deckung des häufig wiederkehrenden Bedarfs an Literatur und anderen Informationsträgern und sollen die Grundversorgung der Bevölkerung gewährleisten. Sie müssen ohne weite Wege erreichbar sein. Diese Grundversorgung soll nach dem Bibliotheksplan in Bereichen mit geringerer Siedlungsdichte und in Randzonen von Ballungsgebieten durch Fahrbibliotheken erfolgen. Gemeint sind sowohl Wohngebiete mit geringerer Einwohnerzahl im Stadtbereich als auch in Gemeinden bis zu 5000 Einwohnern und darüber hinaus in Gemeinden mit zwar höherer Bevölkerungszahl, aber mit weit ausgedehntem Flächen- und Siedlungscharakter und ohne eigentlichen geschlossenen Ortskern. – Die Gebietsreform in verschiedenen Ländern brachte es mit sich, daß bei Eingemeindungen in Städten Überlegungen angestellt wurden, wie man möglichst schnell in den neuen Stadtteilen bibliothekarische Einrichtungen schaffen könnte. Dabei hat man sich in vielen Fällen für den Bau einer Fahrbücherei entschieden. – Landkreise, die seit einiger Zeit eine mobile Bücherei in Teilbereichen einsetzen, mußten eine zweite Einrichtung für restliche Gebiete des Kreises planen, weil die andere Hälfte der Bevölkerung dies forderte.

Bis zum heutigen Tage gibt es in der Bundesrepublik 126 Fahrbibliotheken – davon 51 in Großstädten mit mehr als 250000 Einwohnern, 36 in Städten bis zu 250000 Einwohnern, vier in kleineren Städten um die 50000 Einwohner und 35 in ländlichen Bereichen. In allen Großstädten füllen mittlerweile fahrbare Büchereien die Lücken in den Bibliothekssystemen aus. Im Jahre 1977 wurden lt. Schnellstatistik des DBV in den 126 Fahrbibliotheken über 10 Mill. Bücher ausgegeben, d. h. im Schnitt 80000 Entleihungen pro Bücherei. Der von Jahr zu Jahr beobachtete Aufwärtstrend des mobilen Büchereizweiges ist beachtlich. In der Zeit von 1951 bis 1978 – also innerhalb von 27 Jahren – ist die Zahl der Fahrbibliotheken von drei auf 126 angestiegen. Dabei muß bedacht werden, daß alle diese Einrichtungen mangels bestehender Bibliotheksgesetze bzw. verpflichtender Bestimmungen im Gesetz des Landes Baden-Württemberg auf freiwilliger Basis entstanden sind. Wenn man dazu noch die Vielzahl von Neuplanungen in Stadt und Land kennt, dann kann man wirklich – wie es Rolf Kluth im Handbuch des Büchereiwesens bereits vor Jahren ausgedrückt hat – von einem „Siegeszug" sprechen, den die Fahrbüchereien auch in Deutschland angetreten haben. Der Anschluß an die Ursprungsländer des mobilen Büchereieinsatzes – Amerika und England – ist nun jedenfalls erreicht.

Nachdem es über die wachsende Bedeutung der mobilen Bücherei im deutschen Bibliothekswesen wohl keine Zweifel mehr gibt, sollen die Aufgaben dieses Büchereieinsatzes näher betrachtet und dann die Vor- und Nachteile gegenüber ortsfesten Einrichtungen kritisch geprüft werden. Welche Aufgaben hat nun die Fahrbibliothek in einer Zeit, in der sowohl in städtischen als auch in ländlichen Gebieten stationäre Büchereinetze weiter ausgebaut und dichter gestaltet werden?

1. Die mobile Bücherei soll überall dort eingesetzt werden, wo eine ortsfeste Bibliothek wirtschaftlich unrentabel ist und auch aus bibliothekarischer Sicht nur unbefriedigende Arbeit leisten kann. Dies wird vor allem in kleineren Gemeinden und in dünner besiedelten Stadtrandgebieten der Fall sein.

2. Fahrbibliotheken sind auch in wachsenden Gemeinden und Stadtgebieten sinnvoll und wünschenswert, in denen später eine Standbibliothek geplant ist. Hier wird die fahrbare Bücherei erst einmal zum Meinungsforscher; sie sammelt statistisches Material über Zweckmäßigkeit und Notwendigkeit und leistet bis zur Eröffnung der stationären Einrichtung wichtige Pionierarbeit.

3. Büchereifahrzeuge eignen sich für den Sondereinsatz in Grund- und Hauptschulen, Werken und Instituten, Altenheimen und Lehrwerkstätten. Außerdem können sie zur Betreuung ausländischer Mitbürger Verwendung finden.

Nach der Entwicklung in den letzten beiden Jahrzehnten haben sich die Aufgaben der mobilen Büchereien schwerpunktmäßig etwas verlagert. Während man früher von der für Fahrbüchereien klassischen ,,Ausleihstelle für jedermann" als einziger Möglichkeit des Einsatzes ausging, wird jetzt auch Gewicht auf die Spezialdienste gelegt. Sicherlich wirkt sich dabei die soziale Komponente in Zusammenhang mit der literarischen Betreuung der älteren Generation in Altenheimen aus. Aber auch die pädagogische Überlegung, den Schülern bis zum Schulhof entgegenzukommen, um sie noch während der Schulzeit an den regelmäßigen Besuch der Bücherei zu gewöhnen und so als Leser von morgen zu gewinnen, spielt eine Rolle. Bibliothekare und Lehrer werden dabei schon deshalb Hand in Hand arbeiten, weil die Kinder nicht nur Unterhaltungsliteratur, sondern auch zum Unterricht passende Sachbücher erhalten.

Bei der weiteren Prüfung der Frage nach den Aufgaben der mobilen Bücherei muß wegen der verschiedenartigen Verhältnisse zwischen Groß-, Mittel- und Kleinstädten und ländlichen Bereichen unterschieden werden.

In Großstädten wird es immer Ortsteile geben, die infolge ihres Siedlungscharakters – weit auseinander gezogene Streusiedlungen oder auch zwar dicht besiedelte, aber kleinere Wohngebiete unter 10000 Einwohnern – die Eröffnung einer Standbücherei nicht ratsam erscheinen lassen. Andererseits muß wegen der großen Nachfrage aus allen Bevölkerungsschichten nach Orientierung und Information durch das Buch der Grundsatz gelten, möglichst jeden Ortsteil zu erfassen und dem Leser entgegenzukommen. Bibliothekarische Erfahrung ist dabei, daß mit zunehmender Entfernung die Leseintensität abnimmt. Wenn also schon aus Rentabilitätsgründen nicht in allen Ortsteilen stationäre Büchereien eingerichtet werden können, so muß das Entstehen von Büchereibrachland durch den Einsatz von Fahrbibliotheken verhindert werden. Das Argument, daß mit fortschreitender Motorisierung der Bevölkerung die Tendenz besteht, lieber eine weiter entfernt liegende stationäre Bücherei mit großem Buchbestand aufzusuchen, als die zwar in Wohnungsnähe anfahrende, aber nur mit einer kleineren Auswahl bestückte Fahrbücherei zu benützen, stimmt nur bedingt. Zu bedenken ist doch das Parkplatzproblem in der Nähe großer stationärer Büchereien und die Tatsache, daß viele Leser – auch aus Bequemlichkeitsgründen – eben doch die Büchereinähe dem größeren Buchangebot vorziehen. Vor allem muß auch an ältere Menschen gedacht werden, für die der Weg in eine entfernter gelegene ortsfeste Bücherei sehr beschwerlich wäre, an Kinder, die möglichst keine längeren Strecken mit gefahrdrohenden Straßen und Kreuzungen zurücklegen sollten, aber auch an Hausfrauen und Berufstätige, die sich nach den Anstrengungen des Tages gern weitere Wege ersparen möchten.

Besonders in Großstädten kann die Fahrbücherei vor Planung und Errichtung von Standbibliotheken vorzügliche Schrittmacherdienste leisten. Nach Ablösung durch die später eingerichtete ortfeste Bücherei beginnt sie dann ihre Tätigkeit in einem anderen Stadtgebiet. Aus verschiedenen Städten ist auch der umgekehrte Fall bekannt. Hier wurden unrentable Kleinstbüchereien aufgegeben und durch Haltestellen der Fahrbücherei ersetzt.

In Grund- und Hauptschulen stellt die Fahrbibliothek als mobile Schülerbücherei – bei guter Organisation und ausreichendem Buchbestand – durchaus kein Provisorium dar, sondern kann die wirkungsvollste Lösung überhaupt sein.

Dem in München seit elf Jahren praktizierten Einsatz einer fahrbaren Bücherei in Instituten, Werken und einer Lehrwerkstatt ist nach wie vor großer Erfolg beschieden. Ein derartiger Service bedarf besonderer Überlegungen. Vor allem muß eine Zeit gefunden werden, in der die Mitarbeiter abkömmlich sind, ohne daß der Betriebsablauf gestört wird – z. B. während des Schichtwechsels und der Tischzeiten.

Aus Erfahrung wissen wir, daß sich die ausländischen Mitbürger nur sehr vereinzelt in den Standbüchereien einfinden. Das mag an fehlenden geeigneten Büchern in den Beständen liegen, aber auch daran, daß sie sich unter dem deutschen Publikum nicht so ganz wohl fühlen. Eine mobile Büchereieinrichtung – speziell für sie geschaffen – wäre ihnen sicher sehr recht. Die über zwei Jahre für Gastarbeiter in Duisburg im Rahmen eines weiteren Modellvorhabens des Bundesministeriums für Bildung und Wissenschaft eingesetzte Demonstrations-Fahrbibliothek hat diese Erfahrung jedenfalls gemacht und recht beachtliche Ausleiherfolge erzielt.

Mittelstädte stehen vielfach vor der Entscheidung: entweder Aufbau einer bzw. mehrerer Zweigstellen oder Einrichtung einer Fahrbücherei. Karl-Heinz Schiller – Kulturreferent und Büchereileiter der Stadt Ludwigsburg – hat sich bereits vor Jahren einmal in einem Vortrag zu diesem Problem geäußert. Er meinte, in den meisten Fällen tue man gut daran, sich zunächst einmal für die Fahrbücherei zu entscheiden, weil dadurch mit einem Mal viele Stadtgebiete versorgt werden können. Ergibt sich dann auf Grund der Leser- und Entleihungszahlen, daß an dieser oder jener Stelle der Einsatz der mobilen Bücherei nicht mehr ausreicht, so wird sich das jeweilige Stadtratsgremium wohl am besten durch das von der Fahrbücherei gewonnene Zahlenmaterial von der Notwendigkeit der Einrichtung einer ortsfesten Bücherei überzeugen lassen. Bei Aufgabe eines Haltepunktes gibt es auch in einer Mittelstadt genügend neue Aufgaben und Einsatzmöglichkeiten.

Auch in kleineren Städten steht man oft vor der Alternative: Zweigstelle oder Fahrbibliothek. Im Gegensatz zur Mittelstadt dürfte hier die Entscheidung endgültig sein. Den Ausschlag für die Wahl der Büchereiform werden die örtlichen

Verhältnisse wie räumliche Ausdehnung des Stadtgebietes, Siedlungsstruktur, Straßenverhältnisse u. a. m. geben.

In ländlichen Bereichen setzt sich die Fahrbücherei immer mehr durch, weil sich die meist von Lehrern ehrenamtlich geleiteten Kleinst- und Dorfbüchereien nicht mehr als ausreichend erweisen. Außerdem werden diese Büchereien durch Zusammenlegung von Zwergschulen zu Mittelpunktschulen in zentral gelegenen Orten als Schrankbüchereien in den jetzt verwaisten Dorfschulen mit unzureichendem Bestand vielfach überhaupt nicht mehr betreut. Die Vorteile der großen Auswahl in einer mobilen Bücherei, der Möglichkeit des Anschlusses an den regionalen Leihverkehr und der bibliothekarischen Beratung bei allen Bücherwünschen haben sich besonders da gezeigt, wo Kleinstbüchereien aufgelöst und dafür eine Fahrbibliothek eingesetzt wurde. Die Zunahme der Leser- und Entleihungszahlen übertraf die Erwartungen. Hinzu kommt, daß die Fahrbücherei bei entsprechender Siedlungsstruktur, z. B. in Straßendörfern, mehrfach halten kann, so dem Benutzer entgegenkommt und ihm Wege erspart. „Die häufigsten Gründe zum Einrichten einer Autobücherei" – so hat es Niels Grothe, der Leiter der mobilen Büchereigruppe der Büchereizentrale Flensburg, auf der Fachstellenkonferenz am 30. 9. 1975 in Borkum ausgedrückt – „waren und sind die unübersehbaren weißen Flecken auf der Büchereilandkarte vieler Staatlicher Büchereistellen in der Bundesrepublik." Es ist nur zu hoffen, daß sich die mobile Büchereiarbeit in ländlichen Gebieten – zunächst auch noch ohne verpflichtende Bibliotheksgesetze – möglichst schnell weiter ausdehnt. Während in den meisten Städten Fahrbibliotheken zahlreich und wirkungsvoll in die Büchereisysteme einbezogen sind, gibt es immer noch verhältnismäßig wenig mobile Büchereien auf dem Lande; in manchen Ländern fehlen sie ganz. Dabei könnte der verstärkte Einsatz von fahrbaren Büchereien gerade dort dazu beitragen, den Menschen die bisher fehlende Bildungsmöglichkeit zu eröffnen und damit ihre Chancen in der heutigen Gesellschaft zu verbessern.

Laut „Statistischem Jahrbuch des Jahres 1977 für die Bundesrepublik Deutschland" leben derzeit in Gemeinden unter 5000 Einwohnern 10,5 Mill. Menschen, d. h. 17,1% der deutschen Wohnbevölkerung. In Gemeinden zwischen 5000 und 10000 Einwohnern sind weitere 6,5 Mill., d. h. weitere 10,6%, beheimatet. Wenn wir nun von den Gemeinden bis zu 5000 Einwohnern ausgehen und von den derzeit in ländlichen Gebieten eingesetzten 35 mobilen Büchereien annehmen, daß sie im Schnitt einen Einzugsbereich von 30000 Einwohnern versorgen, dann fehlen bei jetzt nur rund 1 Million versorgten Einwohnern 315 Fahrbücherei-Einheiten für die restlichen 9,5 Millionen. Nur 10% des im ländlichen Bereich in Frage kommenden Personenkreises werden also von Fahrbibliotheken betreut, – ein recht dürftiger Prozentsatz!

Bei vielen Entscheidungen für die Einrichtung einer Fahrbücherei spielt außer den örtlichen Gegebenheiten natürlich auch das Prüfen bzw. Abwägen der Vor- und Nachteile beim Vergleich zwischen fahrbaren und stationären Büchereien eine ausschlaggebende Rolle. Die Vorzüge der Fahrbücherei habe ich an verschiedenen Stellen meines Referates genannt. Lassen Sie mich diese Vorteile hier einmal zusammenfassen. Es sind: Große Beweglichkeit und ein Aktionsradius von mindestens 50 km, die das Erfassen kleinster Ortsteile ermöglichen; die Nähe der Haltepunkte nicht nur für ältere Menschen und Kinder; Eignung für Spezialdienste in Heimen, Schulen und Werken; hoher Wirtschaftlichkeitsgrad beim Einsatz in Gemeinden und Stadtteilen bis zu einer bestimmten Einwohnerzahl bzw. Siedlungsdichte. Meine Wirtschaftlichkeitsberechnungen in der Schrift „Fahrbüchereien – Begriff/Aufgabe/Arbeitsmethode“ – ebenfalls als Beiheft (25/26) zum „Bibliotheksdienst“ erschienen – haben in ihrer Relation auch heute noch Gültigkeit.

Gesehen werden müssen aber auch die Nachteile, die dieser Bibliotheksservice mit sich bringt: Wenn am Fahrzeug repariert werden muß oder eine Wageninspektion fällig ist, dann muß auch die Buchausgabe für Stunden, ja meist Tage ausfallen. Die Leser werden über die dann umsonst zurückgelegten Wege nicht gerade froh sein. Sicher haben sie aber Verständnis dafür, wenn die Ausfälle nicht überhandnehmen – wie es z. B. beim Einsatz überalterter Fahrzeuge wahrscheinlich wäre – und wenn man sie über den Grund des Ausfalls durch eine Mitteilung am Haltestellenschild oder einem anderen vereinbarten Platz verständigt. – Auch Verspätungen des Bücherwagens wegen schlecht befahrbarer Straßen bei Dauerregen, Schnee und Glätte werden sie entschuldigen. – Auf den mit großen Büchereien vergleichsweise kleineren Buchbestand wurde schon hingewiesen. Durch Vormerken und Beschaffen aus Magazinbeständen bis zum nächsten Ausleihtermin bzw. Besorgen im internen oder regionalen Leihverkehr kann dieses Manko wieder etwas ausgeglichen werden. – Die Zeitbegrenzung wirkt sich natürlich erschwerend aus. Im Gegensatz zu Standbüchereien kann der Leser eben nur einmal innerhalb eines bestimmten Zeitraumes und nur während einer relativ kurzen Ausleihzeit seine Medien umtauschen. Die Erfahrung zeigt jedoch, daß er sich schnell an die festgesetzten Stunden gewöhnt und sich für diese Zeit einfach nichts anderes vornimmt. Zu wünschen wäre dem mobilen Büchereibetrieb allerdings eine gewisse Flexibilität bei den Buchrückgabevorschriften und die großzügigere Anerkennung von Entschuldigungsgründen, ehe eine Mahngebühr verlangt wird. – Die Raumenge im Fahrzeug bringt sicher für Benutzer und Mitarbeiter manche Unannehmlichkeit mit sich. Andererseits entstehen oft gerade dadurch gute Kontakte zwischen Besuchern und Bibliothekaren; Dialoge und Beratungsarbeit werden gefördert. – Schließlich haben die Mitarbeiter unter dem Einfluß der Witterung in den feuchtkalten Wintermonaten und an heißen Sommertagen zu leiden. – Oft wird der Einwand gebracht, daß die Fahrbücherei kein geistiges Zentrum sein kann. Auch wenn man positiv zur Autobücherei steht, wird man zugeben müssen, daß selbst ein moderner Wagen mit verhältnismäßig großer Nutzfläche aus Raum- und Zeitgründen nie das geistige Zentrum wird, das voll ausgebaute Büchereien darstellen. Auf der anderen Seite wird sich ein solcher geistiger Mittelpunkt ebensowenig in einer Kleinst- oder Teilzeitbücherei bilden können. Diesen kleineren Büchereien gegenüber hat die Fahrbücherei aber den wesentlichen Vorteil des meist erheblich größeren Buchbestandes und der fachlichen Leitung aufzuweisen, die dort oft fehlt.

Alles in allem glaube ich zur Frage „Erfüllung der bibliothekarischen Aufgaben durch mobile oder stationäre Büchereien" folgendes Resümee ziehen zu können: Von Fall zu Fall wird man in Stadt und Land auf Grund der Fakten – Einwohnerzahl, örtliche Gegebenheiten und Vor- bzw. Nachteile der Fahr- oder Standortbücherei – genau prüfen müssen, welche Büchereiform den Verhältnissen besser entspricht. Die Entscheidung wird wohl einmal so und einmal so ausfallen. Wichtig ist, daß es um der Menschen in städtischen und ländlichen Bereichen willen künftig keine unversorgten Büchereilandschaftsteile mehr gibt. Dazu brauchen wir beide Büchereiformen. Mobile und ortsfeste Büchereien müssen sich in den Bibliotheksregionen gegenseitig ergänzen.

Welche organisatorischen Voraussetzungen müssen nun zur Erfüllung der genannten Aufgaben der Fahrbibliotheken für einen wirtschaftlichen Einsatz, für einen reibungslosen Ablauf des Dienstbetriebes und für bibliothekarisch befriedigende Arbeit gegeben sein?

Ich möchte mit dem Fahrzeug, in welchem sich ja der Ausleihvorgang abspielt und in dem das Personal der Fahrbibliotheken den größten Teil der Dienstzeit beschäftigt ist, beginnen. Vor der Überlegung, welcher Fahrzeugtyp angeschafft werden soll, muß erst einmal das Einsatzgebiet mit seinen örtlichen Gegebenheiten studiert werden. So wenig man bei der Wahl des Fahrzeuges Kosten einsparen soll, weil die Aufwandsminderung beim Kauf eines kleineren Fahrzeuges zu den Einsatzmöglichkeiten eines großen Wagens in keinem Verhältnis steht, so unsinnig wäre es, ein Fahrzeug einzusetzen, das wegen seiner Bauart, Länge, Höhe usw. nur schwer an die gedachten, bestgelegenen Halteplätze kommen kann. Das Zeitalter der Sattelschleppzüge und der ausfahrbaren Großraumwagen gehört der Vergangenheit an. Die Arbeitsbedingungen in Autobussen lassen sich sehr viel besser gestalten als in Sattelfahrzeugen. Die ausfahrbaren Großraumwagen konnten sich deshalb nicht behaupten, weil für ihren Einsatz nur Haltepunkte in Frage kommen, die das Ausfahren auf 4,40 m Breite zulassen, und weil sie außerdem in technischer Hinsicht sehr anfällig sind. Ein dreiachsiger Gelenkzug ist aus fahr- und verkehrstechnischen Gründen nur dort verwendbar, wo bestimmte Voraussetzungen gegeben sind. Der Wagen ist zwar wendig, er kann aber nur schwer rückwärts rangiert werden und braucht für seinen Standplatz eine große Parklücke. Technische Einzelheiten über die jetzt weitgehend vollzogene Standardisierung der Fahrzeugtypen sind im Beiheft 76 zum Bibliotheksdienst „Typisierung von Fahrbibliotheken" nachzulesen. – Die meisten Omnibus-Herstellerfirmen, aber auch Fuhrparks und Verkehrsbetriebe sind auf Anfrage bereit, Musterfahrzeuge zur Verfügung zu stellen, mit denen das voraussichtliche Einsatzgebiet abgefahren werden kann. – Beim Aufbau und der Einrichtung von Fahrbibliotheken ist entscheidend, daß die im Beiheft beschriebenen wichtigsten Anforderungen an einen modernen Bücherwagen – viel Nutzfläche, vorteilhafte Raumeinteilung, günstige Arbeitsverhältnisse und Formschönheit – verwirklicht werden. Der Preis für die in der Schrift dargestellten Autobus-Typen von 10 bis 12 m Länge mit einem Fassungsvermögen zwischen 3500 und 5000 Bänden bewegt sich derzeit zwischen 220000 und 270000 DM. Von der in früheren Jahren oft wahrgenommenen Möglichkeit, auf Gebraucht-Fahrgestellen aufzubauen, möchte ich eindringlich abraten. Man spart zwar zunächst Anschaffungskosten, zahlt dafür aber Jahr für Jahr hohe Reparatursummen, hat außerdem bald Ersatzteilschwierigkeiten und muß viele Ausfälle in Kauf nehmen.

Für das reibungslose Funktionieren des Fahrbüchereibetriebes ist ein ausgebauter Stützpunkt mit ausreichenden eigenen Büro- und Magazinräumen und einer Garage von besonderer Wichtigkeit. Dazu eine bedeutsame Feststellung: Es ist nicht ratsam, fahrbare und ortsfeste Büchereien in personeller, räumlicher und buchbestandsmäßiger Hinsicht als eine Einheit zu betrachten. Die Fahrbücherei soll eine selbständige Einrichtung sein. Wird auch die organisatorische Verschmelzung abgelehnt, so wäre es aus verschiedenen Gründen zweckmäßig, Arbeitsräume und Garage an die Hauptbücherei oder eine größere Zweigstelle anzuschließen. Die mobile Bücherei hätte dann bei spezielleren Bücherwünschen die Möglichkeit, auf den Bestand der stationären Bücherei zurückzugreifen. Bei Ausfall eines Mitgliedes der Bus-Besatzung könnte dann leichter eine Arbeitskraft der Standbücherei einspringen. – Eine Voraussetzung für die stete Einsatzbereitschaft und den guten Zustand des Wagens ist die Unterbringung in einer Garage. Wenn irgend möglich, sollten Arbeits-, Magazinräume und Garagen nahe zusammen, besser noch miteinander verbunden sein. Außerdem wäre daran zu denken, daß zu einem idealen Stützpunkt eine Beladerampe, eine Waschanlage für das Fahrzeug, ein Raum für kleinere Reparaturen mit Reparaturgrube und Platz zur Lagerung von Ersatzteilen sowie eine Sprechverbindung zwischen Arbeitsräumen und Garage gehören. Wie wir in München wissen, ist es vor allem beim Einsatz mehrerer Fahrzeuge sehr vorteilhaft, Arbeitsräume und Fahrzeuge im Fuhrpark bzw. in einem Omnibusbetriebshof unterzubringen, weil dort bei auftretenden Schäden sofort erste technische Hilfe geleistet werden kann und wo nach einem abzuschließenden Wartungsvertrag mit dem Fuhrpark oder den Verkehrsbetrieben die regelmäßige Fahrzeugbetreuung möglich ist. Wenn die Alternative lautet: komfortablere Büroräume und keine bzw. eine weit abgelegene Garage oder weniger ansprechende Räume und die Garage in unmittelbarer Nähe, dann ist der letzteren Möglichkeit der Vorzug zu geben. Viel der gerade in Fahrbüchereien kostbaren Zeit geht verloren, wenn das Fahrzeug zwischen Garage und Arbeitsräumen täglich eine größere Wegstrecke zurücklegen muß.

Der Buchbestand der Fahrbibliothek soll mindestens 12000 Bände betragen; das wäre etwa das dreifache der Kapazität eines großen Wagens. Nach den im Teil „Fahrbibliotheken" der Schnellstatistik 1977/78 des DBV/AfB enthaltenen Angaben ist diese auch im Gutachten der Kommunalen Gemeinschaftsstelle für Verwaltungsvereinfachung gestellte Mindestforderung in den meisten mobilen Büchereieinrichtungen erfüllt, ja sie wird vielfach weit übertroffen. Nur ein ausgebauter, alle Sachbuchgruppen umfassender und im Fahrzeug übersichtlich aufgestellter Buchbestand gibt die Gewähr dafür, daß die Leseintensität anhält und sich immer wieder neue Leser anmelden. In einer Fahrbücherei ist bei der Zusammenstellung des Erwachsenenbestandes Titelbreite der Staffelung vorzuziehen. Bei fahrbaren Jugendbüchereien wird man dagegen sehr stark staffeln müssen. Zweckmäßig in einer mobilen Bücherei mit jugendlichen und erwachsenen Lesern ist eine Gliederung des Fahrzeugbestandes in ein Drittel Romane, ein Drittel Sachbücher und ein Drittel Jugendbücher. Die Tendenz zum Sachbuch aus allen Gebieten ist auch in den deutschen Fahrbüchereien zu erkennen. Infolge der hohen Verschleißquote in mobilen Büchereien muß bei dem angegebenen Mindestbestand ein jährlicher Anschaffungsbetrag für ca. 1800 Bände, d. h. 15% des Bestandes als Buchersatz und zur Ergänzung bereitstehen. Die Mehrzahl der eingesetzten Fahrbibliotheken führt Zeitschriften mit. Die Erfahrungen mit der Zeitschriftenausleihe sind durchweg positiv. Für manchen Erstbesucher sind die Zeitschriften sogar Hauptanlaß, sich anzumelden. Seit kurzem werden verschiedentlich auch Kassetten mit Erfolg ausgegeben. Besonders Kinder und Jugendliche fragen danach. Für den Beratungsdienst ist es meiner Meinung nach wichtig, daß im Fahrzeug Platz für eine alphabetische, systematische oder auch Titelkartei vorhanden ist. Es empfiehlt sich, von Zeit zu Zeit Auswahlverzeichnisse zusammenzustellen und dem Leser zum häuslichen Studium mitzugeben.

Die Personalausstattung und -auswahl ist sehr entscheidend für den Einsatz einer mobilen Bücherei. Die Zahl der benötigten Arbeitskräfte hängt im wesentlichen von der erreichten jährlichen Entleihungszahl, von den dadurch notwendig werdenden wöchentlichen Ausleihstunden und der Höhe des Buchbestandes ab. Im Laufe der Jahre sind in den KGSt-Gutachten und in Publikationen verschiedene Berechnungen über Personalbemessung angestellt worden. Am nächsten kommt man den Erfordernissen immer noch, wenn man das jährliche Entleihungsergebnis zugrunde legt. Zu den für Standbüchereien genannten Normen muß für mobile Büchereien auch noch die Fahrtdauer bedacht werden, die ja eine verlorene Arbeitszeit ist. Bei dem erheblich größeren Verschleiß der Bücher in einer fahrenden Bücherei fällt außerdem eine Vielzahl kleinerer Reparaturen an, so daß der Buchpflegedienst verstärkt werden muß. Der Fahrer einer mobilen Bücherei gehört zum Büchereipersonal und sollte nicht einer anderen Dienststelle unterstehen. Beim Studium der Schnellstatistik kann man feststellen, daß viele Fahrbibliotheken im Verhältnis zu den Entleihungszahlen unterbesetzt sind. Die Mindestausstattung einer Fahrbibliothek mit einer jährlichen Entleihungszahl zwischen 70000 und 80000 Bänden sollte aus einem Bibliothekar, zwei Mitarbeitern für den buchtechnischen und Buchpflegedienst und einem Fahrer bestehen. Außerdem muß immer wieder nachdrücklich gefordert werden, die mobilen Büchereien – wie Standbibliotheken auch – mit Fachkräften zu besetzen und von Bibliothekaren leiten zu lassen. In allen Publikationen wird übereinstimmend erklärt, daß sich die bibliothekarische Arbeit in Fahrbüchereien durch besondere Verantwortung auszeichnet. Sie erfordert von den Kollegen organisatorisches Talent, ein hohes Maß an Selbständigkeit und bei den oft nicht oder nur unzureichend vorhandenen Hilfs- und Nachschlagemitteln umfassende Buch- und Titelkenntnisse. Außerdem müssen sie in körperlicher Hinsicht den Anforderungen in der Autobücherei gewachsen sein. Zur Entlastung der Bibliothekare sollten tüchtige und zuverlässige Büchereiangestellte gefunden werden. Für den Betrieb einer Fahrbücherei ist es wichtig, einen Fahrer zu haben, der nicht nur handwerkliches Geschick sowie gute Fahr- und Motorkenntnisse hat, sondern auch in der Lage ist, während des Ausleihdienstes büchereitechnische Arbeiten bei der Buchrückgabe bzw. -ausgabe einwandfrei zu erledigen.

Oft schon war davon die Rede, und es soll auch an dieser Stelle wiederholt werden, daß die derzeitige tarifrechtliche Einstufung der Bibliothekare und Leiter von Fahrbibliotheken nicht den genannten Anforderungen entspricht. Aber solange die seit geraumer Zeit geplanten und immer wieder verschobenen Tarifverhandlungen für die Berufsgruppe der Bibliothekare nicht in Angriff genommen werden, ist auch die in den Entwürfen der Tarifkommissionen in Verbänden und Gewerkschaften vorgesehene gerechte Einstufung der Bibliothekare in Fahrbibliotheken nicht zu erwarten. Für die Verwaltungsangestellten müssen nach einer Anfangseinstufung in BAT VergGr. VIII Aufrückungsmöglichkeiten bestehen. Fahrer im Angestelltenverhältnis sollten die BAT VergGr. VII erhalten.

Der Erfolg in Fahrbibliotheken hängt natürlich sehr von einem durchdachten und ausgewogenen Ausleihprogramm ab. Dabei sind 1. Zahl der Haltestellen, 2. Besuchsturnus, 3. Zahl der Ausleihstunden pro Woche, 4. Länge der Haltezeiten von entscheidender Bedeutung. Diese Punkte müssen für einen mobilen Büchereiservice, der die Wirtschaftlichkeit und die reibungslose Abwicklung dieses Dienstes gewährleisten soll, bereits bei der Planung genau geprüft und später immer wieder verändert und verbessert werden. Die Rentabilität erhöht sich selbstverständlich mit der Ausnutzung der Kapazität einer mobilen Bücherei und dem damit verbundenen Anwachsen der jährlichen Entleihungszahl. Die Untersuchung der Rentabilitätsfrage wird meist zu dem Ergebnis führen, daß die Fahrbibliotheken wirtschaftlicher als Kleinst- und Teilzeitbüchereien arbeiten. Dabei ließe sich in manchen fahrbaren Büchereien noch kostensparender arbeiten, wenn die anfallenden büchereitechnischen Arbeiten vereinfacht würden und wenn die Verwaltungen von mancher Forderung hinsichtlich Kassenführung, Gebührenerhebungen, schwerfälliger Verbuchungsverfahren, statistischer Arbeiten und Buchabschreibungen absehen könnten. Sehr zugute käme den mobilen Büchereien, wenn die Buchbearbeitung von zentraler Stelle aus erfolgen würde.

Noch ein Wort zum Thema Werbung und Öffentlichkeitsarbeit. Für den Einsatz einer Fahrbücherei ist bereits vor dem Start eine intensive Werbung zu betreiben. Aber auch nach der Eröffnung muß der Bevölkerung immer wieder auf jede nur mögliche Weise die mobile Büchereieinrichtung ins Bewußtsein gerufen werden. Schon das Fahrzeug selbst kann mit in Farbe, Beschriftung, Signet und Schaukasten gelungener Außengestaltung ein gutes Werbemittel sein. Auch die Haltestellenschilder lenken die Aufmerksamkeit der Bevölkerung auf die Bücherei. Sonst gibt es viele Möglichkeiten der erfolgreichen Werbung: enger Kontakt mit der lokalen Presse, Aufstellung des Bücherwagens während kultureller Veranstaltungen, Vorführen des Büchereifilmes bei Bezirksversammlungen und – nicht zuletzt – informative oder auch originelle, jedenfalls aber gelungene Prospekte, die an die Einwohner verteilt werden.

Das Fazit all dieser Feststellungen und Überlegungen zum Einsatz einer Autobücherei lautet: Die Aufgaben der Fahrbibliothek können nur zufriedenstellend gelöst werden, wenn ein den örtlichen Verhältnissen entsprechendes Fahrzeug mit möglichst viel Nutzfläche und Stellraum zur Verfügung steht, wenn die Unterbringung der Bücherei in einem Stützpunkt mit geeigneten Arbeits- und Magazinräumen und einer Garage möglich ist, wenn ein ausreichender, alle Sachgruppen umfassender Buchbestand vorhanden ist, wenn eine gut aufeinander eingespielte, einsatzfreudige Besatzung gefunden wurde, wenn eine funktionierende Organisation und ein ausgewogenes Ausleihprogramm den reibungslosen Dienst- und Ausleihbetrieb gewährleisten und wenn durch gezielte

Werbemaßnahmen immer wieder auf die mobile Büchereieinrichtung hingewiesen wird.

Wie sieht es nun mit der weiteren Entwicklung der fahrbaren Büchereien in der Bundesrepublik aus? Neuplanungen gibt es an vielen Orten; die Zuschriften an die Beratungsstelle für Fahrbibliotheken beweisen es. Sie beweisen aber auch, daß es vorwiegend in Mittelstädten und ländlichen Bereichen noch viele Fragezeichen zur Planung und Organisation mobiler Büchereien gibt. Dabei dürfte dies nach der Einrichtung der Beratungsstelle für Fahrbibliotheken, dem Vorhandensein verschiedener Publikationen als Arbeitshilfen, aber auch der Erfahrungsberichte anderer Städte und Landkreise sowie durch die nun mögliche Betrachtung des Büchereifilmes und der Teilnahme an Veranstaltungen wie bei diesem Kongreß kein Vorhaben mit sieben Siegeln mehr sein. Für den weiteren Ausbau des mobilen Büchereizweiges in Deutschland ist die Existenz dreier Einrichtungen von großer Wichtigkeit, auf die ich noch etwas ausfürlicher zu sprechen kommen möchte.

Zuerst darf ich die bei der Arbeitsstelle für das Bibliothekswesen, Berlin, eingerichtete Kommission „Fahrbibliotheken" mit Sitz in München nennen. Diese Kommission ist aus dem 1959 gegründeten Arbeitskreis „Fahrbüchereien" hervorgegangen. Der Unterschied in der Zusammensetzung besteht darin, daß für den Arbeitskreis die Mitgliedsinstitute des Deutschen Bibliotheksverbandes Vertreter vorschlagen konnten, während die Mitglieder der jetzigen Kommission von der Arbeitsstelle für das Bibliothekswesen berufen werden. Damit ist gewährleistet, daß man es nicht immer wieder mit neuen Kollegen zu tun hat. Für die Arbeit der Kommission wirkt sich dies, wie ich als ihr Vorsitzender weiß, sehr förderlich aus. Die Kommission setzt sich nun aus vielen Fachleuten verschiedener Bundesländer zusammen, die sich im Rahmen ihrer beruflichen Tätigkeit ständig mit Aufgaben und Einsatz mobiler Büchereien in Stadt und Land befassen. Sie treffen sich in regelmäßigen Zeitabständen mehrmals im Jahr und besprechen Probleme der Fahrbibliotheken. Die Hauptaufgabe der Kommission besteht – gemäß Statut der Arbeitsstelle – darin, fachkundliche Materialien zu sammeln, diese auszuwerten und in Publikationen, Aufsätzen und Vorträgen dem Büchereiwesen zugänglich zu machen. Die Kommission erstattet der Arbeitsstelle für das Bibliothekswesen über alle Besprechungen Bericht.

Seit dem 15. September 1976 steht der Kommission der neu eingerichtete „Informations- und Beratungsdienst Fahrbibliotheken" mit Sitz in Gröbenzell bei München zur Seite. Im Rahmen der Modellvorhaben des Bundesministeriums für Bildung und Wissenschaft ist damit eine langgehegte Idee der Kommission verwirklicht, die auch von der Arbeitsstelle für das Bibliothekswesen für gut und notwendig befunden wurde. Hauptaufgabe dieser Stelle ist es, über alle Probleme und Fragen Auskunft zu geben, die das mobile Büchereiwesen betreffen.

Weitere Aufgaben sind: Sammeln und in Zusammenarbeit mit der Kommission Auswerten bzw. Veröffentlichen fachkundlicher Materialien, Sammeln und Bekanntgeben von Neuerungen auf dem Gebiet des Fahrzeugbaues, Vortragen der Probleme mobiler Büchereieinrichtungen in städtischen und ländlichen Bereichen anläßlich von Kommissionstagungen, Mithilfe bei der Vorbereitung von Tagungen und Veranstaltungen des mobilen Büchereiwesens, Kontaktstelle für ausländische Fahrbüchereisysteme und der Arbeitsgruppe Fahrbibliotheken bei der IFLA. Damit die Verbindung zur Kommission ,,Fahrbibliotheken" gewährleistet ist, wurde ein Mitglied dieser Kommission als Leiterin der Informations- und Beratungsstelle berufen. Den Planern von Fahrbibliotheken sowie interessierten Dienststellen und Kollegen, die sich über die Einrichtung oder den Arbeitsablauf einer mobilen Bücherei informieren wollen, wird empfohlen, sich in allen einschlägigen Angelegenheiten an den Beratungsdienst zu wenden. Die Leiterin hat zur Erfüllung ihrer Aufgaben feste Dienst- und Sprechzeiten eingerichtet und ist jeden Dienstag, Mittwoch und Donnerstag von 8.00 bis 13.00 Uhr auch telefonisch erreichbar.

Sowohl der Kommission ,,Fahrbibliotheken" als auch der Leiterin der Informations- und Beratungsstelle ist es jederzeit möglich, die Arbeitsstelle für das Bibliothekswesen um Maßnahmen zu ersuchen, die dem gesamten deutschen Fahrbüchereiwesen nützlich sind.

Damit habe ich auch schon die dritte und wohl auch wichtigste überörtliche Stelle angesprochen. Die Arbeitsstelle für das Bibliothekswesen in Berlin ist eine Einrichtung des Deutschen Bibliotheksverbandes. Sie übernimmt die notwendige vermittelnde Funktion, sorgt für die Aufnahme wichtiger Artikel und Mitteilungen in die Fachzeitschrift ,,Bibliotheksdienst" des Deutschen Bibliotheksverbandes, gibt Publikationen über Fahrbibliotheken in Beiheften zum ,,Bibliotheksdienst" heraus, veröffentlicht in der jährlichen Schnellstatistik in dem Sonderteil ,,Fahrbibliotheken" die Ergebnisse dieser Bibliotheken und in dem alle zwei bis drei Jahre erscheinenden ,,Handbuch der Öffentlichen Bibliotheken" ein Sonderverzeichnis ,,Fahrbibliotheken" mit den wichtigsten technischen und organisatorischen Angaben über die einzelnen Einrichtungen in Stadt und Land. Die Arbeitsstelle hat auch die Möglichkeit, Fortbildungsseminare zu veranstalten, die einem Berufszweig sehr zustatten kommen. So wurde in der Zeit vom 28. bis 30. 10. 76 ein gut besuchtes und informatives Fortbildungsseminar ,,Mobile Bibliotheksarbeit" durchgeführt. Sie verhandelt außerdem mit dem Bundesministerium für Bildung und Wissenschaft über Maßnahmen im Rahmen des ministeriellen Förderungsprogramms.

Die Arbeit der Kommission ,,Fahrbibliotheken" und der Arbeitsstelle für das Bibliothekswesen hat auf diesem Bibliothekssektor in den letzten fünf Jahren eine wirkungsvolle Unterstützung durch die Finanzierung der verschiedenen bereits beschriebenen Projekte im Rahmen des Förderungsprogramms des Bundesministeriums für Bildung und Wissenschaft erfahren.

Für die Erweiterung des mobilen Büchereiwesens in Deutschland ist von entscheidender Bedeutung, daß die meisten Länder von der Notwendigkeit des Einsatzes von Fahrbibliotheken in ihren Bereichen überzeugt sind und sich auch durchweg bereit erklären, Starthilfen durch erhebliche Zuschüsse zur Erstausstattung und zum laufenden Unterhalt zu gewähren.

Sicherlich können wir nach dem enormen Aufschwung in den letzten beiden Jahrzehnten heute mit einigem Stolz sagen, daß die Fahrbibliothek auch in deutschen Landen zu einem wirkungsvollen und selbstverständlichen Werkzeug bibliothekarischer Arbeit geworden ist. Sie ist keine nur vorübergehende Modeerscheinung, sondern ein wesentlicher und nicht mehr wegzudenkender Bestandteil des deutschen Bibliothekswesens. Wenn wir aber an die vielen noch unversorgten Gebiete unserer Büchereilandschaft denken, dann besteht kein Grund, uns auf den Lorbeeren auszuruhen. Im Gegenteil, viele gemeinsame Anstrengungen werden künftig nötig sein, die Träger von Fahrbibliotheken – also vorwiegend die Stadt- und Landkreise – davon zu überzeugen, daß sie geradezu verpflichtet sind, durch den Einsatz mobiler Büchereien einen wichtigen Beitrag zur Information, zur Weiterbildung und damit zur Chancengleichheit der Menschen in ihren Bereichen zu leisten.

Die Fachhochschulen und ihre Bibliotheken

Von

JOHANNES UTHOFF

Mein Thema ist so formuliert, daß man geneigt sein könnte, den Sachverhalt enzyklopädisch abzuhandeln. Eine Gesamtdarstellung mit Datensammlung würde allerdings weder besonders gut für einen Vortrag geeignet sein, noch würde man dazu den Rektor einer Fachhochschule hören oder lesen wollen. Mir liegt jedenfalls näher, das Thema exemplarisch zu nehmen, aus eigenen Erfahrungen und insbesondere aus der Sicht des in der Selbstverwaltung Tätigen, nicht aber als Bibliotheksspezialist zu berichten. Mein Gegenstand ist also der Aufbau der Bibliothek an der Fachhochschule Frankfurt am Main, und ich hoffe, daß genügend Probleme angesprochen werden, die allgemeinen Charakter haben. Aus Gründen, die im Nachfolgenden bald deutlich werden, will ich übrigens nicht den Eindruck entstehen lassen, das Beispiel Frankfurt sei musterhaft; es bleibt ein Beispiel, und wie typisch, können eher die Zuhörer entscheiden.

Die Bedingungen, unter denen an Fachhochschulen Bibliotheken aufgebaut werden können, hängen eng mit den Prinzipien zusammen, nach denen Fachhochschulen errichtet werden. Es lassen sich drei Grundmuster beschreiben, von denen es natürlich Abwandlungen gibt:

a) Jede der früheren Ingenieur- oder Höheren Fachschulen wurde selbständige Fachhochschule (z. B. Baden-Württemberg, Bremen). In diesem Fall entstehen viele relativ kleine Fachhochschulen (oft weniger als 1000 Studenten); fachlich sind sie einseitig.

b) Alle Ingenieur- und Höheren Fachschulen günstigstenfalls einer Stadt, ungünstigeren Falles einer mittelgroßen Region werden zu einer Fachhochschule zusammengefaßt (z. B. Hessen, Nordrhein-Westfalen). In diesem Fall entstehen größere Einheiten (mit beispielsweise 3000–4000 Studenten), und das fachliche Spektrum ist breit.

c) Alle Ingenieur- und Höheren Fachschulen eines Landes werden zur Fachhochschule des Landes zusammengefaßt (z. B. Rheinland-Pfalz). In diesem Fall entsteht eine große Hochschule, die allerdings aus mehreren wiederum ziemlich selbständigen Abteilungen besteht.

Ich glaube, daß relevante Bibliothekseinheiten da entstehen können, wo etwa 3000 und mehr Studenten mit ihren Lehrern und den Mitarbeitern versorgt werden müssen und eine gewisse fachliche Vielfalt gegeben ist. Von daher erscheint mir die hessische Organisationsform der Fachhochschulen günstig. Als Beispiel nenne ich Frankfurt am Main mit 10 Fachbereichen (Bauwesen, Maschinenwesen, Sozialwesen, Wirtschaft), 3500 bis 4000 Studenten und zwei Standorten in der Stadt.

Eine neben dem Konstruktionsprinzip der Fachhochschule wichtige Frage ist die nach der Zuständigkeit für die Bewirtschaftung der Haushaltsmittel bzw. dem der Fachhochschule gewährten Spielraum. Die hessischen Fachhochschulen haben, wie viele, jedoch nicht alle anderen, ein eigenes Kapitel im Landeshaushalt und können die ihnen vom Gesetzgeber zugewiesenen Mittel selbständig ausgeben. Die Bibliotheksmittel sind mit anderen in der Titelgruppe für „Lehre und Forschung" zusammengefaßt. Wenig Einfluß hat die Hochschule auf die Höhe des Gesamtansatzes, während sie bei der Verteilung innerhalb der Titelgruppe, da die Posten gegenseitig deckungsfähig sind, den notwendigen und vertretbaren Spielraum schaffen kann.

Sind die so beschriebenen Voraussetzungen günstig zu nennen, so waren doch die Ausgangsbedingungen einfach schlecht. Im hessischen Fachhochschulgesetz von 1970 kamen Bibliotheken überhaupt nicht vor (um so bemerkenswerter, als im gleichzeitig entstandenen hessischen Universitätsgesetz die Bibliotheken mit einem eigenen Ständigen Ausschuß – dieser ist nach hessischem Universitätsrecht das zentrale beschlußfassende Gremium – eher überorganisiert waren!). Die gleiche Vergeßlichkeit kennzeichnete den ersten (damals noch Doppel-) Haushalt für die Jahre 1971 und 1972, der noch vor Errichtung der Fachhochschulen und ohne ihr Zutun entstand. Er enthielt pro Jahr ganze DM 5000,– für wissenschaftliches Schrifttum. Auf den Studenten umgerechnet waren das knapp zwei Mark, weniger als der Preis eines Taschenbuches (1971!). Die Umrechnung der DM 5000,– auf die Studenten war jedoch insofern nicht erlaubt, als es sich bei diesem Betrag um die Zusammenfassung der Ansätze der Vorgängereinrichtungen für die Dozentenbüchereien handelte. Für die Studenten war gar nichts vorgesehen. Die Studierenden der früheren Ingenieur- und Höheren Fachschulen hatten Lehrmittelfreiheit – die nun, da wir doch Hochschule geworden waren, wegfiel; und da die Mittel dafür im Landeshaushalt an anderer Stelle zusammengefaßt waren, fanden sie in den Fachhochschulkapiteln keine Entsprechung. Folgerichtig gab es auch keine Stellen.

Die vier Halbtagskräfte – nur eine davon Fachkraft –, die wir aus den fünf Vorgängereinrichtungen übernahmen, wurden auf Stellen der zentralen Verwaltung geführt. Soweit wir diese Zahl in der Folgezeit erhöhen konnten, mußte dies ebenfalls zu Lasten von Verwaltungsstellen geschehen. Das Fachhochschulgesetz von 1978 kennt nun auch Bibliotheken als zentrale Betriebseinheiten. Welche Konsequenzen das für Stellen im Haushaltsplan haben wird, ist allerdings noch nicht abzusehen. Erste Sachmittel konnten übrigens noch mit einem Nachtragshaushalt bereitgestellt werden, und inzwischen haben wir – mindestens vorübergehend – DM 100 pro Student ausgebracht.

An Buchbeständen übernahmen wir die – von den Halbtagskräften betreuten – Dozentenbibliotheken und die Bestände aus der Lehrmittelfreiheit, die am Semesterbeginn in „Klassensätzen" ausgegeben und am Semesterende wieder eingesammelt werden. Ausleihe aus der Dozentenbibliothek durch Studenten war in den Ingenieurschulen nicht vorgesehen, ein großer Teil der Bestände war in Dauerausleihe – praktisch im Besitz von Dozenten. Nur beim späteren Fachbereich Sozialarbeit und, daran teilweise orientiert, beim Fachbereich Wirtschaft gab es eine bibliotheksgerechte Bewirtschaftung der vorhandenen Bücher. 2500 Studenten, 150 Fachhochschullehrer, 60 Mitarbeiter, 4 Halbtagskräfte für den Bibliotheksbereich, Bücher verteilt auf sieben verschiedene Stellen, keine gesetzliche Handhabe, keine Berücksichtigung im Haushaltsplan – damit mußten wir anfangen.

Unter diesen Umständen bedeutete die Entscheidung, die Bibliothek als „zentrale Einrichtung" anzusehen, zunächst nicht mehr als das Zusammenfassen von Büchern und Personal der bestmöglichen Ausnutzung und Auslastung wegen. Dies ließ sich – insbesondere und zuerst bei den Ingenieuren – schon deswegen durchsetzen, weil es für die einzig denkbare Alternative, die Zuordnung zu den Fachbereichen, ebenfalls wenig Personal gab: Die Ingenieurfachbereiche mußten sich zunächst zu mehreren und mit einer Halbtagssekretärin zufrieden geben. In dieser Beziehung etwas günstiger waren die „buchwissenschaftlichen" Fachbereiche gestellt. Aus diesem Grunde und wegen doch recht verschiedener Grundauffassungen in den Fachbereichen Sozialwesen einerseits und Wirtschaft andererseits lebte insbesondere bei letzterem die Idee der Zuordnung der Bibliothek zum Fachbereich länger. Inzwischen sind die Bibliothekseinrichtungen an den beiden Standorten jeweils vollständig zusammengefaßt.

Daß wir diese beiden Bereichsbibliotheken von Anfang an als Teile *einer* zentralen Einrichtung aufgefaßt haben wollten – Beschaffung, Katalog, Organisation usw. sind seither aufeinander abgestimmt –, ergab sich schon daher, daß wir für die Zusammenfassung der Teilbuchbestände bei den Ingenieuren auf den Sachverstand unserer einzigen Bibliothekarin aus dem Fachbereich Sozialarbeit nicht verzichten konnten. Es war insbesondere das Beispiel der von ihr organisierten Teilbibliothek, aus dem sich die Ansprüche an die Bibliothek der Fachhochschule ergaben. Im Organisatorischen ließ sich das mit den zunächst zwei Halbtagskräften überhaupt nicht zufriedenstellend lösen. Katalogisierung der Altbestände, der Zugänge und Ausleihe mußten in der Weise untereinander leiden, daß zunächst das Mißvergnügen allgemein war. Gleichwohl mußte der Weg doch wegführen von den Schüler- und Lehrerbibliotheken, aus denen die

Schüler vorgeschriebene Bücher entgegenzunehmen hatten, während der Lehrer mit dem freien Zugang (eigener Schlüssel!) zum speziellen Fachbuch dem Studierenden etwas voraus hatte, das er nicht selten als Informationsvorsprung auch behalten wollte. Neben der allmählichen Verbesserung auf der organisatorischen Seite der Versorgung mußten also neue Beschaffungskriterien Platz greifen.

Neben die Beschaffung der Literatur für die Lehrveranstaltungen („Klassensätze“ gibt es nach Wegfall der Lehrmittelfreiheit nicht mehr; die Unterrichtsform ist aber oft noch unverändert; dieses Problem ist ungelöst!) und der Basisliteratur nunmehr für alle tritt die Beschaffung von Literatur über die Berufsfelder, zu Problemen der gesellschaftlichen Relevanz des beruflichen Handelns, über Bildungspolitik. Die letztgenannten Anforderungen kommen aber nun nicht – wenigstens in der Regel nicht – aus dem Kreis der Lehrenden. Es muß also Sorge getragen werden, daß nicht ein allzu kurzsichtiges Verbraucherinteresse allein die Beschaffungspolitik bestimmt. Es war mithin eine Organisationsform zu schaffen, die es ermöglichte, den verschiedenen Interessen zu entsprechen.

Ich beschreibe sogleich den nunmehr bestehenden Zustand. Da, wie schon erwähnt, das alte Fachhochschulgesetz eine Bibliothek nicht kannte, da es aber auch die Organisationsform „zentrale Einrichtung“ oder Vergleichbares nicht enthielt, sondern nur den Rektor (das Organ!) und seine (Einheits-) Verwaltung einerseits und die Fachbereiche andererseits, war die gefundene Lösung auf breiten Konsens angewiesen. Dieser konnte, auch wenn es manchmal etwas länger dauerte und nicht über den kürzesten Weg ging, schließlich doch immer erreicht werden –, obwohl die Interessen vieler Betroffener auch zu ihrem Nachteil berührt wurden. Ich sehe darin ein Beispiel für Bewährung der Selbstverwaltung. Die Bibliothek untersteht dem Rektor (oder bei entsprechender Aufgabenverteilung dem Prorektor als ständigem Vertreter des Rektors). Sie steht neben den Verwaltungsabteilungen (Personal, Haushalt usw.). In einem Beirat sind die Fachbereichsgruppen mit Lehrenden und Studenten sowie die Bibliothek mit Mitarbeitern vertreten. Ggf. ist der Beirat beschlußvorbereitender Ausschuß des Rates (des kleinen zentralen Beschlußorgans). Eine unmittelbare Zuständigkeit der Fachbereiche gibt es nicht. Die Mittel werden zentral – durch den Rat – zugewiesen. Einen kleinen Teil der Mittel erhalten die Fachbereiche für Präsenzbibliotheken (Literatur, die in Labors gebraucht wird, usw.); auch diese Bücher werden zentral beschafft und in den Zentralkatalog aufgenommen. Mit dem größeren Teil der Mittel, die die Bibliothek erhält, werden Bücher auf Anforderung der Fachbereiche beschafft. Über einen kleineren Teil kann die Bibliothek direkt verfügen; er erhöht sich um die Mittel, über die die Fachbereiche an bestimmten Verfallstagen nicht verfügt haben.

Nach wie vor unbefriedigend – wenn auch mit eigenen Kräften so gut wie möglich verbessert – sind personelle und räumliche Situation. Insbesondere Leseräume waren in den Vorgängereinrichtungen – wo man mittags nach Hause ging – nicht oder unzureichend vorhanden und konnten (ohne Neubaumaßnahmen) nur in bescheidenstem Umfang eingerichtet bzw. erhalten werden.

Abschließend einige Aspekte, die bei der Arbeit im Bibliotheksbereich von Fachhochschulen künftig mit zu berücksichtigen wären:

1. Die Bibliotheken sind für die Literaturversorgung aller Fachhochschulangehörigen da. Praktisch haben zunächst Probleme im Vordergrund gestanden, die sich aus der Versorgung der Studenten und der Lehrenden ergaben. Die Mitbestimmungsdiskussion hat uns darauf hingewiesen, daß in den Hochschulen drei Gruppen zusammenwirken, und die Bibliotheken müssen in Zukunft der Versorgung der dritten Gruppe, der Mitarbeiter, zunehmend Rechnung tragen.

2. Der Umfang mit nicht gebrauchsfertig zugerichteten Inhalten (Beispiel für letztere sind das (Schul-)Physikbuch ebenso wie das ,,paper", das Vorlesungsmanuskript usw.), d. h. mit der Basisliteratur, der Umgang mit der Bibliothek insgesamt ist den Studienanfängern ungewohnt. Sie müssen in die Benutzung eingewiesen werden. Der Umgang mit Büchern und Bibliotheken darf dabei selbst nicht wieder zum lustlos gelernten Lehrinhalt werden.

3. Damit zusammen hängen Probleme der Literaturberatung. Sie muß in der Hauptsache durch die Lehrenden, sie muß aber wohl ergänzend auch durch die Mitarbeiter der Bibliothek erfolgen – und das heißt erst einmal erfolgen *können*.

Alle, nicht nur die Sozial- und Wirtschaftswissenschaften, auch die Natur- und Ingenieurwissenschaften sind längst ,,Buchwissenschaften" geworden. Studieren heißt wohl, sich der Sache nicht nur auf dem vom Lehrer vorgeschriebenen (vorgeschlagenen?) Wege zu nähern. Studienreform ist heute in aller Munde. Studienreform an Fachhochschulen bestünde jedenfalls auch darin, einen Teil der Präsenzstunden veranstalteten Lernens abzulösen durch Eigenstudium, durch Nutzung der Möglichkeiten – vorhandener und zu erweiternder – unserer Bibliotheken.

Zur Arbeit der Kommission Musikbibliotheken

Von

HERMANN WASSNER

Die Vielfalt bibliothekarischer Aktivitäten und die Vielzahl der Verbände und Arbeitsgruppen, in denen einschlägige Arbeit geleistet wird, hat zwar einerseits ihre imponierenden Aspekte, läßt aber doch oft auch Raum für das bedrückende Gefühl, daß manches doppelt, manches aber hinwiederum auch gar nicht getan wird und daß Mangel an Überblick und Zielstrebigkeit den Einsatz der Kräfte, die hier tätig sind, oft nicht als gerade optimal erscheinen läßt. Das gilt, wenngleich vielleicht wegen des geringeren Umfangs etwas eingeschränkter, auch für den Bereich der musikbibliothekarischen Arbeit.

Die Kommission sieht daher ihren Auftrag vor allem darin, das gesamte musikbibliothekarische Arbeitsfeld aufmerksam zu beobachten, Probleme, die einer Klärung bedürfen, aufzugreifen, sie entweder selbst zu behandeln oder aber geeignete Lösungsmöglichkeiten zu finden, Lösungen von Arbeitsproblemen, die regional gefunden worden sind und die sich als effektvoll erwiesen haben, möglichst allgemein zugänglich zu machen und bestrebt zu sein, generelle Fragen musikbibliothekarischer Arbeit auch über die Grenzen unterschiedlicher Bibliothekssparten hinweg und erforderlichenfalls auch mit Institutionen, die den Bibliotheken verwandt sind, zu diskutieren.

Dieser Aufgabenstellung entspricht die Zusammensetzung unserer Kommission, der mit den Herren Dr. Elvers, Dr. Krueger, Dr. Lanzke und Dr. Münster prominente Musikbibliothekare aus dem Bereich der wissenschaftlichen Bibliotheken, mit Frau Berenbruch, Herrn Bulling und Herrn Rösner Kollegen angehören, die im Bereich musikbibliothekarischer Arbeit Öffentlicher Bibliotheken über gründliche Erfahrungen verfügen, in der mit Herrn Friedemann Enke, dem Archivleiter des Hessischen Rundfunks, auch die Rundfunkarchive vertreten sind. Es gehört unter meinen dienstlichen Aufgaben zu der Gruppe der keineswegs alleinherrschenden angenehmen und offenbar nützlichen, daß ich als der derzeitige Rektor der einzigen westdeutschen Ausbildungsstätte für Musikbibliothekare im Dienst an Öffentlichen Bibliotheken und als der gegenwärtige Vorsitzende der Deutschen Gruppe BRD der Internationalen Vereinigung der Musikbibliothekare ebenfalls an der Arbeit dieser Kommission, deren Sitzungen ich zur Zeit zu leiten habe, beteiligt bin.

Soviel also über die Arbeitsabsichten und über die personellen Voraussetzungen. Was nun die geleistete und zu leistende Arbeit selbst angeht, so will ich, wie versprochen, der Versuchung widerstehen, hier einen historischen Erfolgsbericht zu geben. Seit die Kommission am 1. 10. 1975, hier in Stuttgart, ihre Arbeit aufgenommen hat, sind viele Themen behandelt und mit Sicherheit auch manche nützlichen Ergebnisse erzielt worden. Ich will aber von den abgeschlossenen Arbeiten hier nur eine erwähnen, die übrigens, wie gerne bekannt sein soll, mehr der Initiative eines Kommissionsmitgliedes, nämlich Herrn Dr. Münsters, und seiner Kollegen Ulrich Hein und Helmut Hell als der Kommission insgesamt zu danken ist. Ich meine die vor kurzem beim DBV in Berlin als Beiheft zur ,,Musikbibliothek aktuell" erschienene Broschüre ,,Fachbibliographien Musik, Musikdrucke, Schriften über Musik, Tonträger. Eine Auswahl für die bibliothekarische Praxis."

Das Arbeitsvorhaben und die einzelnen Fassungen des Manuskripts waren in einigen Kommissionssitzungen diskutiert worden. Die eigentliche Arbeit wurde dann in München geleistet, und umso unbefangener kann ich das Ergebnis hier loben. Ich finde es sehr begrüßenswert und erfreulich, daß durch die Anregungen der Kommission eben nicht nur strategische Impulse mit ungewissem Ausgang in ferner Zukunft ausgelöst wurden, sondern daß hier eine nützliche Arbeitshilfe für in der Praxis stehende Musikbibliothekare und für Bibliothekarstudenten geschaffen worden ist.

Nun aber zu einigen Punkten, die uns gegenwärtig beschäftigen und die auch auf der Tagesordnung des nicht-öffentlichen Teils unserer Kommissionssitzung stehen.

Wir diskutieren hier zur Zeit über einen Rahmenvorschlag, der die örtliche Zusammenarbeit von Öffentlichen Musikbibliotheken und Musikschulen verbessern soll. Die Anregung stammt aus dem Deutschen Musikrat, in dem zwei Kommissionsmitglieder mitarbeiten. Dort wurde überlegt, welchen Vorteil die stark geförderten öffentlichen Musikschulen durch engere Kontakte mit den Öffentlichen Musikbibliotheken am gleichen Orte gewinnen könnten. Diese Fragen waren auch im Zusammenhang mit dem Ergänzungsplan ,,musisch-kulturelle Bildung", der als Nachtrag zum ,,Bildungsgesamtplan" der Bund-Länder-Kommission den dort ausgelassenen Bereich der musischen Bildung behandelt, erörtert worden, und Mitglieder unserer Kommission hatten für diesen Plan Textvorschläge geliefert, die auch im wesentlichen Berücksichtigung in der Endfassung fanden. Der Musikrat war nun bestrebt, diesen allgemeinen Erörterungen einen ,,Realisierungsplan" folgen zu lassen, für den ebenfalls Vorlagen geliefert wurden. Die Behandlung der erwähnten Frage, die Zusammenarbeit von Musikbibliotheken und Musikschulen betreffend, ergab sich in diesem Kontext. Wir wollen hier der bewährten Methode folgen, zunächst einmal zu prüfen, ob nicht örtliche Lösungen, die sich als befriedigend erwiesen haben, allgemeiner durchgeführt werden könnten. Zur Zeit liegt uns ein Arbeitspapier von Frau Berenbruch vor, unserem Kommissionsmitglied, das die Musikbibliothek im Schumann-Haus in Bonn leitet. Dort haben mit dem Leiter der Organisation der Musikschulen, Herrn Wucher, im Zusammenhang mit örtlichen Überlegungen Gespräche stattgefunden, von denen zu hoffen ist, daß ihre Ergebnisse in einen allgemeinen Rahmenplan eingebracht und dann über den Musikrat der Musikschulen und über die bibliothekarischen Fachverbände den Bibliotheken als Regelungsvorschlag zugeleitet werden können.

Ein weiteres Arbeitspapier von Frau Berenbruch befaßt sich mit dem Leihverkehr zwischen Musikbibliotheken. Hier soll geprüft werden, wie weit sich aus der in Nordrhein-Westfalen praktizierten Regelung, die von den Beteiligten als recht effektiv beschrieben wird, Vorschläge für andere Bundesländer oder für das gesamte Bundesgebiet gewinnen lassen. In diesem Zusammenhang werden allerdings ganz erhebliche organisatorische Schwierigkeiten zu überwinden sein, so daß die Lösung dieser Frage sicher zu den Aufgaben gehören wird, mit denen sich die Kommission Musikbibliotheken noch längere Zeit wird befassen müssen.

Dies gilt auch für ein Thema, auf das wir schon einige Sitzungsstunden und viel Nachdenken verwandt haben. Es handelt sich um eine engere Zusammenarbeit zwischen den Schallarchiven und Musikbibliotheken des Rundfunks einerseits und den Bibliotheken, die sich im Besitz der Öffentlichen Hand befinden. Es ist unbestritten, daß in den Rundfunkarchiven viele Materialien ruhen, die dort nicht mehr oder kaum noch genutzt werden, die aber aus dem Aspekt bibliothekarischer Nutzung durchaus noch von Interesse sein könnten. Die Arbeitsweise des Rundfunks, der in seinen nach außen gerichteten Aktivitäten höchst gegenwartsbezogen sein muß und der seine gewaltigen Archivgüter nur gelegentlich in retrospektiven Sendungen nutzen kann, bringt eine gewisse Diskrepanz zwischen der Potenz des Archivs und den Anforderungen, die an es gestellt werden, mit sich. Leider ist nicht auszuschließen, daß sich daraus gelegentlich Entlastungsaktivitäten, d. h. Verzichte auf Archivgüter ergeben, durch die Werte aufgegeben werden, für die aus anderem Aspekt durchaus noch Interesse bestanden hätte. Andererseits ist zu bedenken, ob nicht der Rundfunk überfordert, in jedem Fall sachfremd beansprucht ist, wenn er mit Auskunftsfragen und privaten Leihanforderungen konfrontiert wird. Mindestens in der Theorie ist es eine bestrickende Vorstellung, daß durch enge Kooperation einer potenten Bibliothek mit einem Rundfunkarchiv der Publikumsverkehr durch die dafür eingerichtete Bibliothek abgefangen und das Archiv des Rundfunks nur dann um Hilfe gebeten würde, wenn es sich in der Tat um einen Dienst handelt, der nur von diesem geleistet werden kann.

Wir alle, und ganz besonders die Mitglieder der Unterkommission, die sich mit dieser Frage befassen, wissen, daß es hier noch sehr viele ungelöste Probleme gibt und daß der gute Wille aller Beteiligten, der außer Frage steht, allein nicht genügt, um zu einer schnellen Lösung zu kommen. Es ist aber erfreulich zu hören, daß die Musikabteilungsleiter der ARD auf Bitten unserer Kommissionsvertreter hin diese Fragen bei ihrer letzten Sitzung auf der Tagesordnung hatten und daß sie in den Vorgesprächen mit dem beauftragten Kommissionsmitglied sehr viel Kooperationsbereitschaft zeigten. Wir werden, so hoffe ich, im internen Teil unserer Kommissionssitzung schon etwas über die Beratungsergebnisse hören können.

In unserer Sitzung werden wir uns auch mit einer Anfrage von Kollegen aus Budapest befassen müssen, die gebeten haben, ihnen Erfahrungen über die Freihandaufstellung von Schallplatten, wenn solche in der Bundesrepublik gemacht wurden, zugänglich zu machen.

Ein weiterer aktueller Tagesordnungspunkt befaßt sich mit der Zählung von Musikalien in DIN 1425 der Bibliotheksstatistik. Hier waren die letzten Vorschläge, die aus der vorbereitenden Kommission für die Endfassung des Normentextes zu hören waren, aus bibliothekarischer Sicht recht unbefriedigend, und die Kommission sah sich daher veranlaßt, im Anschluß an längere Fachdiskussionen den Leiter des Ausschusses dringlich zu bitten, diese Angelegenheit einer erneuten Prüfung zu unterziehen. Es handelt sich um die leidvolle Frage, welche Einheiten in der Musikalienstatistik gezählt werden. Herr Dr. Picard, der unsere Anregung freundlich aufnahm und ihr besonders gewissenhaft begegnete, stellte daraufhin noch einmal statistische Untersuchungen über die zur Zeit praktizierten Zählmodalitäten an. Er stellte dabei fest, daß in den Öffentlichen Bibliotheken überwiegend nach Stimmen gezählt werde. Freilich gibt es bei einem Verhältnis von 14:7 auch hier kein einheitliches Bild. Bei den wissenschaftlichen Bibliotheken überwiegt, wie zu erwarten war, die Zählung nach bibliographischen Einheiten (sieben der befragten), allerdings zählen vier andere musikalische Großbibliotheken nach anderen Zähleinheiten.

Eine Zusammenfassung der Zählweise bei Öffentlichen und wissenschaftlichen Bibliotheken, die sich der Befragung unterzogen hatten, ergab, daß 15 nach Stimmen, acht nach bibliographischen Einheiten und zwölf nach weiteren (insgesamt vier) verschiedenen Zähleinheiten zählten. Das Bild könnte also kaum uneinheitlicher sein. Selbst die beiden Spitzenbibliotheken, die Staatsbibliotheken in Berlin und in München, zählen nicht einheitlich. Die eine zählt nach bibliographischen Einheiten, die andere nach Titeln bzw. Werken.

In der von Herrn Dr. Picard geleiteten Kommission setzte sich, wie er mir am 9. 5. 1978 mitteilte, daher begreiflicherweise die Meinung durch, daß nur eine Zählweise als Grundlage durch die DIN-Normen angeboten werden sollte. Der ursprünglich von uns vorgeschlagene Weg, eine Parallelzählung durchzuführen, d. h. in den Statistiken die – jeweils als solche ausgewiesenen – Zählungen nach Stimmen und nach bibliographischen Einheiten zuzulassen, schien der Kommission nicht normungsgemäß, und sie schien ihr auch, da die beiden Zahlenwerte nicht vergleichbar sind, bibliothekarisch keine vertretbare Dauerlösung zu sein.

Der Normentext, der sich nach Herrn Dr. Picard vielleicht noch in der Formulierung, nicht mehr aber im Inhalt ändern dürfte, lautet jetzt:

4.4.2.4 Musikalien
sind in herkömmlicher Weise vervielfältigte Bibliotheksmaterialien, in denen Musikwerke durch Noten oder andere Zeichen dargestellt werden. Dazu gehören Musiknotendrucke einschließlich Gesang- und Liederbüchern, sofern diese Noten enthalten. Nicht als Musikalien gelten Beispielsammlungen von musikalischen Werken, Textbücher von Opern, Operetten usw. sowie Sammlungen von Texten zu musikalischen Werken. Musikautographen und -handschriften werden unter den handschriftlichen Materialien gezählt.
Musikalien werden beim Zugang nach physischen Einheiten (wenn erforderlich nach Erwerbungseinheiten) gezählt. Unter Erwerbungseinheiten versteht man hier (abweichend zu 4.4) auch lose Zusammenfügungen (z. B. durch Umschlag oder Streifband) von Stimmen oder anderen Einzelteilen. Beim Bestand wird diese Zählung übernommen.
Zusatz in den Erläuterungen:
Eine andere, allerdings nicht empfohlene Zählweise ist die z. Z. teilweise noch angewandte nach Stimmen.

Ich glaube kaum, daß wir damit dieses Thema als erledigt betrachten dürfen, vielmehr werden wir uns, wenn sich diese Normung in der Tat durchsetzt, überlegen müssen, welche Wege dazu führen könnten, daß – wenn auch in weiterer Zukunft – in allen oder doch in der Mehrzahl aller Musikbibliotheken einheitlich gezählt wird, so daß wieder aussagekräftige statistische Werte erreicht werden.

Nun noch eine kurze Schlußbemerkung. Es gab ja gegen unsere Kommission, als sie beim DBV gegründet wurde, insofern einige Bedenken, als geltend gemacht wurde, daß viele Kollegen aus dem Bereich des wissenschaftlichen Bibliothekswesens, die in der Regel den Deutschen Bibliothekartag, nicht aber andere bibliothekarische Kongresse besuchen, auf ihre eigene musikbibliothekarische Arbeitsgemeinschaft nicht verzichten wollten, daß aber andererseits ein paralleles Bestehen der Kommission und dieses Arbeitskreises eben zu Arbeitsverdoppelungen führen müßte, die ja gerade vermieden werden sollten. Andererseits konnte nicht gut generell in Aussicht gestellt werden, daß die Kommissionssitzungen immer im Rahmen des Deutschen Bibliothekartags stattfinden sollten, da ja auch die Probleme der kommunalen Musikbibliothek zu erörtern sind, deren Vertreter im allgemeinen den Deutschen Bibliothekartag nicht besuchen.

Die gefundene Kompromißlösung, daß die Kommissionsmitglieder, die den Deutschen Bibliothekartag besuchen, dort regelmäßig eine öffentliche Sitzung abhalten, die dazu dient, die dort anwesenden Musikbibliothekare aus wissenschaftlichen Bibliotheken über die Kommissionsarbeit zu unterrichten und ihre Wünsche und Anregungen entgegenzunehmen, hat sich, wie ich meine, nicht nur als durchführbar, sondern als sehr effektvoll erwiesen. Ich glaube, daß unter Kollegen, die sich durch sachliche Aufgaben eng verbunden wissen, die jeweiligen Rechtsformen, in denen sich diese Arbeit vollzieht, von untergeordneter Bedeutung sind. Wichtig ist, daß zu Wort kommt, wer etwas zu sagen hat, und daß Aussagen, Arbeitsergebnisse und Anregungen ernst genommen werden, ob der Anlaß ihrer Äußerungen nun offiziell, halboffiziell oder rein kollegial war.

Zur Gründung des Deutschen Bibliotheksinstituts

Von

GÜNTER BEYERSDORFF und WILHELM TOTOK

A. DARSTELLUNG DER ENTWICKLUNG

Von Günter Beyersdorff

Die Mitgliederversammlungen des Deutschen Bibliotheksverbandes (DBV) haben sich 1976 in Duisburg und 1977 in Frankfurt bereits ausführlich mit der bevorstehenden Gründung des Deutschen Bibliotheksinstitutes (DBI) in Berlin befaßt; Berichte über den langwierigen Gang der Verhandlungen liegen in den entsprechenden Tagungsveröffentlichungen vor. Trotzdem mag es sinnvoll sein, gerade jetzt noch einmal die wichtigsten Stationen zu nennen, die in mittlerweile fünf Jahren auf dem Wege zum Bibliotheksinstitut durchlaufen werden mußten, denn es steht nunmehr fest, daß diese Mitgliederversammlung die letzte vor der Gründung des DBI sein wird.

Im Jahre 1973 sprach sich die Kultusministerkonferenz (KMK) erstmals für die Vereinheitlichung der überregionalen bibliothekarischen Arbeiten aus und begründete diese Empfehlung mit der Erwartung, durch Konzentration und Rationalisierung könne es in diesem Bereich mittel- und langfristig zu einer effektiveren Arbeitsweise kommen. Zu diesem Zeitpunkt wurden für die Trägerschaft und weitere Tätigkeit der Arbeitsstelle für Bibliothekstechnik (ABT) und der Arbeitsstelle für das Bibliothekswesen (AfB) zwei Lösungen diskutiert:

a) die Integration der ABT in die zu gründende Gesellschaft für Information und Dokumentation (GID) und der Ausbau der AfB zu einem Deutschen Bibliotheksinstitut (DBI),

b) die Zusammenfassung von AfB und ABT in einem Deutschen Bibliotheksinstitut.

Für die Lösung b, die bald darauf eindeutig favorisiert wurde, schätzte die KMK den Finanzbedarf (zu damaligen Tarifen und Preisen) auf etwa 6 Mio DM. Bevor nun erste detaillierte Planungen vorgelegt und Verhandlungen eingeleitet werden konnten, ergaben sich zwischen Bund und Ländern Probleme in der Ausarbeitung einer Nachfolgeregelung für das „Königsteiner Abkommen", das bis dahin die Grundsätze und den Umfang der gemeinsamen Finanzierung von Einrichtungen nach Art. 91b GG bestimmte. Diese Probleme mußten allein schon die Planungen für das DBI verzögern, weil es als eine von Bund und Ländern gemeinsam zu finanzierende Einrichtung vorgesehen war. Hinzu traten Schwierigkeiten, die sich aus der Verknüpfung des Komplexes „DBI" mit dem Problemkreis „GID" ergaben; die Verhandlungspartner machten jeweils wechselseitig Fortschritte in der einen Sache von einer Einigung in der anderen abhängig. So ist es zu erklären, daß die Verhandlungen um das DBI erst Ende 1975 wieder aufgenommen werden konnten.

In der Zwischenzeit erlebten beide Arbeitsstellen eine erhebliche Zunahme ihrer Aufgaben und damit verbunden eine Ausweitung ihrer Haushaltsmittel. Für die AfB konnte eine Bund-Länder-Finanzierung im Verhältnis 50:50 erreicht werden, Haushalt und Status der ABT blieben – nicht zuletzt mit Hinweis auf das zu erwartende DBI – jedoch auch weiterhin ungesichert.

Der DBV wurde erstmalig im Februar 1976 über den Stand der Beratungen zwischen Bund und Ländern informiert. Schon bei dieser ersten, noch keineswegs umfassenden Information wurde deutlich, daß sich für ihn folgende Probleme stellen würden:

- die Erhaltung der organisatorischen Verbindungen zwischen AfB bzw. DBI und dem Verband sowie seiner Publikationsabteilung,
- die Erhaltung, wenn möglich der Ausbau der Projektförderung durch den Bund,
- die Erhaltung der Kommissionsarbeit sowie generell
- die Sicherung der Verbindung zur bibliothekarischen Praxis.

Die Stellungnahme des DBV zur geplanten Konzeption des DBI mußte sich längere Zeit verzögern, da die benötigten Unterlagen erst nach der grundsätzlichen Einigung aller Verhandlungspartner in einer „Arbeitsgruppe zur Errichtung des DBI" weitergegeben werden konnten. Dafür waren die Leiter der ABT und der AfB an den Gesprächen beteiligt und konnten so die Träger über den jeweiligen Stand der Planungen umfassend unterrichten.

In dieser Zeit unternahm der DBV wichtige Schritte, um die Gründung des DBI zu ermöglichen und die Ausgestaltung des Institutes im Sinne der Bibliotheken aller Sparten zu sichern. So

- erarbeitete er den Aufgabenkatalog des Institutes, der heute in nahezu unveränderter Form die Grundlage für die Überlegungen zu einem Entwicklungsplan bildet,
- bereitete er die zur Ausgliederung der AfB notwendige Satzungsänderung vor,
- bemühte er sich, in ständigen Kontakten mit dem Bund die auch für das Institut bedeutsame Projektförderung weiter auszubauen.

Die ersten offiziellen Verhandlungen zwischen dem DBV und dem federführenden Senator für Wissenschaft und Kunst in Berlin fanden schließlich am 3. Juni 1976 statt. Hierbei konnte die grundsätzliche Bereitschaft zur Berücksichtigung der vom Verband formulierten Vorstellungen festgestellt werden. Als Ergebnis dieser ersten Verhandlung legte der Senat einen Abkommensentwurf zur Errichtung des DBI vor, bei dem für den DBV folgende Punkte besondere Bedeutung hatten:

- Der DBV stellt zwei Vertreter im Kuratorium, außerdem hat der Vorsitzende des Fachbeirates Sitz und Stimme in diesem obersten Aufsichtsgremium,
- der DBV kann 10 von insgesamt 15 Mitgliedern des Fachbeirates vorschlagen,
- die Kommissionsarbeit bleibt auch innerhalb des DBI erhalten (die Kommissionen bleiben über Fachbeirat und Kuratorium mit dem DBV verknüpft).

Offen blieben zu diesem Zeitpunkt Organisation sowie Finanzvolumen des Institutes.

In Kenntnis dieser Ergebnisse beschloß die Mitgliederversammlung des DBV im Oktober 1976 die vorgeschlagene Satzungsänderung und ermächtigte den Vorstand, diese Änderung dann inkraft zu setzen, wenn die Arbeitsfähigkeit des DBI endgültig gesichert sein sollte (insbesondere wenn schlüssige Konzeptionen für Organisation und Finanzierung vorgelegt werden würden).

Im Anschluß an die – positiv durch die Kultusminister entschiedene – Diskussion um den Abkommensentwurf begannen die Haushaltsplanverhandlungen, die sich schwieriger als erwartet gestalteten. So erhob die Finanzseite der Länder die Forderung, bei Gründung des DBI müsse es zu Einsparungen gegenüber dem Stand der Sachmittel bei AfB und ABT kommen.

Außerdem wurde festgestellt, daß erst nach Vorlage eines Organisations- und Entwicklungsplanes über den Haushalt des DBI entschieden werden könne.

Beide Forderungen mußten den weiteren Gang der Verhandlungen blockieren, weil

1. die Haushalte von AfB und ABT keine Bezugsgröße für das DBI darstellen konnten. Sie waren gerade wegen der Verhandlungen um das DBI weitgehend auf dem Stand 1975 eingefroren; außerdem nutzen beide Einrichtungen Leistungen ihrer Träger, ohne daß dies in ihren eigenen Haushalten zum Ausdruck kommen kann. Einsparungen hätten also zu einer Reduzierung der Leistungsfähigkeit geführt,

2. die zur Beschlußfassung über Organisations- und Entwicklungspläne notwendigen Gremien des DBI erst nach Gründung des Institutes gebildet werden können. Zur Gründung wiederum ist jedoch ein verabschiedeter Haushalt notwendig.

Um die Verhandlungen aus der Sackgasse herauszuführen, bildete sich Ende 1976 eine Arbeitsgruppe aus den Kuratorien beider Arbeitsstellen (darunter zwei Vertreter des DBV). Diese legte im Januar 1977 den Entwurf eines Organisationsplanes vor, doch konnte auch dieser Vorschlag die Finanzseite zunächst nicht voll überzeugen.

Ab Januar 1977 setzte die bis heute andauernde, jeweils für ein Halbjahr bewilligte Übergangsfinanzierung beider Arbeitsstellen ein; über die außerordentlich schwierigen Probleme, die mit Art und Höhe solcher Haushalte verbunden sind, ist ausführlich in den Arbeitsberichten von ABT und AfB gesprochen worden.

Die Haushaltsverhandlungen zogen sich über das gesamte Jahr 1977 hin; außerdem entstanden zusätzliche Schwierigkeiten durch eine – verfassungsrechtlich gebotene – Abkehr vom ursprünglich geplanten Errichtungsverfahren:

Bund und Länder beschlossen, das Institut nicht mehr durch ein gemeinsam zu unterzeichnendes Abkommen zu gründen, sondern dem Land Berlin die Errichtung zu übertragen. Ein entsprechendes Errichtungsgesetz wurde vorbereitet; die Mitgliederversammlung des DBV im Oktober 1977 in Frankfurt wurde über diese neueste Entwicklung unterrichtet, ohne daß freilich schon endgültige Termine für die Gründung des Institutes bekanntgegeben werden konnten.

Wegen der dauernden Verzögerungen verschärften sich die Probleme in den beiden bestehenden Arbeitsstellen. Die restriktive Haushaltsführung gefährdete die Substanz beider Einrichtungen; außerdem entstanden arbeitsrechtliche Probleme bei solchen Mitarbeitern, die zwar für Daueraufgaben eingesetzt wurden, aus haushaltsrechtlichen Gründen jedoch nur im Zeitvertrag beschäftigt werden konnten.

Nach Prüfung der Rechtslage entschloß sich der DBV im November 1977 alle Zeitverträge in der AfB in unbefristete Arbeitsverträge umzuwandeln. Dieser rechtlich gebotene Schritt löste Mißstimmung bei den Unterhaltsträgern aus, fand seine Rechtfertigung jedoch in einem Urteil des Arbeitsgerichtes, so daß jetzt alle Mitarbeiter – auch die der ABT – die arbeitsrechtlich geforderten Verträge in das DBI einbringen können.

Ab 1978 setzte erneut eine Übergangsfinanzierung ein, die zunächst auf den 30. Juni 1978 befristet wurde. Das Abgeordnetenhaus von Berlin beschäftigte sich im Januar 1978 erstmalig mit dem Gesetz zur Errichtung des DBI, überwies es in die zuständigen Ausschüsse und billigte es im Mai 1978 einstimmig in einer zweiten Lesung.

Es ist damit zu rechnen, daß das DBI Ende Mai formell errichtet sein wird. Arbeitsfähig wird es jedoch est
- durch Eingliederung von ABT und AfB,
- durch Berufung des Kuratoriums,
- durch Besetzung der Stelle des Direktors.

Der DBV bemüht sich zur Zeit, in Übergabeverhandlungen die Grundlagen für die Eingliederung der AfB in das DBI zu schaffen. Noch offene, aber sicher lösbare Fragen sind dabei
- die Anrechnung der Dienstzeiten der Mitarbeiter,

– die Ausstattung der Institutsverwaltung,
– die Form der weiteren Arbeit der Publikationsabteilung,
– die gemeinsame Unterbringung von DBV und DBI.

Da das Kuratorium des DBI noch nicht getagt hat und auch die Stelle des Direktors noch nicht besetzt ist, steht der Termin für die Arbeitsaufnahme des Institutes noch immer nicht fest.

B. WERTUNG DER VERHANDLUNGSERGEBNISSE AUS DER SICHT DES DEUTSCHEN BIBLIOTHEKSVERBANDES

Von Wilhelm Totok

Nachdem Sie den Bericht von Herrn Beyersdorff über den letzten Stand der Dinge in Sachen DBI entgegengenommen haben, lassen Sie mich einige wertende Worte zu diesem Komplex sagen. Über die einzelnen Phasen dieses dornenvollen Weges, der zur Gründung des DBI geführt hat, hat Herr Weimar auf den Mitgliederversammlungen in Duisburg und Frankfurt ausführlich und plastisch berichtet, so daß ich darüber jetzt nichts mehr zu sagen brauche. Das DBI ist nunmehr gegründet, und es bedarf, glaube ich, keiner besonderen prophetischen Sehergabe, um zu sagen, daß mit dieser Gründung das deutsche Bibliothekswesen in eine neue Phase seiner Entwicklung eintritt. Die Gründung schließt eine Entwicklung ab, die mit dem Wiederaufbau und teilweisen Neuaufbau unserer Bibliotheken und unseres bibliothekarischen Lebens nach Ende des Zweiten Weltkrieges einsetzt. Wir standen nach dem Krieg in Deutschland nicht nur materiell, sondern auch politisch und geistig vor einem Trümmerfeld. In einer stürmischen Aufbauphase mußten wir nicht nur die äußeren Bedingungen unseres Lebens neu schaffen, sondern uns auch innerlich neu orientieren, mußten versuchen, den Anschluß zu finden an eine Welt, von der wir 12 Jahre lang abgeschlossen waren. Die wissenschaftlichen Bibliotheken hatten schwere Einbußen ihres Bestandes erlitten, manche von ihnen waren nahezu ausgelöscht. Die Öffentlichen Bibliotheken, vor dem Krieg meist nur in größeren Kommunen vorhanden, lagen mit den Städten, in denen sie sich befanden, zertrümmert darnieder. In einer ungeheuren Anstrengung begannen die Kollegen, die den Krieg überlebt hatten, ein neues Bibliothekswesen aufzubauen. Ich bin als Berufsanfänger um 1950 zu ihnen gestoßen und habe viele von den Notmaßnahmen miterlebt, die ergriffen werden mußten, um das Bibliothekswesen wieder funktionsfähig zu machen, den Wiederaufbau des deutschen Leihverkehrs, die Einrichtung der Zentralkataloge, die baulichen Provisorien, die verzweifelten Anstrengungen, die unternommen wurden, um die Bestandslücken wieder zu füllen. Die Öffentlichen Bibliotheken hatten in etwas anderer Form dieselben Probleme wie die wissenschaftlichen. Es war eine zwangsläufige Folge dieser Notsituation, daß zentrale Einrichtungen den einzelnen Bibliotheken zu Hilfe kommen mußten: Das war für die wissenschaftlichen Bibliotheken die Notgemeinschaft der Deutschen Wissenschaft, die heutige Deutsche Forschungsgemeinschaft, und das war die Selbsthilfeeinrichtung des Öffentlichen Büchereiwesens, die Arbeitsstelle für das Büchereiwesen; andere Einrichtungen wie die Einkaufszentrale (EKZ) in Reutlingen und die Arbeitsstelle für Bibliothekstechnik in Berlin kamen hinzu. Ergänzt wurde die Sacharbeit durch die Kommissionen des Vereins Deutscher Bibliothekare.

Ich will hier nicht die einzelnen Phasen der Überlegungen schildern, die angestellt wurden, um die überregionale bibliothekarische Sacharbeit durch irgendeine Form der Institutionalisierung zu sichern, die ihre kontinuierliche und bedarfsgerechte Fortführung sicherte. Das muß dem Bibliothekshistoriker vorbehalten bleiben. Diese Überlegungen führten auf manchen verschlungenen und windungsreichen Wegen schließlich zur Gründung des Deutschen Bibliotheksinstituts.

Es ist da, es ist Realität. Es ist nicht ganz genau so geworden, wie es sich der eine oder andere unter uns vorgestellt haben mag; berücksichtigt man aber die Umstände, unter denen dieses Institut entstanden ist, die Kompromisse, die zwangsläufig immer und überall geschlossen werden müssen, wo Einrichtungen nicht durch Dekret, sondern durch Verhandlungen entstehen, hat man vor allem unsere föderalistische staatliche Struktur im Auge mit allen ihren Nachteilen, aber auch Vorteilen, so muß man gerechterweise sagen, daß hier eine Lösung gefunden worden ist, mit der wir Bibliothekare zufrieden sein können. Der Einfluß des bibliothekarischen Sach- und Fachverbandes, insbesondere des DBV, auf die Arbeit des Instituts, ist durch die personelle Zusammensetzung des Kuratoriums und vor allem des Fachbeirats gesichert. Die bisherigen Mitarbeiter der AfB werden unter Wahrung ihres Besitz- und Rechtsstandes in eine rechtsfähige Anstalt des öffentlichen Rechts überführt und erfahren damit eine Absicherung ihrer materiellen Existenz. Die organisatorische, finanzielle und personelle Kontinuität für die überregionale bibliothekarische Sacharbeit, wie sie bisher von der AfB geleistet wurde, ist gewährleistet. Der Aufgabenkatalog des Deutschen Bibliotheksinstituts, der dem Gesetz als Begründung beigegeben ist, ist so formuliert, daß das Institut von seiner gewissermaßen gesetzlich verankerten Aufgabenstellung her praxisorientiert ist. Es wird eine wichtige Aufgabe des DBV sein, seine Einflußmöglichkeiten dahingehend zu nutzen, daß die Praxisorientiertheit des Instituts erhalten bleibt, und daß seine Dienstleistungen dem Vergleich mit der AfB nicht nur standhalten, sondern diese unter verbesserten Arbeitsbedingungen möglichst übertreffen.

Nach wie vor wird der DBV das Gremium sein, das nicht nur die Akzente der Bibliothekspolitik setzt, sondern auch die aus der Praxis entspringenden Fragestellungen artikuliert, formuliert und an das Institut weitergibt. Wenn diese Verbindung zur Praxis nicht dauernd erhalten bleibt, das Institut eigene, praxisferne Wege zu gehen beginnt, so wird das eintreten, was Süberkrüb befürchtet, daß die Bibliotheken wieder Selbsthilfeorganisationen gründen und die Lösung ihrer Probleme auf andere Weise zu erreichen versuchen.

Das ist eine Möglichkeit, von der wir hoffen, daß sie nie verwirklicht wird. Wir wollen und sollen dem neuen Institut nicht mit Mißtrauen begegnen, im Gegenteil, es braucht unsere Unterstützung und unser Vertrauen. Insbesondere die künftigen Mitarbeiter des neuen Instituts verdienen unser Vertrauen, das wir ihnen als bisherige Mitarbeiter unserer AfB aufgrund ihrer Leistung und ihres persönlichen Einsatzes mit Recht entgegenbrachten. Wir werden dem neuen Institut nicht mit Mißtrauen, wohl aber mit Wachsamkeit begegnen.

Ich möchte meine Stellungnahme nicht schließen, ohne einige Worte des schuldigen Dankes an zwei Herren auszusprechen, die auf verschiedene Weise an der praktischen Realisierung des Instituts großen Anteil haben: an Herrn Reg.-Direktor Schuhe von der Senatsverwaltung Berlin und an den Geschäftsführer unseres Verbandes, Herrn Beyersdorff. Herr Schuhe, den Sie alle seit Jahren kennen, da er uns wiederholt über den Stand der Verhandlungen informierte, hat mit großem persönlichem Engagement, mit unermüdlichem Einsatz die formalrechtlichen Voraussetzungen für die Gründung des Instituts geschaffen. In den langwierigen, komplizierten Einzelverhandlungen, die geführt werden mußten, hat er für unsere Wünsche und Vorstellungen nicht nur Geduld, sondern auch Verständnis und Sympathie gezeigt. Er hatte es nicht immer leicht, unsere Forderungen gegenüber seinen eigenen Kollegen von Bund und Ländern zu vertreten. Er hat sich, obwohl selbst Vertreter der Staatsverwaltung, immer zugleich auch als Anwalt der bibliothekarischen Sache gefühlt. Durch die jahrelange Zusammenarbeit mit den bibliothekarischen Gremien wurde er einerseits mit unseren Fachproblemen enger vertraut, zum anderen hat er, glaube ich, das Gefühl gewonnen, daß seine bibliothekarischen Verhandlungspartner fair und unprätentiös nur von sachlichen Gesichtspunkten geleitet werden. Daß das Gründungsgesetz trotz mannigfacher Verzögerung nun doch alle finanziellen, staatsrechtlichen und parlamentarischen Hürden genommen hat, ist zu einem großen Teil sein persönliches Verdienst. Ich spreche ihm im Namen des DBV meinen aufrichtigen Dank aus.

Von seiten des DBV wurde die Hauptlast der Arbeit, die mit der Gründung des Instituts und der Überleitung der AfB in das DBI zusammenhängt, von unserem Geschäftsführer, Herrn Beyersdorff, getragen. Wieviele Papiere immer wieder neu erstellt werden mußten, wieviele Überlegungen angestellt, wieviele

Verhandlungen nach innen und nach außen geführt werden mußten, wieviel Unruhe und Sorgen in der Arbeitsstelle selbst gestillt bzw. zerstreut werden mußten, können nur diejenigen beurteilen, die diesen außerordentlich schwierigen Geburtsprozeß seit Jahren aus nächster Nähe verfolgen. Daneben mußte ja die Verbandsarbeit und die Arbeit der AfB weitergehen, ihre materielle Basis mußte in akrobatischer Weise mit Übergangsfinanzierungen gesichert werden. Die Einsatzbereitschaft der Mitarbeiter mußte erhalten bleiben, obwohl niemand genau wußte, wann und wieviele von ihnen vom neuen Institut übernommen werden. Herr Beyersdorff hat diese schwere psychische und arbeitsmäßige Belastung, unter der er schon seit Jahren steht, vorbildlich bewältigt. Er hat, obwohl er künftig in das DBI überwechselt, die Interessen des DBV nicht nur loyal, sondern auch mit großem persönlichem Einsatz vertreten. Ich glaube in Ihrer aller Namen zu sprechen, wenn ich in dieser letzten Mitgliederversammlung vor der endgültigen Realisierung des DBI unserem Geschäftsführer und Leiter bislang noch unserer AfB meinen herzlichen Dank ausspreche.

Das neugegründete Deutsche Bibliotheksinstitut wird in den nächsten Monaten seine Arbeit aufnehmen. Diese kann nur dann für uns alle fruchtbar werden, wenn wir das neue Institut nicht daran messen, was wir an ihm vermissen oder gern anders gehabt hätten, sondern an dem, was es positiv ist und welche Aufgaben zu erfüllen ihm aufgegeben worden sind.

Das Stuttgarter Bibliothekswesen

Von

JÜRGEN HERING

Es ist fast auf die Woche genau 25 Jahre her, daß Stuttgart im Mai 1953 Tagungsort für den Kongreß der Volksbibliothekare war, bei dem rund 600 Teilnehmer gezählt wurden. Im September 1964 fand eine Tagung der International Association of Technological University Libraries in Stuttgart statt und im März 1967 die 11. Tagung der Arbeitsgemeinschaft der Spezialbibliotheken – in beiden Fällen war die Universitätsbibliothek (damals noch TH-Bibliothek) Gastgeber. Wenn man dagegen die Reihe der Tagungen des Vereins Deutscher Bibliothekare, der ja in dieser Woche zugleich den 68. Deutschen Bibliothekartag begeht, verfolgt, so muß man bis ins Jahr 1904 zurück, ehe Stuttgart als Veranstaltungsort auftaucht. Damals kamen 54 Teilnehmer nach Stuttgart. Vierundsiebzig Jahre später sind es weit mehr als 1700 Teilnehmer. Diese Zahl läßt uns Stuttgarter Bibliothekare hoffen, daß das Interesse sich nicht nur auf das gebotene Programm richtet, sondern auch auf Stuttgart als Buch- und Bibliotheksstadt. In beiden Bereichen nimmt die Landeshauptstadt von Baden-Württemberg eine Spitzenstellung ein.

Für den Bereich der Buchproduktion läßt sich das mit wenigen Zahlen festhalten. Die 176 in Stuttgart ansässigen Verlage repräsentieren gegenwärtig fast ein Viertel der in der Bundesrepublik Deutschland erscheinenden Buchtitel (etwa 10% der deutschen Buchproduktion), womit die Stadt nach München, aber noch vor Frankfurt, Berlin und Hamburg an zweiter Stelle steht. Ein bedeutendes Ereignis sind die alljährlich seit 1949 gemeinsam vom Landesgewerbeamt und vom Verband der Verlage und Buchhandlungen in Baden-Württemberg e. V. veranstalteten „Stuttgarter Buchwochen". So haben sich bei der 27. Veranstaltung dieser Art im vergangenen November 300 südwestdeutsche Verlage mit rund 18000 Titeln vorgestellt. Bereits im Februar/März dieses Jahres folgte die Ausstellung „Baden-Württemberg im Spiegel der Literatur". Es war für die einheimischen Verlage kein Problem, dabei 5000 landesbezogene Titel zu präsentieren.

Wenn Sie einen der ältesten und berühmtesten deutschen Verlage näher kennenlernen möchten und zugleich das Hauptgebäude und die Zentrale einer großen Öffentlichen Bibliothek, so empfehle ich Ihnen den Besuch der Ausstellung „Cotta... Klett-Cotta" im Wilhelmspalais, die noch bis zum Ende des Kongresses zu sehen ist. Mit der Selbstdarstellung der über 300 Jahre alten Cotta'schen Buchhandlung, die 1977 vom Ernst-Klett-Verlag erworben wurde, startete die Stadtbücherei im letzten Monat eine Ausstellungsreihe, in der sich jährlich zwei bis drei Stuttgarter Verlage vorstellen werden – fast eine Jahrhundertaufgabe, wenn sich alle Verlage beteiligen. Gedacht ist dabei weniger an die aktuelle Produktion – diese wird bei den oben erwähnten Buchwochen gezeigt – als vielmehr an die historische Dokumentation. Als nächster Verlag wird sich Reclam vorstellen, der in diesem Jahr sein 150jähriges Bestehen feiert, später dann der Alfred-Kröner- und der Gustav-Fischer-Verlag.

Sehen Sie es mir nach, wenn ich bei der Behandlung der Stadtbücherei zuerst die Ausstellungen genannt habe, bevor ich die Büchersammlungen erwähne. Sie werden aber beim Betreten der geräumigen Halle im Erdgeschoß, die von zwei Straßen-Seiten zugänglich ist, fast immer auf irgendeine Ausstellung stoßen, die einen Bezug zum Buch oder zum Leser hat. Dies und die zahlreichen Veranstaltungen – etwa Vorträge des Württembergischen Geschichts- und Altertumsvereins, der Goethe-Gesellschaft und der Württembergischen Bibliotheksgesellschaft oder mit dem „Förderkreis deutscher Schriftsteller in Baden-Württemberg" durchgeführte Lesungen in der Reihe „Autoren stellen sich vor" – dies alles hat der Stadtbücherei einen Platz eingeräumt, der aus dem Kulturleben der Stadt nicht mehr wegzudenken ist. Bemerkenswert in diesem Zusammenhang sind die verstärkten Bemühungen, auch in den Außenbezirken der Stadt die kulturellen Aktivitäten durch die Büchereizweigstellen mittragen zu lassen.

Das „vorzügliche Büchereiwesen" der Stadt rühmte der Vorsitzende des Vereins Deutscher Volksbibliothekare, Rudolf Joerden, schon beim Kongreß 1953. Heute stellt sich die Stadtbücherei mit der über 160000 Bände umfassenden Zentralbücherei im Wilhelmspalais, mit 19 Zweigstellen und 25 Haltestellen der zwei Fahrbüchereien als eingespieltes großstädtisches Büchereisystem dar, das im Jahre 1977 (bei einem Gesamtbestand von 680000 Büchern und anderen Medien) mehr als 2,1 Millionen Bände entliehen hat. Was die historische Entwicklung der Bücherei anbelangt, ihren Werdegang vom 1897 gegründeten Verein „Volksbibliothek Stuttgart" bis hin zur Übernahme des Vereins durch die Stadt am 1. April 1950, so darf ich auf die Darstellung der Stadtbücherei im Sonderheft der Zeitschrift „DFW. Dokumentation, Information" verweisen, das Ihren Tagungsunterlagen beigegeben ist. Dort ist auch der Wiederaufbau des Gebäudes der Zentralbücherei, der in den Händen der Architekten Tiedje und Hertha Maria Witzemann (Inneneinrichtung) lag und 1965 abgeschlossen war, näher beschrieben. Hier sei nur erwähnt, daß der klassizistische Palast vom Hofbaumeister Giovanni Salucci 1840 fertiggestellt wurde und bis 1918 dem letzten württembergischen König – Wilhelm II. – als Wohnsitz diente. Im Krieg brannte das Gebäude bis auf die Umfassungsmauern aus.

Das Wilhelmspalais nimmt neben der Zentrale auch die Kinderbücherei sowie die Musikbücherei auf. Hier stehen fast 16000 Notenbände bereit, außerdem sind 4500 Schallplatten und 1300 Tonkassetten vorhanden. Hinweisen möchte ich Sie auch auf die vor zwei Jahren eingerichtete Graphothek, die inzwischen 360 Blätter moderne Graphik umfaßt. Die gerahmten Blätter werden gegen eine Versicherungsgebühr von 2,– DM für jeweils zwei Monate entliehen, die Auswahl erfolgt über einen Dia-Katalog.

Die 19 Zweigstellen sind nach Größe, Art und Unterbringung recht unterschiedlich: Neben Mittelpunktsbibliotheken mit 52000 Bänden gibt es auch kleinere Büchereien in Jugendhäusern; in einem Fall handelt es sich sogar um eine Schulbücherei, die an zwei Nachmittagen für die Öffentlichkeit zugänglich ist. Stadtbezirke, die noch keine ortsfeste Bücherei besitzen oder für die eine solche zu aufwendig wäre, werden durch zwei Bücherbusse bedient, die je 4500 Bände aufnehmen können und an insgesamt 25 Haltestellen der Stadt durchschnittlich eineinhalb Stunden zugänglich sind. Es handelt sich bei den Fahrbüchereien um Fahrzeuge der Firma Neoplan Gottlob Auwärter KG Stuttgart, die 1971 bzw. 1977 in Betrieb genommen wurden. Der Anschaffungspreis für den zweiten Bus betrug 190000 DM. Sie werden am 19. Mai Gelegenheit haben, hier im Stadtgarten etwa 15 moderne Fahrbüchereien, die in der ganzen Bundesrepublik zu einer Sternfahrt nach Stuttgart aufgebrochen sind, zu besichtigen.

Lassen Sie mich noch ein paar Sätze über die 20. Zweigstelle der hiesigen Stadtbücherei sagen, die insofern eine Sonderstellung einnimmt, als sie bis Ende 1976 selbständig war und zudem selbst zahlreiche Außenstellen besitzt. Ich meine die Rathausbücherei, die schon in der ersten Hälfte des 18. Jahrhunderts existierte. Sie ist eine reine Verwaltungsbibliothek der Stadt, aber auch der Allgemeinheit zugänglich. Neben rund 70000 zentral im Rathaus bereitgehaltenen Bänden stehen noch einmal 85000 Bände in den Handbibliotheken der städtischen Ämter: Hier sind vom Umfang her zuerst das Stadtarchiv sowie die Krankenhäuser zu nennen, daneben das Sozialamt (das wiederum seine Bestände auf untergeordnete Dienststellen verteilt hat), Stadtplanungsamt, Baurechtsamt, Städtische Galerie und das neue Planetarium. Die Literaturbeschaffung für alle Ämter erfolgt zentral in der Rathausbücherei. Hier befindet sich auch eine umfangreiche Sondersammlung von Erstausgaben Stuttgarter Verlage bzw. württembergischer Autoren – ein Umstand, der der zuvor genannten Cotta-Ausstellung sehr zustatten kam.

Lassen Sie mich auf eine kleinere, aber nicht minder wichtige Bücherei eingehen, die von 1965 bis 1977 sozusagen Untermieter im Wilhelmspalais war, bevor sie in größere Räume umzog: Ich meine die vor 20 Jahren gegründete Süddeutsche Blindenbücherei, bei der heute 3500 Hörer eingeschrieben sind. Die Ausleihe, die 1977 fast 120000 Bänder und rund 130000 Kassetten umfaßte, ist keineswegs auf Baden-Württemberg beschränkt: 580 Hörer wurden im übrigen Bundesgebiet bedient, mehr als 100 Entleiher wohnen im Ausland. Übrigens ist der gesamte Postversand, der auch Orte in Übersee einbezieht, für Blinde international gebührenfrei. Diese Benutzungszahlen sind eindrucksvoll, obwohl viele Betroffene von dieser Einrichtung noch nichts gehört haben. Der Benutzerkreis wurde inzwischen auch auf Körperbehinderte ausgeweitet, die auf Grund ihres Gebrechens nicht in der Lage sind, ein Buch zu handhaben (z. B. Spastiker). Angeschlossen ist der Blindenhörbücherei eine 15000 Bände umfassende Punktschriftbücherei, die sogenannte Schwäbische Blindenbücherei, die vor 150 Jahren von Königin Olga gegründet wurde. Viele Hörer sind hier Entleiher, weil sie ihre Fertigkeit im Gebrauch der Blindenschrift nicht verlieren wollen. Wie wichtig jedoch die Bücher auf Band oder Kassette sind, erhellt die Tatsache, daß 71% der 60000 Blinden in der Bundesrepublik Deutschland nach ihrem 50. Lebensjahr erblinden und oft nicht mehr in der Lage sind, die von Braille erfundene Punktschrift zu erlernen.

Unmittelbar neben der Stadtbücherei am Beginn der Konrad-Adenauer-Straße befinden sich das Hauptstaatsarchiv, das eine 70000 Bände große Spezialbibliothek zu den Gebieten Landesgeschichte, Landeskunde sowie allgemeine Geschichte und historische Hilfswissenschaften besitzt, und die Württembergische Landesbibliothek. Handelt es sich bei der ersteren um eine Präsenzbibliothek, die nur an Benutzer von Archivbeständen und an Behörden ausleiht, so ist die Landesbibliothek, wie wir sie alle kurz nennen, die große öffentliche wissenschaftliche Bibliothek des Landes und der Stadt, eine Universalbibliothek, die auch unter ihresgleichen einen hohen Rang einnimmt. Hat sie schon bisher mit ihren insgesamt 1,4 Millionen Bänden, darunter gewichtigen Sondersammlungen, eine beherrschende Stellung eingenommen, so sorgte sie vor wenigen Wochen mit einer einzigen Neuerwerbung für Schlagzeilen in der nationalen und internationalen Presse: Am 7. April wurde in New York eine zweibändige 42zeilige Gutenberg-Bibel, die ursprünglich im Besitz der Heiligkreuzkirche in Offenburg war, für zwei Millionen Dollar ersteigert. Ganze 27 Sekunden dauerte die Auktion, die bei 500000 Dollar begonnen hatte, bis der beauftragte New Yorker Antiquar Breslauer den Zuschlag bekam. Staatssekretär Weng vom hiesigen Kultusministerium, der – begleitet vom Direktor der Landesbibliothek – bei der Versteigerung anwesend war, fungierte als anonymer Käufer. Einschließlich der Spesen kostet das bislang teuerste Buch der Welt rund 4,5 Millionen DM; die Finanzierung erfolgt aus Toto-Lotto-Mitteln. Die Landesbibliothek konnte mit dieser Rarität die letzte große Lücke ihrer über 10000 Bände zählenden Bibelsammlung schließen. Die beiden Bände sind gegenwärtig im gerade umgebauten Buchmuseum der Landesbibliothek ausgestellt. Rechtzeitig zum Kongreß ist auch eine andere gewichtige Ausstellung eingerichtet worden, bei der die Landesbibliothek aus ihrer 6700 Drucke umfassenden Inkunabelsammlung schöpfen konnte. Unter dem Titel „Der Frühdruck im deutschen Südwesten" sind die Druckorte des heute durch das Land Baden-Württemberg gebildeten Territoriums vollständig vertreten. Will man die Pflege der Sondersammlungen der Landesbibliothek, zu denen noch die große Handschriftenabteilung zählt (ich weise auf die bekanntesten Stücke, die Itala-Fragmente aus dem 5. Jahrhundert, den Stuttgarter Psalter, die Weingartner Liederhandschrift, hin), des weiteren die Musiksammlung mit mehreren tausend Notenbänden und einer umfangreichen Gesangbuchsammlung, schließlich die Karten und graphischen Sammlungen, als museale Aufgabe ansehen, dann ist dies nur eine Seite der Arbeit der Landesbibliothek.

Auf der anderen Seite steht die moderne wissenschaftliche Gebrauchsbibliothek – seit August 1970 in neuem Gebäude –, die einen überaus differenzierten Benutzerkreis zu versorgen hat. Eine erst kürzlich ausgewertete Aufschlüsselung der Benutzerstruktur macht deutlich, daß sich der Anteil der Entleiher mit abgeschlossener Hochschulausbildung in den letzten sieben Jahren ziemlich vermindert hat, die Studenten ihren Anteil von rund 40% gehalten haben und die Gruppe der übrigen in Ausbildung Befindlichen fast auf das Doppelte angestiegen ist. Der jährliche Zugang umfaßt in der Landesbibliothek rund 45000 Einheiten, wovon etwa 12000 auf die Pflichtexemplare entfallen. Am 1. Januar 1976 ist ein neues Pflichtexemplargesetz in Kraft getreten, das gegenüber der alten Regelung von 1964 u. a. eine grundlegende Änderung brachte: Die Verleger brauchen das zweite Pflichtexemplar nicht mehr kostenlos abzugeben, d. h. die Landesbibliothek Stuttgart muß für Druckerzeugnisse aus Baden eine Entschädigung von 50% des Ladenpreises entrichten; die Badische Landesbibliothek umgekehrt für die in Württemberg erscheinenden Erzeugnisse. Beide Bibliotheken erhalten dafür einen finanziellen Ausgleich.

Zu den zentralen Aufgaben, die die Landesbibliothek übernommen hat, gehören:

a) Die Redaktion der „Landesbibliographie Baden-Württemberg" in Zusammenarbeit mit der Badischen Landesbibliothek.

b) Die Redaktion des Baden-Württembergischen Zeitschriftenverzeichnisses, an dem jetzt acht Bibliotheken im Lande (in Stuttgart sind dies die Landesbibliothek und die Universitätsbibliothek) mitarbeiten. Bis Ende 1977 wurden von den beteiligten Bibliotheken rund 20000 Titel-, 52000 Bestands- und 4800 Körperschaftsmeldungen produziert, von der Zentrale überprüft und per Magnetband an die Arbeitsstelle für Bibliothekstechnik gegeben.

c) Bei der Landesbibliothek ist die zentrale Ausbildungsstelle für den gehobenen Dienst an wissenschaftlichen Bibliotheken eingerichtet. Die Bibliotheksschule Baden-Württemberg übernimmt die Beamtenanwärter, die ein Jahr Praxis in den Ausbildungsbibliotheken absolviert haben, für das zweite – theoretische – Jahr. In Baden-Württemberg gilt damit immer noch die zweijährige Ausbildungsdauer für Diplom-Bibliothekare. Ab Oktober 1979 wird jedoch die Dauer der Ausbildung auf drei Jahre verlängert; die Erhebung der Bibliotheksschule zur Fachhochschule ist für 1980 vorgesehen.

d) Im Organisationsplan der Landesbibliothek sind schließlich der Zentralkatalog und der regionale Bücherautodienst genannt. Ich darf dazu einige wenige Bemerkungen machen.

Die „Bibliothekare ohne Bücher", wie die Mitarbeiter des Zentralkatalogs gelegentlich genannt werden, verfügten Ende 1977 über 8,8 Millionen Titelkarten mit dem Bestand von 86 Bibliotheken. Von den mehr als 120000 mit positiven Nachweisen versehenen Leihscheinen, die der Zentralkatalog an die gebenden Bibliotheken der Region verteilte, übernahmen die Stuttgarter Bibliotheken – allen voran die Landesbibliothek – rund 25% (bei insgesamt 33 gebenden Bibliotheken). Bei den Bestellungen hatten die Stuttgarter Bibliotheken (in diesem Falle die Landesbibliothek und die beiden Universitätsbibliotheken Stuttgart und Hohenheim) dagegen nur knapp 12% Anteil an rund 111000 Leihscheinen aus der Region im vergangenen Jahr.

Sehr gut bewährt sich nach wie vor der Bücherautodienst, der seit 1967 in der Leihregion eingesetzt ist und aus zwei Linien besteht. Ein Wagen ist in Stuttgart stationiert, der zweite in Saarbrücken – Umschlagplatz ist Karlsruhe. Mit den entsprechenden Zubringerdiensten werden gegenwärtig 31 Bibliotheken angefahren. Die anfangs verwendeten VW-Busse reichten nicht mehr aus, inzwischen wird in Stuttgart ein Bedford- und in Saarbrücken ein Mercedes-Transporter eingesetzt. Mit dieser Aussage ist keine Schleichwerbung verbunden; manchmal kann die Entscheidung für oder gegen ein Fabrikat allein von der Höhe der Bibliotheksgarage abhängen.

Im Gebäude der Landesbibliothek ist auch die ehemals Weltkriegsbücherei, heute Bibliothek für Zeitgeschichte genannte Spezialbibliothek untergebracht. Man könnte das Sammelgebiet dieser 1915 von dem schwäbischen Industriellen Richard Franck gegründeten Bibliothek knapp mit „Konfliktforschung im 20. Jahrhundert" umschreiben. Damit ist die internationale Literatur über alle Kriege, Revolutionen und die Auseinandersetzungen in der internationalen Politik gemeint. Trotz der Kriegsverluste sind bis heute 200000 Bände zusammengetragen worden, dazu eine Reihe seltenster Archivsammlungen: Landkarten, Plakate, Flugblätter sowie ein umfangreiches Fotoarchiv mit Abbildungen aller deutscher Flugzeugtypen und etwa 100000 Fotos deutscher und ausländischer Kriegsschiffe vom Beginn dieses Jahrhunderts bis zur Gegenwart. Mit finanzieller Unterstützung der DFG sammelt die Bibliothek seit 1972 die sogenannte „unkonventionelle Literatur"; darunter werden Broschüren, Zeitungen, Plakate und Flugblätter verschiedener Organisationen mit propagandistischer Zielsetzung – vorwiegend im deutschsprachigen Bereich – verstanden. Sie können sich vorstellen, daß für dieses Material die Mensen der Hochschulstädte eine ergiebige Quelle darstellen. Entsprechend des in dieser Bibliothek gesammelten und aufbereiteten Materials sind die Anfragen weltweit verteilt. 3500 bis 4000 Anfragen gehen jährlich ein, mehr als ein Viertel aus dem Ausland (1977 verteilt auf 35 Nationen). Presse, Rundfunk und Fernsehen gehören zu den ständigen Kunden der Bibliothek; dazu kommen die Bundeswehr, viele ehemalige Soldaten und natürlich der Hochschulbereich. Bis zu 70% der Ausleihwünsche kommen von auswärts, da mit den jährlich herausgegebenen Bibliographien, in denen die Signaturen angegeben sind, gezielte Bestellungen möglich sind. Aus Anlaß des 50jährigen Bestehens der Bibliothek (1965) wurde der Richard-Franck-Preis gestiftet. Der Preis soll Wissenschaftlern und Bibliothekaren zukommen, die eine hervorragende bibliographische Arbeit zu einem Thema der Zeitgeschichte veröffentlicht haben.

Wenn man die östliche Seite der Konrad-Adenauer-Straße verläßt und den „Sprung über den Graben" wagt (so wird die Konrad-Adenauer-Straße in der öffentlichen Diskussion wegen ihres Schneisencharakters bezeichnet), dann findet man im Landtagsgebäude eine gut ausgebaute Parlamentsbibliothek, die nach Kriegsverlusten und späteren Aussonderungen heute wieder 43000 Bände umfaßt und sich insbesondere auf die Gebiete Staatsrecht und Verfassung, Verwaltung, Wirtschaft und Verkehr, soziale Fragen, Finanzen und Steuern sowie Recht und Parlamentswesen spezialisiert hat. Die Bestände, die auch die Gesetzblätter und Gesetzessammlungen aller Bundesländer umfassen, stehen in erster Linie den Abgeordneten, den Fraktionen, dem parlamentarischen Beratungsdienst und der Presse zur Verfügung; es wird aber auch an Benutzer außerhalb des Hauses ausgeliehen. Die Bibliothek ist sehr beengt untergebracht, und es bleibt zu hoffen, daß in dem viel diskutierten Erweiterungsbau zum Landtag auch eine großzügige Bibliothekslösung vorgesehen ist.

Man kann das Kulturzentrum zwischen Wilhelmspalais und Staatsgalerie, in dem wir uns jetzt bewegt haben, nicht verlassen, ohne die Bibliothek des Instituts für Auslandsbeziehungen zu nennen. Das Institut wurde 1917 im Lindenmuseum am Hegelplatz als „Deutsches Auslands-Museum" gegründet. Im Dritten Reich erfolgte die Umbenennung in Deutsches Ausland-Institut und 1951 erhielt es den heutigen Namen. Die Bibliothek ist auf den immensen Bestand von 257000 Bänden angewachsen, wozu noch fast 5000 in- und ausländische Zeitungen und Zeitschriften kommen. Sammelgebiete sind Auslandkunde mit den Schwerpunkten Asien, Afrika, Lateinamerika, auswärtige Kulturpolitik, Kulturbeziehungen mit dem Ausland, dazu Probleme der Entwicklungs- und Bildungshilfe. Regelmäßig werden 800 bis 1000 Zeitschriften ausgewertet, was die Beantwortung zahlreicher schriftlicher Anfragen zur Folge hat. Die Neuerwerbungslisten werden an alle Zweigstellen der Goethe-Institute geben. Besonders wertvoll ist der Bestand an deutschsprachigen Zeitungen aus dem Ausland bis 1945; etwa 20000 Bände wurden über die Kriegswirren gerettet. Zusammen mit den mehr als 12000 Bänden, die seit 1952 gesammelt wurden, ergibt sich ein für die Bundesrepublik Deutschland einmaliger Bestand. Schon vor fünf Jahren wurde damit begonnen, dieses für die Forschung immer interessanter werdende Quellenmaterial zwecks Sicherung und einfacherer Ausleihe zu verfilmen.

Das Bibliothekswesen in Stuttgart wäre unvollständig ohne seine zwei Universitätsbibliotheken. Beide sind so alt wie ihre Hochschulen und bekamen 1967 mit ihrer Umbennenung den Namen Universitätsbibliothek übertragen. Hohenheim ist knapp zehn Jahre älter, da sich die Vorläuferin der ehemaligen Landwirtschaftlichen Hochschule im November 1818 konstituiert hat. Die Bestände waren bis 1969, dem Zeitpunkt des Umzugs in den Neubau, auf 82000 Bände angewachsen. Das neue Gebäude, ein Fertigteil-Bau, wurde notwendig, nachdem die alten Räume im Museumsflügel des Hohenheimer Schlosses baufällig geworden waren. In der modernen, viergeschossigen (davon eines unter der Erde) Bibliothek sind alle, inzwischen auf 210000 Bände angewachsenen Bestände freihand aufgestellt und können bis auf einen kleinen Präsenzbestand entliehen werden. Der Schwerpunkt der Sammlungen liegt bei den naturwissenschaftlichen Fächern (Chemie, Biologie, Lebensmitteltechnologie) sowie den Landbauwissenschaften. 1975 wurde eine Bereichsbibliothek für Wirtschafts- und Sozialwissenschaften durch Zusammenlegung von Beständen der Universitätsbibliothek und der entsprechenden Institutsbibliotheken eingerichtet. Sie ist eine Abteilung der zentralen Hochschulbibliothek und umfaßt 35000 Bücher und Zeitschriftenbände. Sowohl Zentral- als auch Bereichsbibliothek bieten mit 82 Wochenstunden Öffnungszeit ein Optimum an Benutzerfreundlichkeit.

Etwas umfangreicher stellt sich das Bibliothekssystem der Universität Stuttgart, der früheren Technischen Hochschule, dar. Neben der Zentrale im Hochschulbereich Stuttgart-Mitte existiert seit 1973 eine Zweigstelle im 11 km entfernt gelegenen Bereich Stuttgart-Vaihingen. In diese Zweigstelle, für die eine große bauliche Erweiterung unmittelbar bevorsteht, wurde seither vorwiegend naturwissenschaftlich-technische Literatur – analog der Verlegung der entsprechenden Institute – verlagert. Oft mußten Duplizierungen von wichtigen Werken vorgenommen werden, da die Universitätsbibliothek als technische Zentralbibliothek des württembergischen Landesteils auch lokale und regionale Funktionen zu erfüllen hat (18% aller Entleiher gehören z. B. nicht der Universität an).

Zentrale und Zweigstelle der Universitätsbibliothek Stuttgart bilden nur die eine Seite des zweigleisigen Bibliothekssystems. Daneben bestehen an der Universität 126 sonstige bibliothekarische Einrichtungen – entweder als (Fach-) Bereichs-, Instituts-, Abteilungsbibliothek oder als Bibliothek einer zentralen Einrichtung (z. B. Rechenzentrum). Von den 126 bibliothekarischen Einrichtungen sind gegenwärtig 62 im Bereich Stuttgart-Vaihingen angesiedelt und 64 befinden sich noch im Bereich Stadtmitte. Nach den Vorstellungen der Universitätsplaner sollen im Stadtzentrum auf jeden Fall die geistes-, wirtschafts- und sozialwissenschaftlichen Institute verbleiben sowie die Architekturfachbereiche. Z. Zt. sind hier aber auch noch die Institute der Geo- und Biowissenschaften, der Elektrotechnik (Neubau in Vaihingen ist in der Planung) und einige des Bauingenieur- und Maschinenwesens ansässig.

Welche grundsätzlichen Probleme eine Teilung der Universität für die Literaturversorgung mit sich bringt, brauche ich nicht näher zu erläutern. Solange z. B. keine Magazinbestände verlagert werden können, müssen die Benutzer der Zweigstelle mit einer Bereitstellungszeit von fast einem Tag rechnen: eine betrübliche Tatsache im Vergleich zur Sofortausleihe der Zentrale, die jedes magazinierte Buch in drei Minuten zur Verfügung stellt. Beim Bestand, der zu Beginn dieses Jahres 508 000 Bände sowie 4 000 laufende Zeitschriften umfaßte, kann die Universitätsbibliothek ihre Abstammung von der ehemaligen TH-Bibliothek nicht verleugnen. Dennoch konnten – im Zusammenhang mit dem Ausbau der Hochschule zur Volluniversität – mit Sondermitteln auch umfangreiche Erwerbungen in den geisteswissenschaftlichen Fachgebieten vorgenommen werden.

Die Reihe der Stuttgarter Bibliotheken, die ich Ihnen kurz vorstellen wollte, ist noch keineswegs erschöpft. Ich habe noch nicht einmal alle Typen genannt. Da wären die Bibliotheken der zahlreichen Fachhochschulen zu nennen. Ich denke hierbei an die Berufspädagogische Hochschule gegenüber der Universitätsbibliothek, an die Fachhochschule für Technik und an die Fachhochschulen für Öffentliche Verwaltung und für Druck. Eine gut ausgebaute Bibliothek mit fast 20 000 Bänden und einer nahezu vollständigen Sammlung der bibliothekarischen Zeitschriften-Literatur besteht an der Fachhochschule für Bibliothekswesen, dem früheren Süddeutschen Bibliothekar-Lehrinstitut. Die Kunstakademie ist aufzuführen, die Musikhochschule mit ihren 38 000 Noten-Bänden und die Staatsgalerie. Aber auch die großen industriellen Fachbüchereien sollte ich erwähnen, wie sie etwa bei den Firmen Bosch, Daimler-Benz und SEL bestehen, und die auch einspringen, wenn z. B. ein Student ein spezielles Problem zu lösen hat.

In Stuttgart bieten mehrere kirchliche zentrale Bibliotheken ihre Dienste an: Ich nenne hier die Bibliothek des Evangelischen Oberkirchenrats, die früher eine Behördenbibliothek war, heute Koordinationsfunktionen für andere kirchliche bibliothekarische Einrichtungen übernommen hat und die auch für die Öffentlichkeit zur Verfügung steht.

Vorhanden sind Bibliotheken der ausländischen Kulturinstitute, wobei ich hier in erster Linie an das Amerika-Haus denke, das 1974 seine Bestände aktualisiert hat und heute ein ganz ausgeprägtes Informationssystem anbietet. An einen ausgewählten Benutzerkreis werden von dort regelmäßig Inhaltsverzeichnisse amerikanischer Zeitschriften versandt und später – ebenso kostenlos – die gewünschten Kopien.

Die Möglichkeit, die Wehrbereichsbibliothek des Wehrbereichskommandos V in Stuttgart-Bad Cannstatt zu benutzen, ist ebenso noch zu wenig bekannt wie die Benutzungsmöglichkeit vieler anderer Bibliotheken. Die sechs in der Bundesrepublik befindlichen Wehrbereichsbibliotheken haben sich neben allgemeiner Literatur auf bestimmte Fachgebiete spezialisiert. Stuttgart sammelt z. B. die Militärliteratur der lateinamerikanischen Länder sowie Spaniens und Portugals. Über den Zentralkatalog der Bundeswehr in Düsseldorf kann auch in Stuttgart nicht vorhandene Literatur beschafft werden.

Lassen Sie mich abschließend noch zwei Bibliotheken nennen, die schon ihren festen Benutzerkreis haben und zusätzlich von unseren Studenten stark frequentiert werden. Dies ist einmal die Pädagogische Zentralbibliothek innerhalb der Landesstelle für Erziehung und Unterricht, die in erster Linie Lehrer vor der zweiten Dienstprüfung mit Literatur versorgt. Der Bestand umfaßt 73 000 Bände und 160 laufende Zeitschriften. Letztere werden für eine eigene Dokumentation ausgewertet und können danach auch ungebunden entliehen werden. In dieser Spezialbibliothek finden sich alle amtlichen Informationen der Kultusministerien der Länder, dazu alle Lehrplansammlungen und 4 500 Titel der in Baden-Württemberg zugelassenen Schulbücher.

Viele Benutzer aus der gewerblichen Wirtschaft, aber auch aus dem Hochschulbereich, konnten schon Hilfe finden in der Bibliothek für berufliche Bildung, die aus der früheren Bibliothek für Technik, Kunst und Wirtschaft hervorgegangen und nur wenige 100 Meter von hier im Landesgewerbeamt untergebracht ist. Ein „Technisch-Betriebswirtschaftlicher Literaturdienst", der schon im neunten Jahr herausgegeben wird, hilft den Öffentlichen Bibliotheken im Lande bei der Einrichtung eigener Fachbereiche für berufliche Bildung. Im gleichen Hause befindet sich auch die Patentschriftenauslegestelle mit den deutschen Auslege- und Offenlegungsschriften sowie den deutschen Gebrauchsmustern, außerdem schweizerischen, österreichischen und amerikanischen Patentschriften. Eine 3 000 Bände umfassende Design-Bibliothek wurde erst unlängst aus der Bibliothek für berufliche Bildung ausgegliedert und dem Design-Center als Präsenzbibliothek zur Verfügung gestellt.

Unter dem Titel „Das Stuttgarter Bibliothekswesen" habe ich Ihnen eine Reihe von einzelnen Bibliotheken vorstellen können und versucht, ihre Besonderheiten herauszuheben. Hätte ich noch ausführen wollen, wie diese Bibliotheken untereinander in Verbindung stehen, wo sie sich absprechen und auf welche anderen Stuttgarter Sammlungen sie verweisen – es wäre ein zweiter Vortrag von gleicher Länge nötig gewesen. Ich habe Ihnen auch keine Klagen und Sorgen mitgeteilt; entnehmen Sie dem nicht, daß in Stuttgart – insbesondere auf dem Personalsektor – nur Sonnenschein vorherrscht.

Die Frau in der Bibliothek

Von

HILDE SCHMIDT

Über Gleichberechtigung und Emanzipation gibt es Berge von Literatur; über Gleichberechtigung und Emanzipation – gesehen mit den Augen der in Bibliotheken arbeitenden Frauen – gibt es außer den Diskussionsbeiträgen in der Zeitschrift „Buch und Bibliothek" (BuB) so gut wie nichts. In diesen Beiträgen wird immer wieder nach Rezepten verlangt, nach ausführlichen Gebrauchsanweisungen dafür, wie die Frau in der Bibliothek dem Rollenkonflikt entgehen könnte, der dadurch entsteht, daß viele Frauen die Berufsrolle und die Familienrolle miteinander vereinbaren wollen oder müssen. Mir ist bei der Beschäftigung mit dem Thema auch keine Patentlösung eingefallen. Es ist mir im Gegenteil aufgefallen, daß der Konflikt der in einer Bibliothek arbeitenden Frau größer ist als der jeder anderen berufstätigen Frau, gleichgültig, ob diese Frau Familie und Kinder hat oder nicht. Um der Sache auf den Grund zu gehen und weil ich 45 Minuten dafür zur Verfügung habe, untersuche ich vor allem die Situation der ersten Bibliothekarinnen. Was kommt dabei heraus, wenn wir uns mit ihnen vergleichen? Wie würde ich zum Beispiel aussehen, wenn ich vor 83 Jahren vor Ihnen über dasselbe Thema zu sprechen hätte: Ich wäre bekleidet wie die Vorbilder der ersten Bibliothekarinnen, die großen Vorkämpferinnen der Frauenbewegung, Helene Lange (1848–1930) z. B. und Gertrud Bäumer (1873–1954): Ich hätte ein Kostüm an, eine Hemdbluse, eine Weste, Stiefel, eine Krawatte. Sehr wichtig wäre: weder ein Mieder noch ein Korsett! Die Farbe der Strümpfe konnte man damals wegen der langen Röcke nicht so leicht erkennen, deshalb gebe ich gleich freiwillig zu: Ich bin ein Blaustrumpf!

Im Jahre 1882 war ein Viertel aller Frauen in Deutschland berufstätig, d. h. sie arbeiteten als Arbeiterinnen in der Industrie; 1907 waren es bereits 1560000. Vergleichen Sie damit, daß es 1908 etwa 200 Bibliothekarinnen gab, in allen Arten von Bibliotheken zusammengenommen. Im Jahre 1912 waren 207 Damen an wissenschaftlichen Bibliotheken tätig, 260 an Volksbibliotheken, zusammen also 467. Davon arbeiteten 142 in Berlin, 35 in Breslau, während sich die übrigen auf die Städte Hamburg, Düsseldorf, Dortmund und Essen verteilten. Im übrigen Deutschland gab es keine Bibliothekarinnen.

Aus der großen Zahl von berufstätigen Frauen um die Jahrhundertwende dürfen wir nicht schließen, daß es sich um ein Bekenntnis der Frauen zu gewollter Arbeit handelte oder um eine Gleichberechtigung. Von Gleichberechtigung kann gar keine Rede sein. Die Frauen arbeiteten in den Fabriken, in untergeordneten Stellungen, nur deshalb, weil sie es mußten. Bittere Armut zwang sie dazu. Unseren 467 Bibliothekarinnen steht eine Schar von fast zwei Millionen Arbeiterinnen, Putzfrauen, Dienstmädchen, Näherinnen gegenüber. Die Begabten unter den Damenschneiderinnen konnten es im Monat bis auf 300 Reichsmark bringen, die Bibliothekarinnen verdienten 70 bis 150 Reichsmark, ebenso viel wie die unterste Stufe der Putzfrauen, die sogenannten Putzgehilfinnen.

Da in der BuB-Diskussion über die Frauen in der Bibliothek öfters von dem Preis die Rede ist, der zu zahlen ist, wenn eine Frau heute Ehe, Kinder und Bibliotheksberuf miteinander vereinbaren will, dürfen wir nicht übersehen, daß der Preis, den die ersten Bibliothekarinnen für ihren Beruf zahlen mußten, sehr hoch war: Sie mußten grundsätzlich auf Ehe, Familie und Kinder verzichten zugunsten ihres Berufs. Die erste Frau, die an einer öffentlichen Bibliothek selbständig arbeitete, war Bona Peiser. Sie war seit 1895 als die erste Volksbibliothekarin in Berlin tätig. Da es in Deutschland damals noch keine Ausbildungsmöglichkeit für weibliche Bibliothekare gab, hatte sie ihre Fachstudien in England machen müssen. Als sie 1929 starb, wurde in einem Nachruf die klare Schärfe ihres Geistes gerühmt und die ruhevolle Güte ihres Wesens in einem überaus zarten, unscheinbaren Körper. Dieses Wort unscheinbar im Zusammenhang mit dem Äußeren der ersten Bibliothekarin ist alarmierend. Wer würde es wagen, im Nachruf auf einen männlichen Bibliotheksleiter sein unscheinbares Äußeres zu erwähnen? Dieselben Eigenschaften, mit einem ebenso unscheinbaren Äußeren, soll Berolina Timme gehabt haben, die erste Dame, von der Näheres bekannt ist, die in einer Werkbibliothek arbeitete. Berolina Timme arbeitete 1905 in der Werkbibliothek der Firma Siemens in Berlin. Sie gab Listen empfehlenswerter Bücher heraus und Listen solcher Titel, die in der Werkbibliothek – ihrer Meinung nach – auf keinen Fall angeschafft werden sollten. Außerdem machte in diesen Jahren noch eine andere Bibliothekarin von sich reden: Bennata Otten aus Lübeck. Da Sie sicherlich auch niemanden kennen, der mit Vornamen Bennata, Berolina oder Bona heißt, darf ich mir erlauben, als Gemeinsames an diesem Trio hervorzuheben, daß die Damen vielleicht ein unscheinbares Äußeres, aber unerhörte Vornamen hatten. Sie hatten gemeinsam auch alle drei das Bestreben, gegen Schundliteratur anzukämpfen und ihren Lesern gute Bücher zu empfehlen. 1912 wurde in Berlin am Zoo in einer Sonderausstellung „Die Frau als Bibliothekarin“ eine Sammlung guter Bücher in billigen Ausgaben gezeigt, durch die Bona Peiser bekannt und unter den Bibliothekarinnen berühmt wurde.

Was waren damals gute Bücher? Das Beste vom Besten war Rilke. Auch Stefan George galt als sehr gut und sehr progressiv; Stefan George ist jetzt fast ganz vergessen. Aber bei der 100-Jahr-Feier zu Rilkes Geburtstag sah man die männlichen Spitzen unserer Gesellschaft, Bankdirektoren, Politiker, alle möglichen einflußreichen Herren sich als Rilke-Verehrer entpuppen. Rilke gilt heute wie damals. Und was sagte er den Frauen und Müttern:

> Manchmal fühlt sie: das Leben ist groß,
> wilder wie Ströme, die schäumen,
> und leise läßt sie die Stunden los
> und schenkt ihre Seele den Träumen.

„Und schenkt ihre Seele den Träumen“, die Schönheit dieser Beschreibung des weiblichen Wesens wird heute noch vielen Frauen zum Verhängnis. Damals wie heute verrichten die Frauen nämlich hauptsächlich Routine-Arbeit – und unterdessen schenken sie ihre Seele den Träumen. Die neuesten, 1977 erschienenen Zahlen und Erkenntnisse über die „Berufsbildung der Frau heute“ besagen, daß „selbst in den Staaten, in denen die Frau gesetzlich und gesellschaftlich dem Manne verhältnismäßig gleichgestellt ist, Zehntausende junger Mädchen und Frauen überkommenen Rollenvorstellungen anhängen. Sie entscheiden sich freiwillig für Lebenswege, die sie von vornherein in jeder Situation des öffentlichen Lebens benachteiligen.“ Wenn im Jahr 1985 250000 Jugendliche keinen Ausbildungsplatz bekommen, sollen wir raten, wieviele davon weiblich sein werden? Auch diese Gedanken lassen sich mit Versen von Rilke untermalen, die zu der schönsten poetischen Umschreibung für das gehören, was man heute Lebensqualität nennt:

> Du mußt das Leben nicht verstehen
> dann wird es werden wie ein Fest!
> So wie ein Kind im Weitergehen
> von jedem Wehen
> sich viele Blüten schenken läßt.

Wenn ich behaupte, daß der Rollenkonflikt der in einer Bibliothek arbeitenden Frau größer ist als der jeder anderen berufstätigen Frau, dann deshalb, weil in den Büchern selbst, die die Grundlage ihrer Berufsarbeit bilden, der Konfliktstoff enthalten ist. Daß die wissenschaftlichen Bibliothekare um die Jahrhundertwende von der Routine-Arbeit entlastet werden wollten, ist der Grund dafür, daß Frauen überhaupt zum Bibliotheksdienst zugelassen wurden. Der stürmische Fortschritt von Wissenschaft und Technik brachte so enorme Anforderungen an die Bibliotheken mit sich, daß z. B. die Königliche Bibliothek in Berlin 1886 von 157000 eingegangenen Buchwünschen nur 36000 befriedigen konnte. 1913 gingen 717000 Buchwünsche ein. Das entspricht einer Steigerung von 450%. Die Planstellen für Bibliothekare hätten um 2000% gesteigert werden müssen, um alle Buchwünsche zu befriedigen. Auf diese Sachlage geht die Einführung eines auch für Frauen zugelassenen mittleren Dienstes an wissenschaftlichen Bibliotheken zurück. Dazu kam die Euphorie des Volksbildungsgedankens und die Schaffung vieler neuer öffentlicher Bibliotheken. Den bibliothekarischen Beruf für Männer als Ausbildungsfach mit Abschlußprüfung gibt es übrigens auch erst seit 1893.

Wenn wir jetzt auf die Straße hinausgingen und die Passanten fragten, was sie sich unter einem Bibliothekar vorstellen, dann würde aus den Antworten hervorgehen, daß auch die männlichen Vertreter dieses Berufsstandes eine Aufforstung des Selbstbewußtseins nötig hätten. Probeweise habe ich in der letzten Zeit solche Fragen gestellt, und man hat mir geantwortet: Bibliothekar – gut und schön; aber was macht so ein Mann wirklich? Im März dieses Jahres kam heraus, daß der Bandenchef der Terroristen, die in Paris den Großindustriellen Baron Empain entführt hatten, ein Doppelleben führte, das auf der einen Seite untadelig war: Er war verheiratet mit einer schönen Frau, hatte zwei reizende Kinder, war bei seinen Kunden angesehen und sehr beliebt: Er war Bibliothekar in Montpellier. Verhältnismäßig leicht läßt sich sagen, was der Mann, der Bibliothekar hieß, wirklich machte, bei Casanova, der Bibliothekar auf Schloß Dux in Böhmen war, bei Lessing, der Bibliothekar in Wolfenbüttel war, bei Graf Platen, der Bibliothekar in Erlangen war. Der berühmt gewordene Langeweile-Kommentar von Dietrich Segebrecht in BuB, Heft 9/76, brachte auch die bittere Anekdote, daß eine Frau, die den Beruf ihres Ehemanns bei einer amtlichen Stelle mit Bibliothekar angab, sehen mußte, wie der Beamte ohne weiteres in die Spalte „halbtags tätig" ein dickes Kreuz machte. Normalerweise heißt es von einem Mann nicht, er sei Bibliothekar, sondern er sei der Leiter der Bibliothek. Die allgemeine Meinung sagt, wenn Bücher im Leben eines Menschen wirklich eine Rolle spielen, dann ist dieser Mensch ein Mann. Die Menschen, die Bücher besonders lieben, heißen: die Bibliophilen. Dazu gibt es keine weibliche Form: eine Bibliophilin. Auch ein Bücher-Narr, der es mit der Liebe zu Büchern übertreibt, ist ein Mann: ein Bibliomane. Ein Mann, der Conte Libri in Paris (1803–1869), ist der berühmteste Bücherdieb. Ein Mann, der Thüringer Pfarrer Tinius (gest. 1846), ist der berühmteste Mörder, der aus Bücherwut mordete. Eine Frau, die aus Leidenschaft zu Büchern ein Verbrechen begangen hätte, ist mir dagegen nicht bekannt, auch keine Frau, die als Besitzerin oder Sammlerin einer Bibliothek in die Geschichte eingegangen wäre wie so viele Könige, Herzöge, Fürsten und Gelehrte. Als Stifterinnen einer Bibliothek habe ich die Namen von zwei Frauen gefunden: Frau Ida Bienert stiftete die Freie Öffentliche Bibliothek in Dresden-Plauen, und Frau Anna Zanders, geb. v. Siemens, stiftete die Öffentliche Bücherei in Bergisch-Gladbach.

Unsterblich geworden ist dagegen das Gesicht eines unbekannten jungen Mädchens, das dem Maler Renoir als Modell diente für die menschliche Situation selbstvergessener Hingabe. Sie kennen bestimmt alle das Bild: Über ein

Buch gebeugt. Die Hingabe ist übrigens das tertium comparationis, weshalb Casanova in seiner „histoire de ma vie" eine erotische Buchmetaphorik einführt. Frau ist gleich Buch. Bei beiden richtet sich das Interesse des Kenners vor der Bekanntschaft mit den inneren Qualitäten zunächst auf das Äußere. Seit der Barockzeit gibt es in Deutschland anzügliche Vergleiche zwischen Frau und Buch als festes Repertoire von Hochzeitsscherzen und Casualcarmina.

Nicht nur die Verachtung der Frau, sondern auch die Verachtung des Buches hat eine lange Tradition. Welche Rolle spielen denn Bücher in unserer Gesellschaft? Von den wundervollen Reden bei der Eröffnungsveranstaltung am Mittwoch, die den Büchern und den Bibliothekaren eine schmeichelhafte, riesige Bedeutung unterstellten, war der ehrlichste Satz wahrscheinlich der des Bürgermeisters dieser Stadt: „Wenn man bedenkt, was allein die Reparatur der Winterschäden an den Stuttgarter Straßen kostet, dann sind die Ausgaben für Bibliotheken doch ein Klacks." – Wenn also eine Frau, eine von der Gesellschaft als inferior betrachtete Persönlichkeit, sich auch noch mit einer Ware wie mit dem Buch berufsmäßig abgibt, einer Ware, die in der Gesellschaft eine inferiore Rolle spielt..., wie sollte sich das nicht potenzieren!

Die ersten sechs Frauen, die in Deutschland in einer wissenschaftlichen Bibliothek arbeiten durften, schätzten sich glücklich, daß sie zu Routine-Arbeiten und einfachen Katalogisierungsarbeiten herangezogen wurden. Das Stichwort für dieses epochemachende Ereignis ist das Jahr 1899. Johannes Franke, der spätere Direktor der Universitätsbibliothek Berlin, kam damals bei der Vorbereitung zu der Eröffnung der Kaiser-Wilhelm-Bibliothek in Posen auf die Idee, Frauen heranzuziehen. Die ersten Bibliothekarinnen mußten in den Vormittagsstunden arbeiten und in den Abendstunden. Die Nachmittagsstunden blieben frei. Samstags wurde immer gearbeitet, aber auch jeden zweiten Sonntag. „An dem Prinzip, daß Frauen in gleicher Stelle nicht dasselbe Gehalt beziehen wie Männer, ist doch wohl auch hier festzuhalten", schrieb Adolf v. Harnack damals in einem Gutachten. Dazu muß man wissen, daß Herr v. Harnack die Anstellung der Frauen in Bibliotheken wärmstens befürwortete und daß er selber eine Tochter hatte, die Bibliothekarin war. Es fallen einem ganz beachtliche Positionen für Männer ein, wenn man die Anforderungen rekapituliert, die an die Frauen damals gestellt wurden: „Absolvierung einer zehnklassigen Schule oder Abitur eines Gymnasiums; Ableistung einer Volontär-Zeit, Sicherheit im Auftreten, Takt, Lebensreife, glückliches Gedächtnis, Geduld und Ausdauer, ausreichendes Reservoir an Körperkräften, Mindestalter für die Beschäftigung in der Ausleihe: 25 Jahre! Dazu unbedingt Vorlesungen an einer Universität über Philosophie und Literatur als Kontaktstudium."

Sie erinnern sich an die Bezahlung im Rang einer Hilfsputzfrau. Ist die Benachteiligung der Frauen vielleicht gottgewollt? Papst Paul VI. hat in einem apostolischen Schreiben über die zeitgemäße Marienverehrung betont, daß „Gott als erster die Emanzipation der Frau gewollt habe". Mit Gott kann sich die Frau nicht identifizieren, denn Gott ist männlich. Weil das Verhältnis zu Gott oder zu einem Absoluten, wie immer man es nennt, für den Menschen auf seiner Suche nach Identität wichtig ist, gehört zu der Identitätskrise der Frau auch die Tatsache, daß sie zu Gott nur durch die Liebe in Beziehung treten kann. Als Liebende mißt die Frau sich einen ungeheuren Wert bei. Nicht, wer sie ist, sondern, daß sie liebt, ist für die Frau ausschlaggebend. Um zu lieben, braucht man keine Bücher, nicht einmal Worte. Die Identitätskrise der Frau als Bibliothekarin ist vielleicht auch deshalb so unvergleichlich, weil sie sich beruflich mit einem Stoff befaßt, der in ihrer eigenen untergründigen Wertskala ganz unten steht, wenn Liebe und Lieben den höchsten Wert darstellen. Ihre Lebenskraft gibt die Frau als Bibliothekarin an einen Wert, der für sie nicht unumstritten ist. Woher soll sie ihr Selbstwertgefühl beziehen? Wenn eine Frau dagegen einen Mann liebt, der ihrer Liebe nicht wert ist, dann bleibt sie in ihren eigenen Augen und in den Augen der anderen die Heldin der Liebe, und darin findet sie sehr wohl ihre Identität.

Wenn Himmler im Dritten Reich seine Vorstellungen nach einem vielleicht gewonnenen Krieg hätte verwirklichen können, dann gäbe es jetzt keine einzige berufstätige Frau mehr in Deutschland und schon gar keine Bibliothekarin. Im Sachregister von „Mein Kampf" fehlt das Stichwort Frau. Für Hitler erschöpfte sich die Rolle der Frau ohnehin in der Rolle der Gebärerin. Um den völkischen Staat mit rassereinem, erbgesundem Volkstum aufzufüllen, plante Himmler in der Einrichtung „Lebensborn", daß es gesetzlich verboten werden sollte, daß eine Frau mit dreißig immer noch ohne Kinder blieb. Es sollte gesetzlich erzwungen werden, daß die Frau sich der Begattung durch einen Begattungshelfer unterzog, wofür freilich nur „wertvolle und rassisch einwandfreie Männer" in Frage kamen. Bei vier bis fünf Kindern gab es das Mutterkreuz in Bronze, bei sechs bis sieben in Silber, bei acht und mehr Kindern in Gold. Auf dem Mutterkreuz stand: Das Kind adelt die Mutter. Kann man sich vorstellen, daß eine Bibliothekarin ein Schmuckstück trägt mit der Aufschrift: Der Beruf oder das Buch adelt die Frau?

Für die Schriftstellerin, deren Produkte von der Frau in der Bibliothek verwaltet werden, ist die Situation dieselbe. Angelika Mechtel schrieb im Herbst 1977, daß in der deutschen Literatur sich „das deutsche Fräulein-Wunder" abzuzeichnen beginne. Zitat dazu von Robert Neumann: „Frauen schreiben die Männer an die Wand." Dennoch zieht Angelika Mechtel ein Wohl-oder-Übel-Fazit: „Jener weibliche Autor hat mehr Chancen zu reussieren, der auf einen Teil seines Lebens verzichtet. Verzichtsklausel zugunsten der Literatur? Ein trauriges Kapitel weiblicher Entwicklungsgeschichte." Eine Schriftstellerin kann ihre Einfälle nicht für später in den Kühlschrank legen, während sie die Kinder großzieht, um sie dann wieder hervorzuholen. Und für den Versuch der Bibliothekarin, in den Beruf zurückzukehren, gibt es bisher nicht viele geglückte Anschauungsbeispiele.

In einem eigentlich militant feministischen Buch von Emma Santos, das im März 1978 erschienen ist, kommt die Heldin Emma S. sogar zu der Alternative: Schreiben oder leben... Wenn diese Alternative Schule macht, dann wird die Frau in der Bibliothek es schließlich nur noch mit Büchern von Männern zu tun haben. Von der ersten Stunde an wurde die Frau in der Bibliothek vor die Alternative gestellt: arbeiten oder leben – Beruf oder Liebe, Ehe, Kinder.

Zur Zeit befindet sich die Identitätskrise auf einem Höhepunkt, weil beide Teile der Alternative fast gleichwertig sind. Die Nur-Hausfrau fühlt sich nämlich auch nicht mehr wohl. Und die Frau in der Bibliothek hat es im Fall der Schönen Literatur mit Büchern zu tun, die ihre Identitätskrise schüren. Wahrscheinlich haben auch die ersten Bibliothekarinnen schon unter dieser Identitätskrise gelitten, selbst wenn ihr Beruf die schöne Eigenschaft hatte, als standesgemäß zu gelten. Noch heute haben viele von uns die Mühe, Töchter von einflußreichen Vätern „standesgemäß" in ihrer Bibliothek unterzubringen. Daß der Beruf der Bibliothekarin als standesgemäß angesehen wurde, rührt daher, daß damit nicht die Vorstellung von körperlicher Arbeit verbunden ist. Die körperliche Arbeit wurde um die Jahrhundertwende verachtet. Der Standesdünkel der bürgerlichen Familien und der Familien des Adels ließ nicht einmal mehr Hausarbeit mit eigener Hand für die Frauen und Mädchen zu. Die Hausarbeit mußte von Dienstmädchen verrichtet werden. Als weibliche Handarbeiten waren nur Sinnlosigkeiten zulässig: gestickt, gehäkelt, gestrickt, brandgemalt oder goldbronziert, vielleicht auch handgemalt. Hauptsache: Die Dame war berufslos und hatte ein Dienstmädchen für die körperliche Arbeit. Als abschreckendes Beispiel für außerhäusliche Berufsarbeit galt das Schicksal der unter grauenhaften Bedingungen in der Fabrik arbeitenden Proletarierfrau. Gemessen an diesen vor der Zeit gealterten, von Krankheiten und Sorgen überfluteten Frauen, die ihre Kinder nicht liebten, sondern froh waren, wenn eines starb, die ihren Mann nicht liebten, sondern seine sexuellen Wünsche und seine Schläge fürchteten, wenn er betrunken war – gemessen an dem Schicksal dieser berufstätigen Frauen gab es nur ein Ideal: das Idyll der nicht arbeitenden, sorglosen Hausfrau. Diese armen Fabrikarbeiterinnen konnten ihren Mann und ihre Kinder nicht lieben. Aus dieser Tatsache leitet sich das gewaltigste Vorurteil gegen die Berufstätigkeit einer Frau und Mutter her. Zeit haben und ohne Sorgen sein, das gehört einfach zum Ideal eines weiblichen Wesens. Das weiblichste Gedicht dazu hat ein Mann geschrieben, Eduard Mörike (1828):

Hier lieg' ich auf dem Frühlingshügel:
Die Wolke wird mein Flügel
Ein Vogel fliegt mir voraus
Ach, sag mir, alleinzige Liebe,
Wo du bleibst, daß ich bei dir bliebe
Doch du und die Lüfte, ihr habt kein Haus.

Der Sonnenblume gleich steht mein Gemüte offen,
Sehnend
Sich dehnend
In Liebe und Hoffen.
Frühling, was bist du gewillt?
Wann werd' ich gestillt?

Sollen wir die Gesammelten Werke von Rilke und Mörike verbrennen oder durch den Aktenwolf zerreißen lassen, um nur diejenige Literatur im Bestand zu führen, die in einem 45 Seiten starken, wundervollen Auswahlverzeichnis von der Stadtbibliothek Hannover 1977 unter der Überschrift Frauenfragen zusammengestellt worden ist? Würde uns das weiterbringen? Mit Ilona Kickbusch (BuB, 1976: Abschied von der Eule der Minerva) frage ich: Wohin? „Der übliche Rat: Arbeite mehr und sei doppelt so gut wie ein Mann" trifft doch nur den Teilbereich „Arbeitsmarkt". Der aber macht doch nun wahrlich nicht die ganze Frau, ihr gesamtes Leben aus! Ebenso gut könnte man raten: „Vergiß, wie sich's so lebt als ganzer Mensch,verzichte auf eine Familie, leg' Dir eine Elefantenhaut zu, und Du wirst es schon schaffen! Schaffen – wohin? Aufstieg, Karriere sind nicht gleich Emanzipation, bergen keine Alternativen. Also Nutzenkollisionen, die im weiblichen Individuum in eine Identitätskrise umschlagen."

Mit Recht betont Ilona Kickbusch in demselben Artikel, daß aus dem Handbuch der Öffentlichen Bibliotheken hervorgeht, daß bei einer Zahl von Bediensteten in der Bibliothek,
die 10–29 beträgt, 36 Leiter männlich und 20 Leiter weiblich,
bei 30–39 Bediensteten, 30 Leiter männlich und 5 Leiter weiblich,
bei 100 und mehr Bediensteten, 12 Leiter männlich und null Leiter weiblich sind.

Die kirchlichen Bibliotheken und die Werkbibliotheken sind oft kleiner, haben also weniger als 10 Bedienstete, haben aber meistens Frauen als Leiter. Im Börsenblatt vom 5. Mai 1978 wird betont, daß im Buchhandel wie im Bibliothekswesen die Zahl der weiblichen Mitarbeiter zwischen 75 und 85 Prozent liegt, daß dieses Verhältnis sich in den höchsten Ämtern aber nicht widerspiegelt.

Was ich über die Frau in der Bibliothek sage und was ich über die Frau als Autorin und die Frau als Leserin andeute, das gilt auch für die Frau in der Buchhandlung. Würde es uns allen helfen, wenn wir nur noch Bücher aus dem Literaturverzeichnis zu Frauenfragen schreiben, verlegen, verkaufen, verleihen? Sollen wir uns ganz auf Nachschlagewerke und ausschließlich auf Sachbücher konzentrieren? Sollen wir eine eigene Frauensprache verlangen, wie es auf einem Literatur-Symposion in Graz im vergangenen Herbst von den anwesenden Schriftstellerinnen gefordert wurde? (Das Thema der Veranstaltung hieß: Männersprache – Frauensprache, Frauenliteratur – Männerliteratur.) Alle großen Tageszeitungen brachten eine Würdigung dieser Veranstaltung durch einen männlichen Kritiker. Es wurde erstaunlich wenig darüber gewitzelt, aber doch solche männlichen Zwischenrufe rekapituliert wie: „Wenn einer hier Männersprache spricht, wenn einer hier aggressiv ist – dann doch diese Dame?" – Sollen wir in den Bibliotheken analog zur Jugend-Bücherei eine speziell für Frauen gedachte Frauen-Bücherei einrichten? Es gibt quasi eine Frauen-Gegen-Öffentlichkeit mit eigenen Verlagen und Zeitschriften, deren Ziel es ist, eine weibliche Kultur zu propagieren. WOZU? WOHIN? Sollen wir wirklich? Ich bin froh, daß ich nicht lateinisch sprechen muß, sonst müßte ich nämlich bei der Wahl des Fragepronomens am Anfang des Satzes schon wissen, ob ich die Antwort Ja oder Nein erwarte. Und gerade das weiß ich ja nicht. Die erwähnten Berge von Literatur zur Frauenfrage haben dem Patriarchalismus und dem Kapitalismus den Schwarzen Peter fest in die Hand gedrückt.

Der Diskussion über die Frau in der Bibliothek ließe sich dennoch sehr viel hinzufügen. Ich möchte heute nur den Gedanken beitragen, daß die Identitätskrise der Frau in der Bibliothek größer ist als die jeder anderen berufstätigen Frau,

1. weil die traditionelle Verachtung der Frau und die Verachtung des Buches übereinstimmen und sich gegenseitig potenzieren,
2. weil in den Büchern selbst der Konfliktstoff enthalten ist: die Schönheit der Poesie als Spiegel des Ewig-Weiblichen.

Nehmen Sie zum Beispiel eine Definition der Frau in der Bibliothek als Shakespeare-Zitat:

> ... wir sind von solchem Stoff,
> wie die Träume sind,
> und unser kleines Sein umfaßt ein Schlaf...

und lassen Sie mich zum Schluß das Thema folgendermaßen umtaufen:
Die Frau in der Bibliothek
oder
Der Stoff, aus dem die Träume sind.

LITERATURVERZEICHNIS

Bücher

Bebel, August: Die Frau und der Sozialismus. Berlin, Bonn-Bad Godesberg 1977.

Gerhard, Ute: Verhältnisse und Verhinderungen. Frauenarbeit, Familie und Rechte der Frauen im 19. Jahrhundert. Frankfurt am Main 1978.

Handbuch des Büchereiwesens. Hrsg. v. Johannes Langfeldt (Wiesbaden 1973) I. Halbbd S. 623–625.

Herkommer, Charlotte; Swantje Hanck: Berufsziel Fließband? Die Berufsausbildung der Frau in der BRD. Koblenz 1977.

Hofmann-Bosse, Elise: Die Frau im Dienste der volkstümlichen Bibliothek. Leipzig 1915.

Internationaler Frauenkongreß Paris. Pfingsten 1977. Informationen u. Erfahrungen. Autorinnengruppe. Münster 1977.

Jaeschke, Emil: Volksbibliotheken (Bücher- und Lesehallen), ihre Einrichtung und Verwaltung. Leipzig 1907.

Ladewig, Paul: Politik der Bücherei. Leipzig 1917.

Lessner, Dietlinde: Zwischen Gleichberechtigung und Emanzipation. In: UNO aktuell. Sonderorganisationen und Sonderkonferenzen (München 1976) S. 185–201.

Mörike, Eduard: Eine Auswahl. Bd. 1: Gedichte. Ausgew. u. m. e. Nachw. vers. v. Georg Britting. München o. J.

Oppens, Edith: Hamburg zu Kaisers Zeiten. Hamburg 1976.

Pross, Helge: Die Männer. Eine repräsentative Untersuchung über die Selbstbilder von Männern und ihre Bilder von der Frau. Reinbek 1978.

Rilke, Rainer Maria: Sämtliche Werke. Bd. 1: Gedichte. Hrsg. v. Rilke-Archiv i. V. m. Ruth Sieber-Rilke, bes. durch Ernst Zinn. Wiesbaden 1955.

Santos, Emma: Ich habe Emma S. getötet. Reinbek 1978.

Schwarz, Christa: Die Anfänge des bibliothekarischen Frauenberufs im wissenschaftlichen Bibliothekswesen Deutschlands 1899–1911. In: Buch – Bibliothek – Leser (Berlin 1969) S. 421–434.

Wander, Maxie: Guten Morgen, du Schöne. Frauen in der DDR. Protokolle. Vorw. v. Christa Wolf. 2. Aufl. Darmstadt, Neuwied 1978.

Weber-Kellermann, Ingeborg: Die Familie. Geschichte, Geschichten und Bilder. Frankfurt am Main 1976.

Women in Librarianship. Melvil's Rib Symposium. Ed. by Margaret Myers and Mayra Scarborough. New Brunswick 1975.

Zeitschriften, Zeitungen, Kataloge

Blätter für Volksbibliotheken und Lesehallen:

Jg 2 (1901) Sonstige Mitteilungen S. 125f.
Jg 3 (1902) Sonstige Mitteilungen S. 20.
Jg 8 (1907) Sonstige Mitteilungen S. 51.
Jg 8 (1907) Sonstige Mitteilungen S. 126f.
Jg 8 (1907) Zeitschriftenschau S. 136f.
Jg 8 (1907) Sonstige Mitteilungen S. 165.
Jg 9 (1908) Zeitschriftenschau S. 66f.
Jg 9 (1908) Zeitschriftenschau S. 107.
Jg 9 (1908) Anspach, Clara: Die Frau und die Volksbibliothek. S. 167–170.
Jg 10 (1909) Zimmer, Hugo Otto: Die bibliothekarische Ausbildung der Frauen. S. 44–48.
Jg 10 (1909) Jürgens, P.: Ein ausländisches Urteil über die deutschen Bibliothekarinnenschulen S. 48f.

Jg 10 (1909) Tillmanns, E.: Wie werden unsere Kolleginnen ausgebildet? S. 88–94.
Jg 13 (1912) Reicke, Anna: Zur Entstehung und Geschichte der „Vereinigung bibliothekarisch arbeitender Frauen E.V." S. 1–6.
Jg 13 (1912) Paalzow, Hans: Die Abteilung der Bibliothekarinnen auf der Berliner Frauenausstellung. S. 91–93.

Börsenblatt für den Deutschen Buchhandel. Frankfurter Ausgabe:

Jg 33 (1977) 101 Gent, Siggrid: Buch zum Blumenstraußpreis. S. 7–10.
Jg 34 (1978) 17 Wittmann, Reinhard: Über Lesegewohnheiten im 18. Jahrhundert. S. A 66f.
Jg 34 (1978) 34 Krämer-Prein, Gabriele: ... aus dem Ghetto der Linken herauskommen. S. 799f.
Jg 34 (1978) 37 Saur, Klaus G.: Unernste Gedanken: Bibliothekar und Verleger. S. 898f.

Bücherei und Bildungspflege:

Jg 9 (1929) Giebe, Dorothea: Bona Peiser. S. 200f.

Bücherei und Bildung; (ab Jg 24) Buch und Bibliothek:

Jg 7 (1955) Steinhoff, Maria: Elise Hofmann-Bosse. S. 1–4.
Jg 8 (1956) Ackerknecht, Erwin: Johanna Mühlenfeld zum 80. Geburtstag. S. 336–338.
Jg 9 (1957) Joerden, Rudolf: Lilli Volbehr scheidet aus dem Beruf. S. 318–320.
Jg 13 (1961) Jansen, Carl: Gruß an drei Berliner Bibliothekarinnen. S. 426f.
Jg 14 (1962) Frida Endell und Erich Holtz 65 Jahre. S. 142f.
Jg 27 (1975) Frauen im Beruf/Thesen und Lösungsvorschläge. S. 708–710.
Jg 28 (1976) Kickbusch, Ilona: Abschied von der Eule der Minerva. Frauen – Öffentlicher Dienst – Bibliothek. S. 637–646.
Jg 29 (1977) Berufs- und Familienrolle ließen sich durchaus vereinbaren, wenn.../Thesen und Forderungen zum Beitrag von Ilona Kickbusch. S. 27f.
Jg 29 (1977) BuB-Journal/Diskussion. S. 121–124.
Jg 29 (1977) BuB-Journal/Diskussion. S. 288.
Jg 29 (1977) BuB-Journal/Diskussion. S. 549.

Informationsdienst für Frauenorganisationen und die Frauenpresse (Hrsg. v. d. Kommission der Europäischen Gemeinschaften – Generaldirektion Information). Sept. 1977:

Die Europäische Gemeinschaft und die erwerbstätigen Frauen.

Frankfurter Allgemeine Zeitung: 8. Nov. 1977, Was heißt hier Frauensprache? S. 23.

Versuch einer Frauenzimmerbibliothek. Katalog 690 des Theodor Ackermann Antiquariats. München 1977.

Informationen für die Frau 27 (1978) 3.

Mitteilungen der Vereinigung bibliothekarisch arbeitender Frauen 1918, Nr. 6 und 1920, Nr. 5. In: Blätter für Volksbibliotheken und Lesehallen 19 (1918) bzw. N. F. 1 (1920).

Mitteilungsblatt des Deutschen Akademikerinnenbundes. e.V. 53/1978.

Stadtbibliothek Hannover. Auswahlverzeichnis „Frauenfragen". Hannover 1977.

ZEIT: 16. Sept. 1977, Der weiße Rabe hat fliegen gelernt. S. 49.
2. Dez. 1977, Trost für die Massen. Ein Versuch über die Trivialliteratur. S. 33f.

Zentralblatt für Bibliothekswesen: 16 (1899), Vermischte Notizen, S. 432.

Die Stellungnahme der Ausbildungskommissionen von VDB und VdDB zur gemeinsamen Ausbildung von Bibliothekaren und Dokumentaren

Von

BERNWARD HOFFMANN

Als sich im Juni 1977 die beiden Kommissionen für Ausbildungsfragen des Vereins Deutscher Bibliothekare (VDB) und des Vereins der Diplom-Bibliothekare an wissenschaftlichen Bibliotheken (VdDB) erstmalig in einer ihrer gemeinsamen Sitzungen mit den Problemen einer integrierten Ausbildung von Bibliothekaren und Dokumentaren befaßten, waren bereits entscheidende Initiativen von seiten des Gesetzgebers bzw. der Unterhaltsträger einzelner Ausbildungsinstitute in dieser Richtung unternommen, und es schien, daß sich das ohnehin schon uneinheitliche Angebot von Ausbildungskonzeptionen in Bund und Ländern weiter vergrößerte, daß sich durch die geplante Einbeziehung der Dokumentare das von den beiden Berufsverbänden seit langem erstrebte Ziel der Vereinheitlichung der Ausbildung des gehobenen Dienstes an wissenschaftlichen Bibliotheken noch weniger verwirklichen ließ.

Zu diesen Initiativen zählen

1. der Entwurf für eine Ausbildungs- und Prüfungsordnung für Bibliothekare und Dokumentare des Bundes von Anfang 1976,
2. der Entwurf einer Studienordnung für die Laufbahn des gehobenen Dienstes an wissenschaftlichen Bibliotheken und Dokumentationsstellen des Bibliothekar-Lehrinstituts Köln vom September 1976,
3. der „Gegenentwurf" (eigentlich: Stellungnahme) der Ausbildungskommission (wissenschaftliche Bibliotheken) beim Verband der Bibliotheken des Landes Nordrhein-Westfalen von Mitte 1977,
4. die Vorschläge für die Ausbildung von Dokumentaren und Bibliothekaren des gehobenen Dienstes an wissenschaftlichen Bibliotheken und IuD-Einrichtungen, die seit März 1977 von einer Arbeitsgruppe des Kultusministeriums Baden-Württemberg erarbeitet und im Oktober 1977 von ihr verabschiedet wurden, und schließlich
5. die Planungen in Niedersachsen, die vorsehen, in einer verwaltungsexternen Fachhochschule Bibliothekare, Dokumentare und Informare gemeinsam auszubilden.

Über die beiden zuletzt genannten Planungen lagen den Kommissionen allerdings keine schriftlichen Unterlagen vor.

Auf den Plan gerufen wurden diese Initiativen einerseits durch das Zweite Gesetz zur Änderung beamtenrechtlicher Vorschriften vom August 1976, das für Bund und Länder u. a. die Umstellung der Ausbildung des gehobenen nichttechnischen Dienstes auf die Ebene einer Fachhochschule bis spätestens zum 31. 12. 1979 vorschreibt und damit einzelne Ausbildungsinstitute (wie die Institute in Frankfurt, Hannover und Stuttgart) zwingt, über diese Umstellung nachzudenken, andererseits durch die schon jetzt z. T. vorauszusehenden Auswirkungen des IuD-Programms der Bundesregierung auf die Anforderungen an die Ausbildung zukünftiger Bibliothekare und Dokumentare. Unbestritten hat auch das noch nicht abgeschlossene FIABID-Projekt, das ich in diesem Kreis als bekannt voraussetzen darf, auf den Gang der hier angeführten Initiativen nicht unwesentlichen Einfluß genommen.

Die Ausbildungskommissionen des VDB und des VdDB haben sich eingehend mit den Problemen einer gemeinsamen Ausbildung von Bibliothekaren und Dokumentaren befaßt. Es sei an dieser Stelle dem Bildungsausschuß des Vereins Deutscher Dokumentare (VDD) für seine Initiative gedankt, in einer im November 1977 abgehaltenen gemeinsamen Sitzung aller drei Kommissionen die Probleme einer ganz oder teilweise integrierten Ausbildung in den Grundzügen wie im Detail zu diskutieren.

Die Ausbildungskommissionen des VDB und des VdDB haben daraufhin folgende Stellungnahme erarbeitet, die hier kurz zu skizzieren ich beauftragt bin:

1. Die Kommissionen sprechen sich grundsätzlich für eine Ausbildung von Bibliothekaren und Dokumentaren des gehobenen Dienstes in einer Laufbahn aus.

In dieser Kernfrage wurden die Mitglieder der Kommissionen durch den Meinungsaustausch mit dem Bildungsausschuß des VDD wesentlich bestärkt. Sie sind der Meinung, daß die Tätigkeitsbilder von Bibliothekaren und Dokumentaren schon jetzt in beträchtlichem Maße verwandt sind und sich durch die Verflechtung im IuD-Bereich weiter angleichen werden, daß schon jetzt in einzelnen Bibliotheken Dokumentationsarbeit geleistet wird, daß andererseits auf typisch bibliothekarische Tätigkeiten in Dokumentationsstellen schon jetzt nicht verzichtet werden kann, daß Informationsträger und Benutzerstruktur in beiden Bereichen ähnlich sind, daß das bisher praktizierte, scheinbar beziehungslose Nebeneinander von Bibliotheken und Dokumentationsstellen hinsichtlich des Informationsbedarfs der Nutzer, hinsichtlich der daraus resultierenden notwendigen arbeitsteiligen Zusammenarbeit dieser Einrichtungen und auch hinsichtlich der beruflichen Mobilität des Personals auf Dauer nicht wünschenswert, ja länger nicht zu verantworten ist.

2. Die Gesamtdauer der Ausbildung sollte drei Jahre betragen. Für die praktische Ausbildung sind nicht weniger als zwölf Monate vorzusehen; sie sollte

möglichst weit am Anfang der Ausbildung liegen. Ein zentraler Einführungskurs zu Beginn ist Bestandteil der theoretischen Ausbildung.

Sowohl die Empfehlungen der KMK von 1974 wie auch das erwähnte Zweite Gesetz zur Änderung beamtenrechtlicher Vorschriften von 1976 sehen eine Ausbildungsdauer von drei Jahren vor. Auf Grund der bisher gemachten Erfahrungen und der zu erwartenden Anforderungen an die Absolventen im Berufsleben, aber auch im Vergleich mit anderen Berufssparten und ihren Ausbildungsgängen hält die überwiegende Mehrheit der Mitglieder der Kommissionen eine längere als dreijährige Ausbildung (wie in Hannover geplant und in Hamburg diskutiert) für unverantwortlich.

Ein dem theoretischen Teil vorangestelltes Langzeitpraktikum – also nicht mehrere in die Semesterferien eingeschobene Kurzzeitpraktika – soll nach Meinung der Kommissionen den Anwärtern möglichst früh die Berufswirklichkeit vor Augen führen, den Praxisbezug der Ausbildung sicherstellen und es ermöglichen, die Theorie auf der geübten Praxis aufzubauen. Ein für alle Anwärter einheitlicher, zentral durchgeführter Einführungskurs wird für sinnvoll und notwendig gehalten, ohne daß dabei die damit verbundenen organisatorischen Schwierigkeiten übersehen werden.

Die Kommissionen haben sich eingehend mit dem Problem der Gleichwertigkeit des Praktikums in einer Bibliothek mit dem Praktikum in einer Dokumentationsstelle auseinandergesetzt. Sie halten es beim derzeitigen Stand der Dinge für ausgeschlossen, daß – so wünschenswert es wäre – alle Anwärter bei einer zukünftigen gemeinsamen Ausbildung sowohl im Bibliotheksbereich als auch im Dokumentationsbereich ein längeres Praktikum (von etwa 6–8 Monaten) absolvieren können, daß vielmehr grundsätzlich davon ausgegangen werden muß, daß der einzelne Bewerber entweder in dem einen oder in dem anderen Bereich entsprechend dem von ihm gewählten Ausbildungsschwerpunkt sein Langzeitpraktikum absolviert, was Informationspraktika im jeweils anderen Bereich natürlich nicht ausschließt.

3. Die theoretische Ausbildung sollte für die künftigen Bibliothekare und Dokumentare des gehobenen Dienstes so weit wie möglich gemeinsam und so weit wie notwendig getrennt erfolgen. Eine Spezialisierung für den bibliothekarischen oder dokumentarischen Bereich kann je nach Lehrgebiet zu verschiedenen Zeitpunkten und in verschiedenem Umfang erfolgen.

4. Insgesamt sollten von der theoretischen Ausbildung etwa zwei Drittel der Unterrichtsstunden für künftige Bibliothekare und Dokumentare gemeinsam durchgeführt werden.

Die Kommissionen haben sich bemüht, den Fächerkatalog beider Sparten genau zu analysieren, haben Inhalt und Umfang der einzelnen Unterrichtsfächer für Bibliothekare und Dokumentare geprüft, dabei auch Konsequenzen für die

Unterrichtsdidaktik einzelner Fächer berücksichtigt, und sind zu der Überzeugung gelangt, daß eine große Anzahl von Fächern überhaupt gemeinsam unterrichtet werden kann, daß einzelne Fächer, wie z. B. die formale Erfassung, erst relativ spät eine Spezialisierung für die eine oder die andere Sparte erfordern, daß schließlich wenige Fachgebiete, wie z. B. die Sacherschließung, eine frühzeitigere Gabelung verlangen. Unabhängig davon sollte das Lehrangebot es jedem Anwärter erlauben, sich auch in Unterrichtsfächern zu spezialisieren, die nicht primär dem von ihm gewählten Schwerpunktbereich zuzuordnen sind.

5. Die Ausbildungskommissionen sprechen sich für die Beibehaltung der allgemeinen Hochschulreife als Regelzugangsvoraussetzung aus. Sie sind der Ansicht, daß die Bewerber mit allgemeiner Hochschulreife nach wie vor die Anforderungen an die Allgemeinbildung und die Sprachkenntnisse, die für den Beruf des Bibliothekars und des Dokumentars erforderlich sind, am ehesten erfüllen.

6. Die Ausbildungskommissionen empfehlen ein einheitliches Abschlußzeugnis für Bibliothekare und Dokumentare; allerdings sollen die Schwerpunkte der praktischen und theoretischen Ausbildung im Zeugnis genannt sein. Die Kommissionen sind der Ansicht, daß das hohe Maß an Übereinstimmung bei den Ausbildungsinhalten ein einheitliches Zeugnis rechtfertigt, daß andererseits der vom Anwärter gewählte Schwerpunkt im Blick auf seine spätere Verwendbarkeit Entscheidungshilfe für die einstellende Bibliothek und Dokumentationsstelle liefern kann.

7. Die Kommissionen sprechen sich für die verwaltungsinterne Fachhochschulausbildung aus.

Geht man von einer Gesamtstudiendauer von drei Jahren aus, so erlaubt bei den derzeitigen rechtlichen Grundlagen nur die verwaltungsinterne Fachhochschule ein zusammenhängendes Langzeitpraktikum, auf das die Ausbildungskommissionen, wie ausgeführt, nicht verzichten wollen. Darüber hinaus läßt nur diese Lösung zu, die Ausbildungsbibliotheken und -dokumentationsstellen eng in den Ausbildungsprozeß einzubeziehen und so die Ausrichtung der Lehrinhalte auf die Anforderungen der Praxis zu gewährleisten. Die verwaltungsinterne Fachhochschule kennt in der Regel keinen Semesterbetrieb und kann so die zur Verfügung stehenden Ausbildungszeiten intensiver nutzen. Schließlich ermöglicht sie leichter eine am Bedarf orientierte Planung der Ausbildungskapazitäten.

Soweit die Empfehlungen der Kommissionen.

Es ist dringend zu wünschen, daß trotz des in der Bundesrepublik Deutschland praktizierten Kulturföderalismus, trotz der vielen schon auf dem bibliothekarischen Sektor bestehenden Ausbildungszuständigkeiten, trotz der bereits in einigen Bundesländern weit fortgeschrittenen Planung sich die Unterhaltsträger bestehender oder zukünftiger Ausbildungsinstitute auf einen möglichst großen gemeinsamen Nenner verständigen. Die Empfehlungen der Kommissionen sind so gesehen sicher als kleiner gemeinsamer Nenner zu betrachten.

Zum Stand der Überlegungen in der Ausbildungskommission für wissenschaftliche Bibliotheken des Verbandes der Bibliotheken des Landes Nordrhein-Westfalen zur gemeinsamen Ausbildung von Bibliothekaren und Dokumentaren

Von

ULRICH PFLUGK

Ein kurzer Überblick* aus nordrhein-westfälischer Sicht, der insbesondere zum Ziel hat, die konzeptionellen Unterschiede zwischen zwei bisher vorliegenden Entwürfen herauszuarbeiten (nämlich dem Entwurf der Arbeitsgruppe in Baden-Württemberg einerseits und dem der Ausbildungskommission des Verbandes der Bibliotheken Nordrhein-Westfalens andererseits), ein derartiger Überblick setzt am besten an einem besonders zentralen Punkt ein, an der Frage nämlich, wann, d. h. auf welcher Stufe der Ausbildung, sich der Anwärter für eine der beiden „Ausbildungsrichtungen" – also Bibliothekar oder Dokumentar – entscheiden soll oder muß.

Nach den baden-württembergischen Vorstellungen soll der Anwärter diese Entscheidung erst *nach* dem praktischen Teil der Ausbildung treffen; entsprechend sind die Praktika – als Entscheidungshilfe gedacht – in der Länge (insgesamt etwa zwölf Monate) gleichmäßig auf den bibliothekarischen und dokumentarischen Bereich verteilt.

Anders Nordrhein-Westfalen: Hier wäre die Entscheidung für eine Ausbildungsrichtung nach gehöriger Information *vor* dem Eintritt in die Laufbahn zu fällen, so daß von den insgesamt 16 Monaten an vorgesehener praktischer Ausbildung zwölf Monate alternativ an einer Universalbibliothek oder an einer Dokumentationsstelle abzuleisten wären, wobei die Verteilung der Anwärter sich insbesondere auch nach den praktischen Möglichkeiten bei den in Frage kommenden Ausbildungsstätten zu richten hätte. Wie bisher sieht Nordrhein-Westfalen dann noch zweimonatige Praktika vor, eines im jeweils anderen Bereich (Bibliothek oder Dokumentationsstelle) und eines an einer Öffentlichen Bibliothek. Da ein theoretisches Einführungssemester am Lehrinstitut allen Praktika vorangegangen ist, bleiben dann noch weitere drei Semester für die theoretische Ausbildung am Lehrinstitut.

Als zweiter zentraler Punkt ist die Frage des vorausgesetzten Tätigkeitsbildes anzusprechen.

Hier meint die nordrhein-westfälische Kommission (und hier bestehen zu den Gedanken aus Baden-Württemberg erhebliche Unterschiede), daß das Tätig-

* Kurzfassung eines am 16. Mai 1978 auf dem Bibliothekskongreß in Stuttgart gehaltenen Einführungsreferates

keitsbild (auch des zukünftigen) Bibliothekars und Dokumentars nicht als dekkungsgleich anzusehen ist:

- Zwar werden Kataloge und Informationsspeicher in beiden Bereichen angelegt, aber: Katalogisierung in Bibliotheken und Katalogisierung in Dokumentationsstellen ist doch auch sehr verschieden, sofern die Erschließungstiefe generell eine andere ist.
- Die Beschaffung von Literatur und die Beschaffung von Daten ist im Vollzug etwas Verschiedenes.
- Beim (bibliographischen) Recherchieren wird je anderes Material gesucht, werden andere Dienste benutzt, ist die Zielrichtung verschieden.

Ein dritter wesentlicher Punkt in den Gedanken der nordrhein-westfälischen Kommission läßt sich auf folgende kurze Formel bringen:

Die Grundlegung der gemeinsamen Ausbildung geht soweit wie möglich; dann tritt eine Gabelung und schwerpunktmäßige Vertiefung ein; in bestimmten Fächern soll eine für die Ausbildungsrichtungen getrennte Schwerpunktbildung erfolgen. Prinzip dabei ist: soviel gemeinsame theoretische Ausbildung wie möglich, soviel getrennte theoretische Ausbildung wie nötig.

Schließlich ist darauf hinzuweisen, daß die nordrhein-westfälische Kommission von einer Stellungnahme zum Entwurf einer Studienordnung des Lehrinstitutes auszugehen hatte. Dies ist ein anderer, mehr pragmatischer Ansatz, ausgehend von den Gegebenheiten beim Lehrinstitut und den hier bestehenden Möglichkeiten.

Eine besondere Problematik war endlich in der Frage der Ausbildung zum Bibliothekar an Öffentlichen Bibliotheken gegeben.

Nach Meinung der Ausbildungskommission für die wissenschaftlichen Bibliotheken ist es allerdings nicht richtig, davon auszugehen, daß die Ausbildungsgänge zum Bibliothekar des gehobenen Dienstes an wissenschaftlichen Bibliotheken und zum Diplombibliothekar an Öffentlichen Bibliotheken faktisch heute noch besonders eng miteinander verknüpft seien oder noch besondere Ähnlichkeiten bestünden: Die praktische Ausbildung ist im Bereich der Öffentlichen Bibliotheken bekanntlich zu Gunsten von sechs theoretischen Semestern gestrichen worden. Ferner gibt es für die Ausbildung für den Dienst an Öffentlichen Bibliotheken in Nordrhein-Westfalen keine Laufbahn, eine Ausbildungs- und Tätigkeitsform, an der die wissenschaftlichen Bibliotheken unbedingt festhalten wollen.

Unbeschadet dieser Unterschiede hält es die nordrhein-westfälische Kommission jedoch für möglich, daß der Bereich der Öffentlichen Bibliotheken auf der Ebene der Studienordnungen in die hier geplante gemeinsame Ausbildung von Bibliothekaren und Dokumentaren mit einsteigt.

Probleme der gemeinsamen Ausbildung von Bibliothekaren und Dokumentaren im gehobenen Dienst aus der Sicht Öffentlicher Bibliotheken

Von

HEDWIG BIEBER

Wenn die Bibliothekare an Öffentlichen Bibliotheken von den Beratungen, die vom Bund und von einzelnen Ländern aufgenommen wurden, über eine gemeinsame Ausbildung im Informationsbereich bisher noch kaum etwas erfahren haben, so ist diese Situation dadurch zu erklären, daß sich das Vorhaben zunächst nur auf Dokumentare und auf Bibliothekare des gehobenen Dienstes an wissenschaftlichen Bibliotheken bezog. Im Verlauf der Beratungen ergab sich dann die Erkenntnis, in die Überlegungen auch den Bereich der Öffentlichen Bibliotheken miteinzubeziehen.

So wurde der seit September 1976 vorliegende Entwurf einer Studienordnung des Bibliothekar-Lehrinstituts des Landes Nordrhein-Westfalen für die Laufbahn des gehobenen Dienstes an wissenschaftlichen Bibliotheken und Dokumentationsstellen[1] im Auftrag des Vorsitzenden des Verbands der Bibliotheken des Landes Nordrhein-Westfalen (VdB NW) auch in der Ausbildungskommission (Öffentliche Bibliotheken) dieses Verbandes eingehend beraten, um eine erste Stellungnahme aus dieser Sicht in die Diskussion einbringen zu können. Die laufende Unterrichtung über den jeweiligen Stand der Planung durch die Ausbildungskommission (wissenschaftliche Bibliotheken) des VdB NW, deren Vertreter regelmäßig an den Sitzungen der Ausbildungskommission (ÖB) teilnehmen, sowie die Kenntnisse der Vorschläge für die Ausbildung von Dokumentaren und Bibliothekaren des gehobenen Dienstes an wissenschaftlichen Bibliotheken und IuD-Einrichtungen[2] dienten den Kommissionsmitgliedern als

[1] Studienordnung des Bibliothekar-Lehrinstituts des Landes Nordrhein-Westfalen für die Laufbahn des gehobenen Dienstes an wissenschaftlichen Bibliotheken und Dokumentationsstellen auf der Grundlage und in Ausführung der Ausbildungs- und Prüfungsordnung für die Laufbahn des gehobenen Dienstes bei den wissenschaftlichen Bibliotheken des Landes Nordrhein-Westfalen vom 4. Juni 1965, geändert am 1. August 1967, § 14, sowie des Entwurfs der Ausbildungs- und Prüfungsordnung für die Laufbahn des gehobenen Dienstes an wissenschaftlichen Bibliotheken und Dokumentationsstellen des Bundes, § 17 (noch nicht in Kraft getreten). Entwurf, Köln, September 1976. [Veröffentlicht in: Neue Ausbildungstendenzen im Informationsbereich? (Frankfurt am Main, Berlin 1977) S. 41–46.] – Inzwischen auch veröffentlicht in: Gemeinsame Ausbildung für Bibliothekare und Dokumentare (Berlin 1978) S. 38–44. (Anm. d. Hrsg.)

[2] Vorschläge für die Ausbildung von Dokumentaren und Bibliothekaren des gehobenen Dienstes an wissenschaftlichen Bibliotheken und IuD-Einrichtungen, erarbeitet von einer Arbeitsgruppe des Kultusministeriums Baden-Württemberg. Stuttgart. Oktober 1977. [Internes Arbeitspapier.] – In-

Grundlage zur Behandlung der Probleme und Möglichkeiten in bezug auf eine eventuelle Vereinheitlichung der Ausbildung der Diplom-Bibliothekare.

Wie in der Ausbildungskommission (ÖB), so lösten die Pläne einer gemeinsamen Ausbildung der Diplom-Bibliothekare an wissenschaftlichen Bibliotheken und der Dokumentare auch in der Arbeitsgemeinschaft der Großstadtbibliotheken des Verbandes der Bibliotheken des Landes Nordrhein-Westfalen, in der jeweils Berichte gegeben wurden, lebhafte Diskussionen aus, die anschließend mitberücksichtigt worden sind.

Um wenigstens die Bibliothekare in Nordrhein-Westfalen – und zwar in allen Bibliothekssparten – noch vor diesem Kongreß über den gegenwärtigen Stand der Diskussion zu unterrichten, wurde nach einer Vereinbarung in der Arbeitsgemeinschaft der Großstadtbibliotheken des VdB NW ein Faltblatt[3] mit Textauszügen zusammengestellt, das über den Verband der Bibliotheken des Landes Nordrhein-Westfalen bzw. über die Büchereistellen dieses Landes allen Bibliothekaren zugestellt wurde und auch hier den Teilnehmern an dieser Sitzung zur Verfügung steht.

Aus der Sicht der Öffentlichen Bibliotheken stellen sich verschiedene Fragen, die im folgenden kurz angerissen werden sollen:

1. Es erhebt sich die grundsätzliche Frage, wie weit es sinnvoll ist, Pläne für eine veränderte Ausbildung der Bibliothekare an Öffentlichen Bibliotheken zu verfolgen, nachdem in Ausführung der Rahmenvereinbarung der KMK von 1968 die Ausbildung auf sechs theoretische Semester umgestellt worden ist.

2. In diesem Zusammenhang stellt die Frage nach Gemeinsamkeiten bzw. nach Unterschieden der Aufgaben in den beiden Bibliothekssparten ein besonders schwerwiegendes Problem dar. Es ist zu fragen, ob die Gemeinsamkeiten zwischen Dokumentaren und Bibliothekaren des gehobenen Dienstes an wissenschaftlichen Bibliotheken größer sind als diejenigen zwischen den Diplom-Bibliothekaren beider Sparten oder aber ob die Unterschiede so groß sind, daß weiterhin nur getrennte Ausbildungen sinnvoll erscheinen, oder ob durch neuere Entwicklungen im Öffentlichen und im wissenschaftlichen Bibliothekswesen eine Annäherung beider Sparten stattgefunden hat und sich noch weiter vollzieht, die eine Veränderung der Situation bedeutet. Seit längerem nehmen nämlich schon Bibliothekare, die für den gehobenen Dienst an wissenschaftlichen Bibliotheken ausgebildet worden sind, Aufgaben in Öffentlichen Biblio-

zwischen veröffentlicht in: Gemeinsame Ausbildung für Bibliothekare und Dokumentare (Berlin 1978) S. 16–37. (Anm. d. Hrsg.)

[3] Anläßlich der Diskussion auf dem Bibliothekskongreß in Stuttgart, Mittwoch, den 17. 5. 1978, 11.15 Uhr: Pläne zur gemeinsamen Ausbildung im Informationsbereich, unterrichtet der Verband der Bibliotheken NW über den jüngsten Stand der Beratungen im Lande... Auszüge aus entsprechenden Papieren... [Bielefeld, April 1978.] – Inzwischen veröffentlicht in: Gemeinsame Ausbildung für Bibliothekare und Dokumentare (Berlin 1978) S. 108–112. (Anm. d. Hrsg.)

theken wahr, wie auch umgekehrt Diplom-Bibliothekare für den Dienst an Öffentlichen Bibliotheken Tätigkeiten im Bereich der wissenschaftlichen Bibliotheken ausüben.

3. Es muß sorgfältig geprüft werden, ob den Diplom-Bibliothekaren an Öffentlichen Bibliotheken als Folge einer möglichen Vereinheitlichung der Ausbildung nicht Aufgabenbereiche von besonderem Gewicht, wie z. B. die Lektoratsarbeit, verloren gehen könnten, weil diese Tätigkeiten in den wissenschaftlichen Bibliotheken im allgemeinen nicht von Diplom-Bibliothekaren ausgeübt werden.

4. Es ist ebenso zu bedenken, welche Konsequenzen sich durch das mit einer Vereinheitlichung der Ausbildung zu erwartende längere Praktikum für die theoretische Qualifikation und die praktischen Erfahrungen der Auszubildenden ergeben.

5. Eine laufbahnrechtliche Festlegung auf den gehobenen Dienst wird von Diplom-Bibliothekaren an Öffentlichen Bibliotheken seit langem immer wieder lebhaft diskutiert und vielfach abgelehnt, weil dadurch die Möglichkeit des Aufstiegs in höherwertige Stellen unterbunden würde. Es ist aber darauf hinzuweisen, daß auch jetzt schon die Stellenpläne der Öffentlichen Bibliotheken sowohl Angestelltenstellen als auch Beamtenstellen für Diplom-Bibliothekare an Öffentlichen Bibliotheken ausweisen, und daß Fälle des Aufstieges von beamteten Diplom-Bibliothekaren an Öffentlichen Bibliotheken aus dem gehobenen Dienst in den höheren Dienst bekannt sind.

6. Schließlich wird von kompetenter Seite zu klären sein, welche Veränderungen Fachhochschulgesetze für unseren Bereich nach sich ziehen könnten.

Gegenüber den hier unter anderem angedeuteten Bedenken sollte aber auch auf Vorteile einer gemeinsamen Ausbildung hingewiesen werden, die nicht nur in größerer Einheitlichkeit und wirksamerer Vertretung und Durchsetzung beruflicher Belange bestehen, sondern auch grundsätzlich die Möglichkeit der Wahl eines Arbeitsplatzes im gesamten Informationsbereich bieten.

Das Ergebnis der eingehenden Beratungen und Diskussionen in der Ausbildungskommission (ÖB) des VdB NW, wobei vorrangig Ausbildungsinhalte und Aufgabenbereiche behandelt worden sind, kann zu folgenden Stellungnahmen bzw. Vorschlägen zusammengefaßt werden:

1. Es besteht noch keine einheitliche Auffassung über die Pläne zur Vereinheitlichung der Ausbildung der Diplom-Bibliothekare an wissenschaftlichen Bibliotheken und der Dokumentare.

2. Es besteht jedoch Übereinstimmung in der Forderung, den gegenwärtigen Stand der Ausbildung der Diplom-Bibliothekare an Öffentlichen Bibliotheken durch neue Ausbildungsordnungen nicht zu reduzieren.

3. Es ist daher erforderlich, die Vorteile einer Vereinheitlichung gegenüber den Nachteilen für den Bereich der Öffentlichen Bibliotheken sorgfältig abzuwägen.

4. Es besteht in diesem Zusammenhang die Befürchtung, daß eine Übertragung der bei den wissenschaftlichen Bibliotheken bestehenden laufbahnrechtlichen Regelungen des gehobenen Dienstes die z. Z. mögliche Durchlässigkeit zum höheren Dienst für die Diplom-Bibliothekare an Öffentlichen Bibliotheken aufheben könnte.

5. Zur genaueren Feststellung des Umfangs der Übereinstimmung der Aufgaben für Diplom-Bibliothekare an wissenschaftlichen und Öffentlichen Bibliotheken werden daher Untersuchungen in zwei bis drei Städten, in denen ein Hochschul- und ein Öffentliches Bibliothekssystem vorhanden sind, vorgeschlagen.

6. Es ist weiter zu prüfen, ob eine einheitliche Grundausbildung für Diplom-Bibliothekare an wissenschaftlichen und Öffentlichen Bibliotheken und für Dokumentare vorgeschlagen werden kann, der sich eine jeweilige Spezialisierung anschließen müßte. (Kernfächer für eine mögliche gemeinsame Grundausbildung wären: Bibliographie, Information, Titelaufnahme, Sacherschließung, Bibliotheksverwaltung, Bibliothekslehre, Bibliotheksgeschichte, Buchhandelskunde, Publikationskunde, Einführung in ADV, Dokumentation, die zum Teil unterschiedliches Volumen aufweisen können. Spezielle Belange innerhalb dieser Kernfächer sollten durch entsprechende Akzentuierung mittels Pflicht- oder Wahlfach berücksichtigt werden.)

7. Die rechtliche Seite muß von kompetenten Stellen überprüft und geregelt werden.

Es besteht aber im Berufsstand Übereinstimmung darin, daß die ursprünglich formulierte Präambel im baden-württembergischen Thesenpapier[2] den besonderen Gesichtspunkten der Öffentlichen Bibliotheken noch nicht genügend Rechnung trägt. Daher wurde in der Sitzung der Arbeitsgemeinschaft der Großstadtbibliotheken des Verbandes der Bibliotheken des Landes Nordrhein-Westfalen am 1. 12. 1977 folgende Neufassung formuliert:

„Eine Analyse des unter II erarbeiteten Tätigkeitsbildes ergibt, daß es in bestimmten Bereichen auch auf Öffentliche Bibliotheken zutrifft, wobei allerdings noch die darüber hinaus gehenden Aufgabenbereiche dieser Bibliotheken zu berücksichtigen sind.

Daher ist es sinnvoll, die Anwendung der nachfolgenden Empfehlungen zu einem späteren Zeitpunkt auch für Bibliothekare für den Dienst an Öffentlichen Bibliotheken gemäß Bibliotheksplan S. 162 (Anlage 12.5) im Sinne der KMK-Empfehlung zur Vereinheitlichung der bibliothekarischen Ausbildung (Beschluß Nr. 2130.2 der KMK vom 6. 5. 1974, Abschnitt 1 Nr. 5, GMBl 1974, S. 240f.) offenzuhalten, wobei der formale Rahmen noch zu überprüfen wäre. Die besonderen Arbeitsbereiche der Öffentlichen Bibliotheken können inhaltlich im Rahmen von Satz 2 der Empfehlung 2 berücksichtigt werden."

8. Die Allgemeinen Gesichtspunkte zum Entwurf des Bibliothekar-Lehrinstituts[1], niedergelegt in einer Stellungnahme der Ausbildungskommission (wissenschaftliche Bibliotheken) des VdB NW[3] finden Zustimmung, insbesondere die Punkte d) und e) mit der Formulierung in Punkt d): „Eine Ausbildung auf Ausbildungsrichtungen hin sollte grundsätzlich die Entwicklung zu einer Einbeziehung der Diplom-Bibliothekare an Öffentlichen Bibliotheken offenhalten."

9. Nachdem die Bibliotheken in Nordrhein-Westfalen schon durch ein erstes Informationspapier[3] über den jüngsten Stand der Beratungen unterrichtet werden konnten, muß nun die Information bundesweit erfolgen, um die Auseinandersetzung mit dem gesamten Fragenkomplex in Gang zu bringen und dadurch Entscheidungshilfen zu finden für eine Regelung der entsprechenden Ausbildung im Informationsbereich.

Wenn die Diplom-Bibliothekare an Öffentlichen Bibliotheken diesen Planungen nicht desinteressiert gegenüberstehen oder Möglichkeiten neuer Regelungen für die Ausbildung völlig ablehnen wollen, dann werden sie jetzt die Möglichkeiten eingehend prüfen und dann Empfehlungen aussprechen müssen, welcher Weg eingeschlagen werden kann und soll.

So fasse ich diesen Bericht als Appell an den Berufsstand auf, nun mit der Diskussion zu beginnen und intensiv an weiteren Planungen mitzuarbeiten.

Überlegungen zur gemeinsamen Ausbildung von Bibliothekaren und Dokumentaren aus der Sicht einer Ausbildungsstätte für den Dienst an Öffentlichen Bibliotheken

Von

BERNHARD KIRCHHOF

1. Zur Notwendigkeit einer gemeinsamen Ausbildung von Bibliothekaren und Dokumentaren

Seit einiger Zeit werden im Bibliotheks- und im Dokumentationswesen Überlegungen darüber angestellt, ob und vor allem wie die Ausbildung von Bibliothekaren und Dokumentaren zukünftig nicht mehr wie bisher getrennt, sondern gemeinsam vorgenommen werden kann.

Da bereits seit 1970 Lehrveranstaltungen mit Themen aus dem Bereich der Dokumentation fester Bestandteil der Ausbildung von Diplom-Bibliothekaren für den Dienst an Öffentlichen Bibliotheken an der Fachhochschule für Bibliothekswesen Stuttgart sind, wird dort auch die Frage einer gemeinsamen Ausbildung in einer Gruppe von Dozenten durchdacht. Die folgenden Überlegungen beschränken sich auf eine Ausbildung, die zum beruflichen Einsatz im Bereich des gehobenen Dienstes an Öffentlichen Bibliotheken *und* in Informations- und Dokumentationsstellen befähigen soll.

Mit der Verabschiedung des „Programms der Bundesregierung zur Förderung der Information und Dokumentation" (IuD-Programm) durch das Bundeskabinett am 17. Dezember 1974 wurde darin seitens der Dokumentation erstmals eine gemeinsame Ausbildung gefordert. U. a. heißt es da[1]:

„Die Bundesregierung wird insbesondere in der Bund-Länder-Kommission für Bildungsplanung und in Verhandlung mit den Gremien der Ständigen Konferenz der Kultusminister der Länder in der Bundesrepublik Deutschland darauf hinwirken, daß eine geschlossene Ausbildungskonzeption realisiert wird und daß die entsprechenden Berufsordnungsmittel geschaffen werden. Diese Konzeption sollte insbesondere folgende Maßnahmen umfassen:

– Eingliederung der Dokumentarausbildung in das gesamte Bildungswesen...
– Abbau von Schranken zwischen den im Informationsbereich bestehenden

[1] Programm der Bundesregierung zur Förderung der Information und Dokumentation (IuD-Programm) 1974–1977. Hrsg. v. Bundesminister für Forschung und Technologie, Referat für Presse- u. Öffentlichkeitsarbeit (Bonn 1975) S. 48.

Ausbildungsgängen und stärkere Angleichung untereinander unter dem Aspekt, daß alle diese Berufsrichtungen eine gemeinsame informationswissenschaftliche Fundierung benötigen

– Integration der Dokumentar- und Bibliothekarausbildung in den Hochschulbereich, auch in Zusammenhang mit der Bildung von Gesamthochschulen
– Erarbeitung und Realisierung von Ausbildungsmodellen mit gegenseitiger Durchlässigkeit für unterschiedliche Ausbildungsgänge, die nach Abschluß eines Ausbildungsganges die Qualifizierung auf einer höheren Ausbildungsebene zulassen."

Ohne Zweifel ist damit ein gewichtiger Anstoß zur Reform bibliothekarischer und dokumentarischer Ausbildungsgänge mit dem Ziel gegeben worden, die in Deutschland bedauerlicherweise bisher im Bibliotheks- und Dokumentationswesen weitgehend getrennt voneinander verlaufene Entwicklung zusammenzuführen, um dadurch letztendlich die Informationsdienstleistungen für Wissenschaft, Wirtschaft, Praxis und Ausbildungswesen weiter verbessern zu können.

Aber auch die zahlreichen technischen Entwicklungen für das Informationswesen und die sowohl quantitativ als auch qualitativ erheblich größer gewordenen Anforderungen der Benutzer von Informationseinrichtungen müssen in einem gemeinsamen Ausbildungsgang in einem Umfang Berücksichtigung finden, der ihrer heutigen Bedeutung entspricht.

Neben diesen beiden allgemeinen Forderungen sprechen noch einige etwas speziellere für eine gemeinsame Ausbildung:

– Trotz der jetzt noch getrennten Ausbildungsgänge finden sogar Berufsanfänger gar nicht so selten Stellen in Informationseinrichtungen, für die sie eigentlich gar nicht ausgebildet wurden. Bibliothekare werden in IuD-Stellen und Dokumentare in Bibliotheken tätig. Auch finden Bibliothekare, die für den Dienst an Öffentlichen Bibliotheken ausgebildet wurden, an wissenschaftlichen Bibliotheken und umgekehrt ihr Tätigkeitsfeld. Bei einer gemeinsamen Ausbildung würden sich diesen Absolventen noch bessere Berufseintrittschancen durch die dann gegebene universellere Einsetzbarkeit eröffnen.

– Endlich könnte der doch wohl sehr beklagenswerte Zustand überwunden werden, daß Ausbildung und Beruf des Dokumentars staatlicherseits nicht anerkannt sind.

– Das vorhandene Lehrpersonal könnte seine Spezialkenntnisse noch wirkungsvoller an die Studierenden weitergeben.

– Die jährlich benötigten Berufsanfänger könnten vermutlich mit geringerem finanziellen Aufwand ausgebildet werden.

2. *Anforderungen an eine gemeinsame Ausbildung*

Über allen Detailfragen der Planung einer gemeinsamen Ausbildung müssen die vier folgenden Forderungen stehen:
– Die Ausbildung muß den Anforderungen der beruflichen Praxis optimal entsprechen. Es darf allerdings schon hier gesagt werden, daß die Umsetzung dieser Zielvorstellung in die Lehrpläne erhebliche Probleme aufwirft.
– Unter gar keinen Umständen darf die Qualität der gemeinsamen Ausbildung unter die der bisherigen getrennten Ausbildungsgänge absinken. Auch daraus ergeben sich Schwierigkeiten auf dem Wege zu vernünftigen Lösungen.
– In die gemeinsame Ausbildung müssen auch beide Ausbildungsgänge für Diplom-Bibliothekare, nämlich der für den Dienst an Öffentlichen Bibliotheken und der für den Dienst an wissenschaftlichen Bibliotheken, die bisher voneinander getrennt und unterschiedlich durchlaufen werden, einbezogen werden.
– Zumindest sollte es versucht werden, die Ausbildung der Archivare ebenfalls in die gemeinsame Ausbildung einzufügen.

Zur Orientierung über die Anforderungen an Diplom-Bibliothekare für den Dienst an Öffentlichen Bibliotheken in der beruflichen Praxis stehen in den folgenden Veröffentlichungen Aufgaben- und Tätigkeitsbeschreibungen zur Verfügung:

1. Waßner, Hermann: Diplom-Bibliothekar an Öffentlichen Bibliotheken[2]. Dort werden die Aufgaben allgemein so beschrieben:

„Der Diplom-Bibliothekar an Öffentlichen Bibliotheken muß vor allem dafür sorgen, daß die Bibliothek, für die er tätig ist, dem Informationsbedürfnis ihrer Benutzer gerecht wird. Davon ist die von ihm zu verantwortende Auswahl an Büchern, Zeitschriften und anderen Informationsträgern abhängig. Seine Bibliothek muß in einem den gesellschaftlichen Erfordernissen entsprechenden Umfang durch die von ihr angebotenen Materialien und Dienste Grundlagen für die allgemeine geistige Orientierung und für die Aus- und Weiterbildung der Leser bieten und schließlich auch Literatur zu deren Entspannung bereithalten.

Durch einen aktiven Auskunfts- und Beratungsdienst und durch geeignete Erschließungshilfen (z. B. kommentierte Bestandsverzeichnisse, Auswahlkataloge usw.) hat der Bibliothekar das Informationspotential, das ihm anvertraut ist, weit über den Nachweis gesuchter Buchtitel hinaus nach Kräften nutzbar zu machen. Er wird bestrebt sein, seine Bibliothek zu einem Zentrum der Kommunikation und damit zu einem wesentlichen Bereich des geistigen Lebens zu machen. Diesem Ziel wird er auch durch enge Zusammenarbeit mit benachbarten Institutionen, wie z. B. anderen Bibliotheken und Informationszentren, Volkshochschulen, und durch Veranstaltungen (Beispiele werden später genannt) zu dienen suchen. Für bestimmte Benutzergruppen hält er auch eigene, ihren be-

[2] Waßner, Hermann: Diplom-Bibliothekar an Öffentlichen Bibliotheken. Hrsg. v. d. Bundesanstalt f. Arbeit, Nürnberg. Stand: März 1976 (Bielefeld: Bertelsmann 1976) S. 1–6. (Blätter zur Berufskunde. Band 2-XB 31.)

sonderen Gegebenheiten entsprechende Bibliotheksdienste, wie Kinderbibliotheken, Musikbibliotheken, Diskotheken (Schallplattensammlungen), Diatheken (Sammlungen von Diapositiven), Artotheken (Sammlungen verleihbarer Grafiken und Gemälde) u. ä. bereit.

Die hier skizzierten Ziele seiner Arbeit aber wird der Diplom-Bibliothekar an Öffentlichen Bibliotheken nur erreichen können, wenn er die damit zusammenhängenden betrieblichen Abläufe klar durchschaut, sorgfältig plant und sinnvoll in den Verwaltungszusammenhang einfügt, in der sie ihren Platz haben."

2. Im KGSt-Gutachten 1973[3] werden „die in der Organisationseinheit Öffentliche Bibliothek anfallenden typischen Arbeitsgänge" im einzelnen folgendermaßen angegeben:

„*Arbeiten im allgemeinen Verwaltungs- und Fachdienst*
Leitung

Allgemeine Verwaltungsarbeiten
Personalangelegenheiten
Haushalts-, Kassen- und Rechnungsangelegenheiten
Materialbeschaffung und -verwaltung
Sonstige Arbeiten
Technische Arbeiten

Beschaffung
Bestellung
Lieferungskontrolle
Bestandsnachweis
Bearbeiten der Rechnungen

Allgemeiner Fachdienst
Fachliche Dienstbesprechungen
Aus- und Fortbildung
Örtliche/überörtliche Zusammenarbeit

Arbeiten am Bestand

Bestandsaufbau
Sichtung
Begutachtung
Entscheidung über die Anschaffung (Kaufentscheid)

Erschließung
Inhaltliche Erschließung
Klassifizieren
Schlagwortgeben

[3] Öffentliche Bibliothek. Gutachten der Kommunalen Gemeinschaftsstelle für Verwaltungsvereinfachung (KGSt) (Berlin: Deutscher Bibliotheksverband, Arbeitsstelle für das Bibliothekswesen 1973) S. 37–39.

Formale Erschließung
Titelaufnahme
Einordnen in die Kataloge
Technik der Einarbeitung
Äußere Bearbeitung der Materialien
Schlußkontrolle

Bestandserhaltung

Aussondern
Verschlissene Materialien
Inhaltlich veraltete Materialien

Bestandsrevision

Arbeiten im Benutzungsdienst

Einführen in die Benutzung; Beratung und Information
Einführen in die Benutzung
Beratung
Information

Ausleihverfahren
Ausleihverbuchung
Vorbestellungen
Mahngelder
Leihverkehr der Bibliotheken
Interner Leihverkehr innerhalb eines Bibliothekssystems
Regionaler Leihverkehr
Leihverkehr der deutschen Bibliotheken
Wiedereinordnen der Materialien an ihren Standort

Aufsicht

Öffentlichkeitsarbeit

Druckverzeichnisse

Ausstellungen

Veranstaltungen

Kontaktarbeit

Werbung

Besondere Arbeitsgebiete

Sondersammelgebiete

Sondersammlungen

Arbeiten mit besonderen Benutzergruppen
Kinder und Jugendliche

Alte Menschen
Ausländer"

Mit diesen beiden Darstellungen sind die Aufgaben der Praxis der Öffentlichen Bibliothek bekannt, auf die der Diplom-Bibliothekar auch in einer gemeinsamen Ausbildung mit diplomierten Dokumentaren gründlich vorbereitet werden muß.

Die Aufgaben und Tätigkeiten des diplomierten Dokumentars wurden von Harbeck[4] im entsprechenden Heft der Blätter zur Berufskunde beschrieben. Als Ziel der Ausbildung wird die Beherrschung folgender Tätigkeiten angegeben:

> „Verantwortliches Führen von Dokumentationsspeichern und Dokumentensammlungen nach verschiedenen Ordnungssystemen
> Verantwortliches formales Erfassen von Dokumenten aller Art (z. B. Aufnehmen von Titeln)
> Mitarbeit bei der organisatorischen Vorbereitung und Durchführung maschineller Verfahren
> Mitarbeit bei der sachlichen Erschließung (z. B. Klassifizieren bzw. Indexieren)
> Mitarbeit beim Aufstellen und Weiterentwickeln von Ordnungssystemen
> Informationstätigkeit, insbesondere
> Ermitteln von Dokumenten und Literaturstellen
> Mitarbeit bei der Erstellung von Informationsdiensten (z. B. Fachbibliographien, Referateorgane)
> Laufende Betreuung allgemeiner und individueller Informationsdienste
> Beschaffung und Bereitstellung von Dokumenten
> Rationelle Anwendung reprographischer Verfahren
> Führen und Auswerten von Betriebsstatistiken (z. B. Benutzungsstatistiken)
> Mitarbeit bei Organisationsaufgaben.
> Zur Beherrschung dieser Tätigkeiten gehört auch der Blick für ihre inneren Zusammenhänge und ihre Einordnung in das gesamte Betriebsgeschehen sowie die Vertrautheit mit Arbeitsweise und Problemen verwandter Berufe."

3. Modellstruktur einer gemeinsamen Ausbildung

Aus der Vielzahl der genannten Aufgaben und Tätigkeiten aus dem Bibliotheks- und Dokumentationswesen muß nun eine gemeinsame, eine neue Ausbildungsstruktur entstehen. Dabei ist die theoretische Unterweisung noch zu ergänzen durch die Möglichkeit, die Praxis an Öffentlichen Bibliotheken, an IuD-Stellen und an wissenschaftlichen Bibliotheken gründlich kennenzulernen. Der gesamte Ausbildungsgang an einer Fachhochschule sollte – wie bisher –

[4] Harbeck, Rudolf: Diplomierter Dokumentar. Hrsg. v. d. Bundesanstalt f. Arbeit, Nürnberg. 2. Aufl. 1976. Stand: Januar 1976 (Bielefeld: Bertelsmann 1976) S. 2–3. (Blätter zur Berufskunde. Band 2-XC 30.)

sechs Semester umfassen und könnte die in Abb. 1 angegebene Struktur aufweisen (vgl. S. 195).

Nach einem einen Überblick in das Informationswesen insgesamt vermittelnden Einführungssemester kann die praktische Unterweisung bereits im zweiten Semester bei den verschiedenen Informationseinrichtungen erfolgen. Diese kompakte Konfrontierung mit der Praxis in Einrichtungen der drei bzw. vier Sparten des Informationswesens unmittelbar hintereinander würde sicherlich bei den Studierenden den nachhaltigsten Eindruck hinterlassen.

Das Hauptstudium wäre unter dem Zielaspekt der Information in Themenblöcken durchzuführen. Die Lehrveranstaltungen sollten innerhalb dieser Themenblöcke in einer Grundstufe überwiegend auf das Gemeinschaftliche ausgerichtet sein. Spezielle, nur für den einzelnen Typ der Informationseinrichtungen bedeutsame Themen werden in ergänzenden Lehrveranstaltungen behandelt, wobei Seminare oder Übungen den Vorrang haben sollten. Für diese Teile muß Wahlmöglichkeit gegeben sein.

Eine Aufteilung der Lehrgebiete auf die Themenblöcke könnte im wesentlichen so vorgenommen werden, wie es die Abb. 2 zeigt (vgl. S. 196f.).

Diesen hier skizzierten Vorstellungen liegt der Wunsch zugrunde, die Lehrinhalte der bisher getrennt verlaufenen Ausbildungen weitestgehend zu verschmelzen. Das wäre das Äußerste, was durch eine gemeinsame Ausbildung erreicht werden könnte. In letzter Konsequenz würde das eigentlich zu einem neuen Kombinationsberuf führen, der weder mit Bibliothekar noch mit Dokumentar treffend bezeichnet werden könnte.

Das Mindeste, was in Richtung auf eine gemeinsame Ausbildung unternommen werden müßte, wäre die Ergänzung der bisherigen Ausbildungsgänge durch einen Block von Lehrveranstaltungen, mit dem den Studierenden Institutionen, Aufgaben und Leistungen der jeweils anderen Zweige des Informationswesens vorgestellt werden. Solche Lehrveranstaltungen sind in den heutigen Lehrplänen der verschiedenen Ausbildungsstätten mehr oder weniger umfangreich bereits zu finden. Sie können über die gesamte Ausbildungszeit verteilt angeboten werden, aber sie könnten auch gegen Ende der Ausbildung in einem Block von z. B. die bibliothekarische Ausbildung ergänzenden Lehrveranstaltungen aus dem IuD-Gebiet durchgeführt werden.

Wenn drei bzw. sogar vier bisher getrennt verlaufene Ausbildungsgänge zu einer gemeinsamen Ausbildung verschmolzen werden sollen, dann bereitet das Unterbringen der Lehrveranstaltungen aus beiden Ausbildungen in eine auf z. B. sechs Semester begrenzte Ausbildungszeit auch bei teilweisem Übereinstimmen der bisher getrennt vorgetragenen Lehrinhalte Schwierigkeiten. Lehrveranstaltung für Lehrveranstaltung muß daraufhin überprüft werden, ob sie überhaupt bzw. in welchem stofflichen Umfang und in welchem Themenblock sie in eine neue Konzeption übernommen werden soll. So schmerzlich das im einzelnen Falle sein mag, ganz ohne Streichungen oder Stoffverdichtungen wird es dabei nicht abgehen können. Dabei darf jedoch der Grundsatz, eine an der Berufspraxis orientierte gemeinsame Ausbildung ohne Einbußen an Qualität schaffen zu wollen, nicht aus dem Auge verloren werden.

Die stoffliche Breite des umfassenden Lehrangebotes an der Fachhochschule für Bibliothekswesen Stuttgart, das sich von sozialwissenschaftlichen und kommunalpolitischen Grundlagen über die vielen Veranstaltungen der bibliothekarischen Fachlehre bis hin zu den Vorlesungen der Wahlwissenschaften erstreckt, wird u. U. solche Entscheidungen nicht leicht werden lassen. Einzelheiten des heutigen Lehrangebotes können dem Studienführer[5] und den Stoffplänen zu den bibliothekswissenschaftlichen Fächern des Pflichtstudiums nach Vodosek[6] entnommen werden.

Durch diese Dimension des Lehrangebotes, die aus dem Wissen um die vielfältigen Anforderungen, die auf den Diplom-Bibliothekar im praktischen Dienst an Öffentlichen Bibliotheken zukommen, entstanden ist, und aus der Tatsache, daß die größere Zahl der Öffentlichen Bibliotheken nur über relativ kleine Bestände verfügt, die überdies in möglichst großem Umfange immer ausgeliehen sein sollen, ergibt sich dann in der Berufspraxis die zwingende Notwendigkeit zur ständigen Kooperation mit anderen Informationseinrichtungen, insbesondere mit den IuD-Stellen und den wissenschaftlichen Bibliotheken. Diese notwendige Zusammenarbeit wird um so reibungsloser und damit um so wirksamer verlaufen, je umfassender man gegenseitig schon von der Ausbildung her über die Aufgaben und vor allem die Leistungen der anderen Sparten genau Bescheid weiß und sie in Anspruch zu nehmen gelernt hat.

Öffentliche Bibliotheken sind im Gegensatz zu den beiden anderen Informationseinrichtungen beinahe in jedem Ort vorhanden. Infolge dieser Eigenschaft könnten sie die Funktion der „Informationsvermittlungsstelle" – eine Einrichtung, der im IuD-Programm besondere Bedeutung zugemessen wurde – übernehmen. Auch aus dieser Sicht muß die gemeinsame Ausbildung von Bibliothekaren und Dokumentaren als eine Voraussetzung für eine enge Verzahnung von Öffentlicher Bibliothek und Dokumentation zur Verbesserung der Versorgung breitester Bevölkerungsschichten mit Informationen aus dem Fachschrifttum gefordert werden. Wenn heute bereits Informationsnetze um den Erdball herum funktionieren, dann ist es doch an der Zeit, noch stärker dafür zu sorgen, daß die nationalen Informationseinrichtungen zu einem optimalen Informationsaustausch geführt werden.

[5] Fachhochschule für Bibliothekswesen Stuttgart. Studienführer. Stuttgart: FHB Stuttgart 1976.

[6] Vodosek, Peter: Fachhochschule für Bibliothekswesen Stuttgart. Stoffpläne zu den bibliothekswissenschaftlichen Fächern des Pflichtstudiums. Berlin: Deutscher Bibliotheksverband, Arbeitsstelle für das Bibliothekswesen 1977.

Abb. 1: Struktur einer gemeinsamen Ausbildung

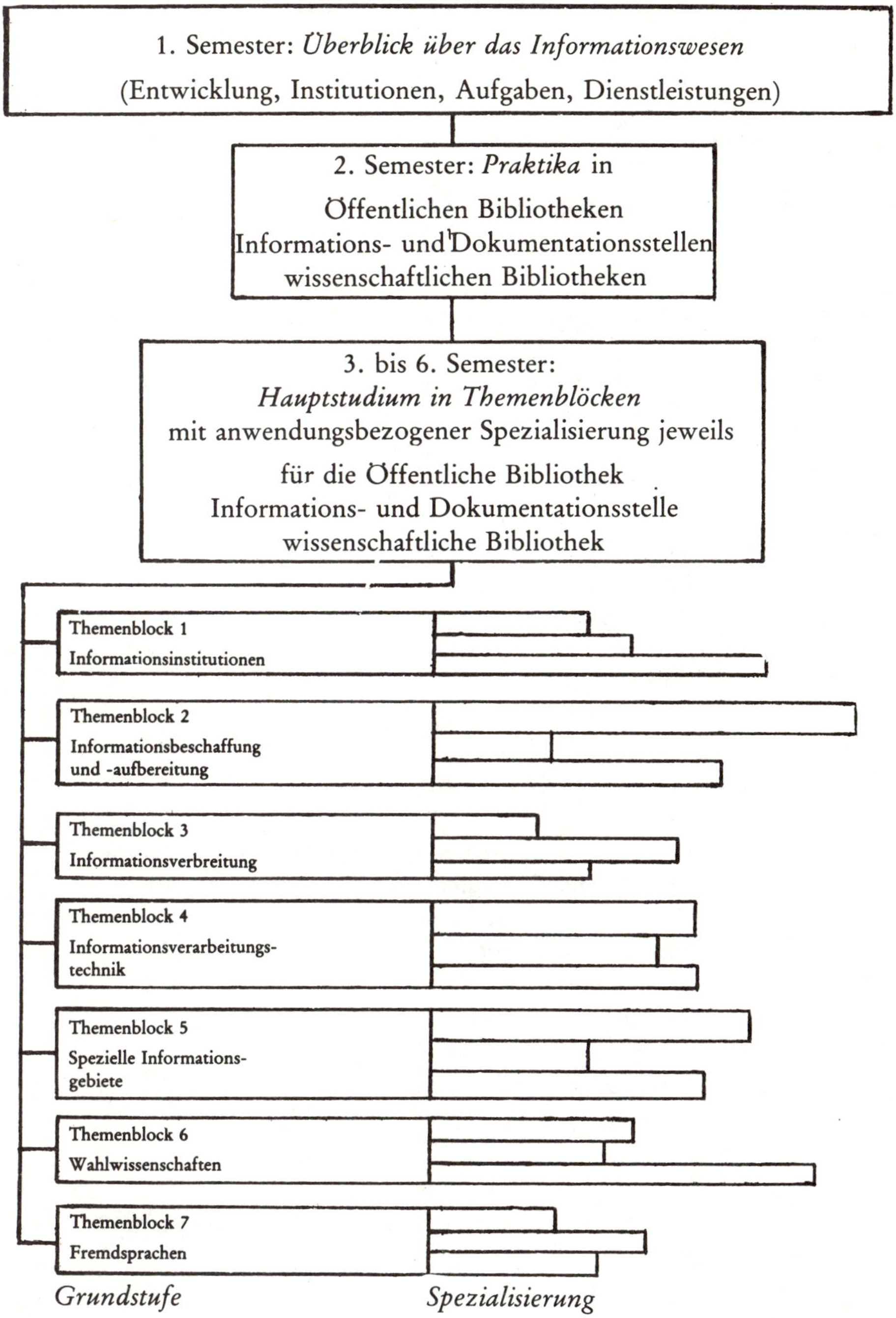

Aber nicht nur die gemeinsame informatorische Aufgabe, sondern auch der Anstellungsstatus verbindet den Diplom-Bibliothekar an Öffentlichen Bibliotheken mit dem diplomierten Dokumentar. Beide werden nämlich fast ausschließlich im Angestellten- und nicht im Beamtenverhältnis beschäftigt.

Mit dem Auftauchen der Zielvorstellung von einer gemeinsamen Ausbildung von Bibliothekaren und Dokumentaren, vielleicht sogar zusammen mit Archivaren, hat eine Entwicklung eingesetzt, die in der Zukunft ein für den Informationssuchenden noch leistungsfähigeres Informationssystem zur Folge haben wird.

Abb. 2: Aufteilung der Lehrgebiete auf Themenblöcke

Themenblock 1: *Informationsinstitutionen*
z. B.: Bibliothekswesen, IuD-Wesen, Archivwesen } { Geschichte, Strukturen, Arten, Betrieb, Arbeitsorganisation, Bau, Ausstattung
Wissenschaftskunde
Verwaltung
Öffentlichkeitsarbeit
Betriebsstatistik
Kosten-Nutzen-Analyse
Recht
Aus- und Fortbildung

Themenblock 2: *Informationsbeschaffung und -aufbereitung*
z. B.: Erwerbung
Bestandsaufbau, -nachweis, -erschließung, -erhaltung
Buchkunde, Dokumentenkunde, AV-Medienkunde
Ordnungslehre, Kataloglehre
Formale Erfassung
Inhaltliche Erschließung
Speicherung und Retrieval

Themenblock 3: *Informationsverbreitung*
z. B.: Benutzung, Benutzer
Informationsmittel
Informationsdienstleistungen
Methodik des Suchens und Findens in Informationsspeichern
Technik des wissenschaftlichen Arbeitens

Kooperation
Vertrieb von Informationsdruckerzeugnissen

Themenblock 4: *Informationsverarbeitungstechnik*
z. B.: EDV-Grundlagen und EDV-Anwendung
Reprographie
Herstellung von Informationsmitteln
Mikroformen

Themenblock 5: *Spezielle Informationsgebiete*
z. B.: AV-Mediotheken
Kinder- und Jugendbibliotheken
Graphotheken
Artotheken
Spezialbibliotheken
Patentdokumentation
Datendokumentation
Befunddokumentation u. ä.

Themenblock 6: *Wahlwissenschaften*
z. B.: Geschichte
Literaturwissenschaft
Musikwissenschaft
Wirtschaftswissenschaften
Physik
Technikgrundlagen

Themenblock 7: *Fremdsprachen*
z. B.: Englisch, Französisch, Russisch, Latein

Gemeinsamkeiten und Unterschiede in der Ausbildung von Bibliothekaren und Archivaren im gehobenen Dienst

Von

ECKHART G. FRANZ

Die Frage einer besseren Koordinierung der fachlichen Ausbildung für Archivare, Bibliothekare und Dokumentare ist während des vergangenen Jahrzehnts auf den verschiedenen Ebenen und in den unterschiedlichsten Gremien diskutiert worden. Im internationalen Bereich stellte sich die Frage zunächst ganz konkret in der 1967/68 anlaufenden Planung gemeinsamer Ausbildungszentren für die Dritte Welt, zu deren Protoyp die ,,Ecole de Bibliothécaires, Archivistes et Documentalistes" an der Universität Dakar geworden ist[1]. Die Grundsatzdiskussion über die Harmonisierung der Ausbildungsprogramme im Rahmen der 1974 von der damaligen Fachabteilung DBA (Dokumentation/Bibliotheken/Archive) der UNESCO einberufenen Internationalen NATIS-Konferenz[2] ist jetzt unter den neuen Vorzeichen des im vergangenen Jahr lancierten ,,General Information Programme" erneut ins Rollen gekommen[3]. In der Bundesrepublik Deutschland stellte sich das Problem in Zusammenhang mit den Plänen zur Neuordnung der Ausbildung für den gehobenen nichttechnischen Dienst auf Fachhochschulebene, die seit Ende der 1960er, verstärkt dann zu Beginn der 1970er Jahre erörtert und z. T. mit der Diskussion um das sogenannte IuD-Programm verknüpft wurden. Hier ging es zunächst vorrangig um organisatorisch-strukturelle Fragen, erst in zweiter Linie um die konkreten Ausbildungsinhalte.

In der Erörterung der Ausbildungsprogramme sind generell zwei bzw. drei Hauptabschnitte zu unterscheiden: Gegenstand der Diskussion ist in erster Linie die theoretische Ausbildung, die im neuformierten Ausbildungsplan für den gehobenen Archivdienst in ein Grundstudium zur Vervollständigung und Vertiefung der berufsbezogenen Allgemeinbildung (in den Unesco-Diskussionen: ,,supplementary general education") und in ein Hauptstudium zur eigentlichen

[1] Vgl. dazu u. a. Charles Kecskémeti und Morris Rieger: Ausbildungszentren für die Archivare der Dritten Welt. In: Der Archivar 26 (1973) Sp. 213–224.

[2] Vgl. das dazu erarbeitete Arbeitspapier von P. Havard-Williams und E. G. Franz: Planning Information Manpower. UNESCO Intergovernmental Conference on the Planning of National Documentation, Library and Archives Infrastructures (1974). Doc. Nr. COM. 74/NATIS/Ref. 5.

[3] Ein im Unesco-Programm für 1979 geplantes Expert Meeting über Möglichkeiten zur Harmonisierung der archivischen Ausbildungsprogramme und ihre mögliche Koordinierung mit der Ausbildung im Bibliotheks- und Dokumentationsbereich wird durch eine für den 18./19. 5. 1978 nach Paris berufene Experten-Consultation vorbereitet.

fachspezifischen Ausbildung zerfällt. Daneben steht, zeitlich vor-, parallel- oder nachgeschaltet, eine berufspraktische Ausbildung zu vorbereitender Einführung und anwendender Vertiefung des studienmäßig vermittelten Lehrstoffs.Das neue, in Übereinstimmung mit dem Bundesgesetz vom 18. 8. 1976 auf Fachhochschulebene umgestellte Ausbildungsprogramm der Archivschule Marburg, die für die theoretische Ausbildung der Archivinspektorenanwärter des Bundes und der Länder (mit Ausnahme Bayerns) zuständig ist, entspricht diesem Schema[4]. Einem ersten praktischen Ausbildungsabschnitt folgt ein sechsmonatiges (in der Praxis zunächst viermonatiges) Grundstudium in verwaltungsbezogenen und historischen Fächern wie Staats- und Verwaltungslehre, Rechtskunde, Dienst- und Haushaltsrecht, Wirtschafts- und Finanzwissenschaft, Deutsche Geschichte, Verfassungs- und Verwaltungsgeschichte, Rechts-, Kirchen-, Sozial- und Wirtschaftsgeschichte, Historische Hilfswissenschaften, Quellen- und Denkmälerkunde. Das zwölfmonatige Hauptstudium bringt die archivspezifischen Fächer wie Formenkunde, Organisation und Struktur behördlichen Schriftguts, archivische Wertung, Ordnung und Erschließung, Archivgeschichte und Archivorganisation, Landesgeschichte, aktenkundliche und hilfswissenschaftliche Übungen, dazu eine Reihe z. T. als Blockvorlesung im zweiten Trimester gebotene Fächer wie Archivtechnik (Restaurierung, Reprographie), Automatisierte Datenverarbeitung, Einführung in Information und Dokumentation sowie Bibliothekskunde. Die auf zwei Abschnitte vor und nach dem Marburger Lehrgang verteilte praktische Ausbildung, die wie der theoretische Teil insgesamt 18 Monate umfaßt, wird im wesentlichen in den einstellenden Archiven bzw. Archivverwaltungen abgeleistet, schließt jedoch im Regelfall eine drei- bis viermonatige Abordnung zu verschiedenen Verwaltungsbehörden ein.

Für die hier gestellte Frage der Ausbildungs-Koordinierung komme ich zunächst noch einmal auf die konkreten Beispiele im internationalen Bereich zurück. Wenn wir einmal von traditionsreichen Ausbildungsstätten für wissenschaftliche Archivare und Bibliothekare wie der ,,Ecole des Chartes" in Paris absehen, so wären hier die 1964 begründete ,,Escuela de Documentalistas (Archiveros y Bibliotecarios)" in Madrid, vor allem aber die neuentwickelten Studiengänge an den regionalen Ausbildungszentren in Dakar und Accra sowie das erst teilweise realisierte Programm des ,,Institut d'Information et de Documentation" der Université Libanaise in Beirut zu nennen[5]. In all diesen Fällen ist die

[4] Vgl. dazu Fritz Wolff: Die Neuordnung der Ausbildung des gehobenen Archivdienstes an der Archivschule Marburg. In: Der Archivar 30 (1977) Sp. 53–60; sowie ders.: Die Neuordnung der Ausbildung des gehobenen Archivdienstes in der Bundesrepublik. In: Archives et Bibliothèques de Belgique 48 (1977) S. 593–600.

[5] Für letzteres vgl. den Unesco-Missionsbericht von E. G. Franz: Liban/Formation archivistique. Création d'un centre de formation des archivistes, de bibliothécaires et de documentalistes (1974). Doc. Nr. 3050/RMO. Rd/DBA.

Ausbildung für Bibliothekare, Archivare und Dokumentare in zumindest teilweise gemeinschaftlichen Lehrprogrammen zusammengefaßt, die etwa der Ebene unserer Fachhochschule entsprechen. In Beirut sind auch die Studenten der dort sogen. Informationswissenschaften (wir würden hier eher Publizistik sagen) miteinbezogen. Gründe für die Zusammenfassung der Ausbildungsgänge waren einmal die bestmögliche Ausnutzung der begrenzten Kapazitäten an Raum und Lehrpersonal, zum anderen die zumindest anfangs relativ geringen Studentenzahlen für die Einzeldisziplinen. Zu diesen praktischen Überlegungen kommt das gezielte Bemühen um stärkere Koordinierung der neu aufzubauenden Informationsbereiche im Sinne des GIP der Unesco. Die Lehrprogramme sind zwei- oder gar dreistufig angelegt (Dakar: 1. Jahr ,,gemeinsames Grundstudium", 2. Jahr Spezialisierung; Beirut: 1. Jahr gemeinsam mit den Publizisten, 2. Jahr gemeinsam für Archivare, Bibliothekare, Dokumentare, 3. Jahr spezialisiert). Ansätze für eine fachübergreifende Zusammenfassung bieten sich in zwei Hauptbereichen. Weitgehend zusammengefaßt ist die ,,supplementary general education", das nur bedingt fachbezogene Grundstudium, dem in diesen Ländern bei sehr unterschiedlicher, oft lückenhafter Vorbildung verstärktes Gewicht zukommt. Sie umfaßt einführende Kurse wie Kultur- und Geistesgeschichte, Literatur- und Kunstgeschichte, Wissenschafts- und Technikgeschichte, Politische, Wirtschafts- und Sozialgeschichte der Region, Grundbegriffe des Rechts, der Verwaltung, der Wirtschaft, Geographie und Statistik, dazu bereits stärker fachbezogen Bibliographie und Quellenkunde sowie die notwendige Vertiefung der Fremdsprachenausbildung. Wichtig war, daß hier zu einem Teil auf das bereits vorhandene Lehrangebot (in Beirut des Lehrprogramms Information) zurückgegriffen werden konnte. Ein zweiter Bereich umfaßt die allgemeineren Teile des eigentlichen Fachstudiums, für alle Sparten verbindliche Einführungen in das Archiv- und Bibliothekswesen, Information und Dokumentation, Grundzüge der Verwaltungsorganisation, Personal- und Haushaltsrecht, spezielle Rechtsprobleme des IuD-Bereichs, aber auch die fachübergreifend zusammengefaßten technischen Fächer Restaurierung und Reprographie, audiovisuelle Dokumentation und EDV. Der fachlich spezialisierte Unterricht mit den begleitenden praktischen Übungen erfolgt dann in enger Verbindung mit den einschlägigen Fachinstitutionen am Ort (Nationalarchiv, Nationalbibliothek bzw. Dokumentationszentren).

Bei uns in der Bundesrepublik Deutschland konzentrierte sich die Diskussion (wie eingangs erwähnt) zunächst auf die organisatorischen Probleme. Die Frage, ob die bisherigen, im wesentlichen verwaltungsintern konzipierten Ausbildungsformen durch einen frei zugänglichen Studiengang im Hochschul- oder Fachhochschulbereich (etwa im Rahmen einer auszuweitenden Fachrichtung ,,Informatik") ersetzt werden sollten, wurde für die Archive eindeutig zugunsten der verwaltungsinternen Ausbildung auf Fachhochschulebene entschieden. Eine organisatorische Zusammenfassung von Archiv- und Bibliotheksausbildung für den gehobenen Dienst auf Landesebene ist lediglich in Bayern erfolgt, wo Archiv- und Bibliothekswesen als Fachrichtungen in einem Fachbereich der 1974 errichteten Bayerischen Beamtenfachhochschule für den gehobenen nichttechnischen Dienst in München zusammengefaßt sind[6]. Die übrigen Länder und der Bund haben sich nach längeren Diskussionen für eine Fortführung der gemeinschaftlichen Archivarsausbildung an der Marburger Archivschule entschieden, die (wie bereits berichtet) seit 1976 auf einen ,,der Fachhochschule gleichstehenden Studiengang" umgestellt wurde. Für die Ausbildung des gehobenen Dienstes wird die Marburger Schule vermutlich künftig unter Beibehaltung des bisherigen Standorts Fachbereich einer der geplanten Verwaltungs-Fachhochschulen des Landes Hessen. Der Personalbedarf der Archivverwaltungen ergibt letztlich nur bei der jetzt praktizierten überregionalen Zusammenfassung wirtschaftlich vertretbare Lehrgangsstärken (in Marburg z. Z. 30 bis 40 je Jahrgang). Der unabdingbare Praxisbezug zwingt zum Festhalten an der bisherigen Anbindung an ein größeres Archiv, zumal der Unterricht in den fachspezifischen Fächern seither (in Marburg wie in München) ausschließlich von nebenamtlich unterrichtenden Archivaren erteilt wird (eine Tatsache, die in München zu der dem Koordinationsgedanken nicht eben förderlichen Konsequenz geführt hat, daß das Lehrpersonal der Fachrichtung Archivwesen von den Vertretungsorganen der Fachhochschule und des Fachbereichs, die nur ,,hauptamtliche" berücksichtigen, ausgeschlossen bleibt). Die lehrplanmäßige Koordinierung ist bisher minimal. In München ist von anfangs sehr viel weitergehenden Planungen vorläufig nur eine für Archivare und Bibliothekare gemeinsame Lehrveranstaltung ,,Einführung in die EDV" mit 40 Unterrichtsstunden übriggeblieben. In Marburg wird ,,Einführung in die Bibliothekskunde " (22 Stunden) von einem Bibliothekar der UB Marburg, ,,Information und Dokumentation" (44 Stunden) von Gastdozenten des Lehrinstituts für Dokumentation in Frankfurt unterrichtet.

Über eine engere organisatorische Zusammenfassung der Ausbildungsgänge braucht m. E. zur Zeit nicht weiter gesprochen zu werden. Die bestehenden Ausbildungsgänge haben sich bewährt. Die für die neuen Gemeinschafts-Institute der Dritten Welt gebrachten Argumente (bessere Ausnutzung von Raum- und Lehrpersonalkapazität, zu geringe Studentenzahlen für Einzeldisziplinen) spielen hier keine Rolle. Gleichwohl erscheint eine stärkere Annäherung und Koordinierung der Ausbildungsprogramme durchaus wünschenswert. Anders als in den gemeinschaftlichen Lehrplänen in Dakar, Accra oder Beirut wird eine

[6] Vgl. dazu Bernhard Zittel: Neue Wege der Archivarsausbildung in Bayern. In: Der Archivar 26 (1973) Sp. 191–198; Hermann Rumschöttel: Die Archivarsausbildung in Bayern. In: Scrinium 17 (1978) S. 19–35.

Koordinierung im Bereich des ,,Grundstudiums" hier kaum sinnvoll sein. Die vom spezifischen Berufsbild des gehobenen Archivdienstes her notwendige Ausrichtung auf historische und verwaltungsbezogene Fächer (der Archivar des gehobenen Dienstes muß in vielen Fällen, zumindest vertretungsweise, auch die Funktion des geschäftsleitenden Verwaltungsbeamten seiner Behörde übernehmen) ist für die Mehrzahl der Bibliotheken uninteressant. Praktikabler erscheint eine Zusammenfassung dagegen in den derzeit im zweiten Trimester des Marburger ,,Hauptstudiums" untergebrachten technischen Fächern Restaurierung und Konservierung, Reprographie, Grundlagen und Einsatzmöglichkeiten der EDV, audiovisuelle Dokumentation und evtl. Ausstellungstechnik. Eine Zusammenführung der Ausbildung könnte hier der verbesserten Koordinierung und Nutzung der kostenaufwendigen technischen Einrichtungen in diesen Bereichen vorarbeiten[7]. Wünschenswert wäre weiterhin eine wechselseitige Einführung in die Grundzüge der Nachbarberufe, wie sie in den Einführungen in Bibliothekskunde, Information und Dokumentation in Marburg bereits praktiziert wird. Sinnvoll und erstrebenswert erschiene mir darüber hinaus eine Vertiefung durch übergreifende Lehrfächer, eine zusammenfassende Behandlung der Geschichte von Archiv-, Bibliotheks- und Informationswesen, die zusammenfassende Behandlung von Rechtsfragen des IuD-Bereichs oder eine vergleichende Analyse archivarischer, bibliothekarischer und dokumentarischer Katalogisierungs- und Klassifikationstechniken, doch fehlt es dafür bisher an einschlägigen fachlichen Vorarbeiten. Es wäre dies vielleicht auch zunächst eher Sache der Ausbildung für den wissenschaftlichen Dienst an Archiven und Bibliotheken. Weitergehende Koordinierungsmöglichkeiten für den gehobenen Dienst werden sich möglicherweise bei einem Fortschreiten der Spezialisierung ergeben. Zwischen dem Verwaltungs- oder Werksarchivar, der die Schriftgutverwaltung eines Ministeriums, eines Konzerns betreut, dem Behörden- oder Werksbibliothekar und den Dokumentaren der entsprechenden Einrichtungen sind die auf Ausbildungs-Koordinierung drängenden Gemeinsamkeiten zweifellos sehr viel stärker als zwischen dem das klassische Berufsbild prägenden, stark historisch ausgerichteten All-round-Archivar und dem Diplom-Bibliothekar an wissenschaftlichen Bibliotheken.

[7] Vgl. auch E. G. Franz: Archiv und Archivfunktion innerhalb des Gesamtbereichs Information und Dokumentation. In: Der Archivar 29 (1976) Sp. 31–44.

Bibliothekarische Ausbildung in Skandinavien

Von

PREBEN KIRKEGAARD

Sehr geehrte Damen und Herren, liebe Kolleginnen und Kollegen. Es ist mir eine Freude und Ehre, hier während des deutschen Bibliothekskongresses die Gelegenheit zu bekommen, Eindrücke über die skandinavischen Bibliothekarausbildungen zu vermitteln.

Ich werde Akzente auf dänische Verhältnisse legen, was bedeutet, daß die Eindrücke, die ich über die Ausbildungslage in Norwegen und Schweden vermitteln kann, mehr oberflächlich sind.

Bevor ich aktuelle Situationen der dänischen bibliothekarischen Ausbildung umreiße, möchte ich gern mit einem kurzen historischen Rückblick einleiten:

Der erste Schritt im bibliothekarischen Ausbildungsfeld, die erste Ausbildungsmaßnahme von Bedeutung wird mit den staatlichen Büchereibehörden als Initiator 1920 unternommen. 1920 bezeichnet ein für die dänische Büchereiwelt sehr entscheidendes Jahr; in diesem Jahr wird nämlich ein epochemachendes Büchereigesetz erlassen, das eine Neuordnung bedeutet.

Die folgenden Jahrzehnte bieten allmählich gewisse Fortschritte in bezug auf die Gestaltung von systematisierten und organisierten Lehrgängen. 1956 wird das dänische Bibliothekarlehrinstitut als selbständige staatliche Institution mit geregelten Ausbildungsgängen etabliert und dem Kultusministerium als vorgesetzter Behörde zugeordnet.

Das Gesetz über die Dänische Bibliothekarschule vom 8. Juni 1966, das am 1. Juli 1967 in Kraft trat und im März 1976 novelliert wurde, macht die gesetzliche Basis des Institutes und seiner gegenwärtigen Tätigkeiten aus.

Es muß betont werden, daß die bisherigen Ausbildungsmaßnahmen – mit überwiegendem Praxischarakter und mit dem Hauptgewicht auf der Heranbildung – allein auf die öffentlichen Büchereien zielten. Im Bereich der wissenschaftlichen Bibliotheken gab es nur eine oft unzureichende bibliotheksinterne Schulung der Assistenten und akademisch ausgebildeten Bibliothekare.

Das jetzige Ausbildungssystem, das gewisse Übereinstimmungen und Gleichheiten mit dem bibliothekarischen Ausbildungsmuster in der Bundesrepublik Deutschland aufweist, soll kurz beschrieben werden.

Eine Aufteilung in zwei Sektionen oder Sparten bestimmt die Organisation der Schule. Die erste Sektion umfaßt die Ausbildung für den Dienst als Bibliothekar an Öffentlichen Bibliotheken. In der zweiten Sektion sind die Studien zu organisieren, die auf Laufbahnen in Universitätsbibliotheken, staatlichen wissenschaftlichen Bibliotheken, Spezialbibliotheken, Institutsbibliotheken und Dokumentationsstellen zielen (dem gehobenen Dienst in wissenschaftlichen Bibliotheken in Deutschland entsprechend). Im Rahmen der zweiten Sektion befindet sich auch die bibliothekswissenschaftliche Fachausbildung für wissenschaftliche Bibliothekare – dem deutschen höheren Dienst entsprechend –, die einen theoretischen Unterricht von etwa 350 Lehrstunden einbegreift.

Zulassungsvoraussetzungen: Für die beiden Diplombibliothekarausbildungen nicht-akademischen Charakters gilt, daß die Aufnahme in die Schule dadurch bedingt ist, daß die Bewerber mit ausreichenden theoretischen Voraussetzungen ausgerüstet sind. Die Aufnahme wird von der Absolvierung einer der folgenden Prüfungen abhängig gemacht:

Das Abitur, Handelshochschulpropädeutik, Höhere Vorbereitungsprüfung (die bis zu einem gewissen Grade den Forderungen des Abiturs entspricht), Lehrerprüfung, eine Universitäts- oder Hochschulbildung, Ingenieurprüfung (Technikum). Die beschränkte Ausbildungskapazität der Dänischen Bibliothekarschule macht es notwendig, eine Selektion der Anwärter vorzunehmen (numerus clausus), und die Hauptregel ist, daß das Prüfungsergebnis des Bewerbers vor dem Eintritt die Aufnahme entscheidet. Jährlich werden etwa 300 für die Öffentlichen Bibliotheken auszubildende Studenten und rund ein halbes Hundert Bewerber für die Ausbildung von Diplombibliothekaren an wissenschaftlichen Bibliotheken eingeschrieben.

Die Aufnahme von Sektion II-Studenten wird außerdem von der Zahl der in den wissenschaftlichen Bibliotheken vorhandenen Praktikantenplätze beeinflußt.

Die Zulassung zu dem Lehrgang für den höheren Dienst setzt voraus, daß die Bewerber ein abgeschlossenes akademisches Vollstudium an Universitäten oder gleichgestellten Hochschulen durchgeführt haben und außerdem – als zweite Bedingung, die zu erfüllen ist – an einer wissenschaftlichen Bibliothek oder einer Dokumentationsstelle angestellt sind.

Die Zulassungsvoraussetzungen sind übrigens eine umstrittene und problematische Frage, auf welche ich später zurückkommen werde.

Wie es Ihnen vielleicht bekannt ist, verfügen wir in Dänemark heute über zwei bibliothekarische Ausbildungsstätten – die Kopenhagener Schule und die Aalborg-Abteilung in der unmittelbaren Nähe des neuangelegten und noch im Aufbau befindlichen Universitätszentrums Aalborgs. Die Aalborg-Abteilung des Instituts ist seit September 1973 tätig mit einer Aufnahme- und Ausbildungskapazität von 100 Studierenden jährlich. Bis auf weiteres sind an der Aalborg-Abteilung nur die auf die Sektion I bezogenen Studien anzubieten. Ich werde nun auf die bestehenden bibliothekarischen Studien eingehen.

Die Ausbildung für den Dienst als Bibliothekar an Öffentlichen Bibliotheken ist vierjährig und vorwiegend theoretisch – sie schließt aber ein auf zwei Perioden verteiltes Praktikum von insgesamt 10 Monaten ein. Der Studienplan des Pflichtteils umfaßt die bibliothekswissenschaftlichen Kernfächer: Bibliographie, Nachschlagewerke, Auskunftsdienst, Bestandsaufbau und Bestandserschließung, Dokumentation, Bibliotheksbetriebslehre, Bibliotheksbau, Bibliotheksrecht, Audio-visuelle Medien, Buchwesen, Bibliotheksgeschichte und Bibliothekssoziologie. Hinzu kommt im Rahmen eines Wahlstudiums eine große Zahl von Wissenschaftsfächern, die dem zentralen Fachbereich Wissensgebiete und Sachliteratur zugeordnet sind. Die innerhalb dieses Fächerkomplexes angebotenen wahlfreien Themen – z. B. Kunst, Soziologie, Technik, Psychologie, Erziehungswissenschaften und Geschichte – können während des zweiten Teils des Studiums gewählt werden. Der Unterricht zielt darauf, Kenntnisse der Institutionen, Richtungen, Hauptwerke, Systematik und Dokumentation der Wahlfächer zu vermitteln. Außerdem wird eine Einführung in die fachdisziplinäre Terminologie gegeben. Die Möglichkeit, zwischen verschiedenen Themen zu wählen, wird auch im literaturgeschichtlichen Bereich berücksichtigt.

Am Ende des ersten Theoriejahres sind schriftliche Klausuren in Katalogisieren, Klassifizieren, Bibliographie und Nachschlagewerke zu absolvieren; außerdem gibt es eine mündliche Prüfung in Literaturgeschichte. Das folgende Semester wird von den Studierenden an einer Öffentlichen Bibliothek verbracht, wo eine allgemeine Allround-Schulung stattfindet. Während der Praxisperiode erarbeitet der Studierende – allein oder gemeinschaftlich mit Studentenkollegen – eine schriftliche Arbeit, die sich auf Themenstellungen innerhalb der Bibliothek, Gemeinde und Kulturvermittlung bezieht. Nach der Absolvierung des zweiten Teils des Studiums, das drei theoretisch angelegte Semester umfaßt, sind Prüfungen oder Prüfungsarbeiten in Literaturgeschichte und Wissenschaftsfächern abzuleisten. Das siebente Semester der Studienabfolge, das dem zweiten Praktikum gewidmet ist, ermöglicht den Studierenden selbständigere Tätigkeit innerhalb der bibliothekarischen Aufgabenbereiche und Beschäftigung mit den Themenkreisen eines gewählten Schwerpunktbereiches. Während dieses Ausbildungsabschnitts wird die Zeit der Studierenden außerdem der Sammlung von Material für eine größere schriftliche Abschlußarbeit gewidmet, die während des theoretischen Schlußsemesters (dritter Teil), das unter anderem für Lehrveranstaltungen innerhalb des Schwerpunktbereiches bestimmt ist, anzufertigen ist. Dieser Aufsatz hat oft Dissertationscharakter, und die besten Studentenaufsätze erscheinen als Veröffentlichungen in der Schriftenreihe „Studien aus der Dänischen Bibliotheksschule".

Die Ausbildung wird mit Abschlußprüfung im Schwerpunktgebiet und in Bibliothekslehre – eine Fächerkombination, die Bibliotheksgeschichte, Bibliotheksbetriebslehre und Bibliotheksrecht umfaßt – abgeschlossen.

Vielleicht sollte ich in diesem Zusammenhang die Bemerkung einwerfen, daß die inhaltliche Gestaltung und Gliederung der Zwischenstufe – des zweiten Teils des Studiums – seit langem problematisch ist. Von seiten der Studierenden hat man oft darüber geklagt, daß der Lehrgang zu zufällig durcheinandergewürfelt und oberflächlich ist, der Unterricht erstreckt sich über zu viele Fächer, und die Arbeitsbelastung der verschiedenen Fächer variiert; die Einstufung gewisser Fächer in den Studienplan ist nicht zweckmäßig, und das zweite Praktikum hat sich als ein in organisatorischer Hinsicht schwierig zu handhabender Studienabschnitt erwiesen. Hinzu kommt die Problematik der sogenannten prüfungsfreien Fächer des Pflichtstudiums angesichts der Wahlfächer. Die hohe Semesterwochenstundenzahl – etwa 24 pro Woche – ermöglicht den Lehrgangsteilnehmern nur in ungenügendem Maß Vorbereitung und selbständige Vertiefung in den Lehrstoff.

Um Lösungen durchzuführen, ist eine curriculare Neugestaltung eingeleitet worden, und man strebt eine Umstrukturierung des zweiten Studienteils an, die auch die Stoffpläne einbezieht. Der Zweck ist, eine auf Informationswissenschaften gestützte Koordination und Integration zwischen einer Reihe von Fächern zu schaffen. Die Konzeption Informationswissenschaften ist als eine gemeinsame theoretische Grundlage mit integrativen Funktionen zu sehen, die unter anderem die Studierenden in den Stand setzen soll, die kernbibliothekarische Arbeit als Informationsvermittlung anzusehen – teils in einem sozialen Zusammenhang mit entsprechender Bewertung vor Augen und teils als eine generelle Einführung für den Unterricht in Literaturgeschichte, Wissenschaftskunde und Sachliteratur, Bibliotheksverwaltungsfächer und Bibliotheksgeschichte.

Im Rahmen der informationswissenschaftlichen Fächergruppe sind folgende Themenkomplexe zu behandeln:

Das Generieren und Entstehen der Information; Informationsverbreitung; der soziale Bezugsrahmen der Informationssysteme; das Bibliothekswesen als Informationssystem; die Funktionen und Prozesse eines Informationssystems.

Die Ausbildung für die Laufbahn als Bibliothekar an wissenschaftlichen Bibliotheken und Spezialbibliotheken ist seit kurzem neu geregelt worden und gliedert sich nach der neuen Ausbildungs- und Prüfungsordnung in ein sechssemestriges theoretisches Studium am Bibliothekarlehrinstitut und in ein Praktikumsjahr, das gewöhnlich in zwei Bibliotheken zu verbringen ist. Der praktische Ausbildungsteil, der sich an den einleitenden dreisemestrigen theoretischen

Lehrgang anschließt, zielt darauf, den Praktikanten einen vielseitigen Eindruck der innerbetrieblichen Aufgabenbereiche, Arbeitsabläufe und Probleme beizubringen. Berücksichtigt wird ferner die Schulung der Studierenden innerhalb von sowohl humanistischen und sozialwissenschaftlichen als auch naturwissenschaftlichen und technischen Gebieten. In die Zeit des Praktizierens einbegriffen sind außerdem wöchentliche Stunden, die für selbständige Studien bestimmt sind. Diese Stunden bieten auch die Möglichkeit, Material für die Erarbeitung eines größeren Spezialaufsatzes über ein wesentliches bibliotheksbezogenes Thema, der am Ende des Schlußsemesters vorliegen muß, zu sammeln. In den Richtlinien über das Bibliothekspraktikum ist ferner vorgesehen, daß die Studierenden die Gelegenheit dazu haben sollen, einen Monat in einer Bibliothek alternativen Typs – z. B. einer Öffentlichen Bibliothek, einer Institutsbibliothek, einer Betriebsbibliothek oder einer Bibliothek im Ausland – zu verbringen.

Im allgemeinen kann festgestellt werden, daß das Fächerangebot der im Rahmen der zweiten Sektion durchzuführenden Bibliothekarausbildung in großen Zügen dem der ersten Sektion (des Studienganges, der auf die Öffentlichen Bibliotheken zielt) entspricht. Z. B. sind die Lehrinhalte des Fachbereiches Allgemeine Bibliographienkunde und Nachschlagewerke fast identisch innerhalb der beiden Sparten. Die Unterschiede kommen vorwiegend in der Einführung in spezielle Bibliographien und Nachschlagewerke und in den weitergehenden Anforderungen an Sprachkenntnissen zum Ausdruck. So ist z. B. ein obligatorischer Kurs in Russisch (120 Stunden) während des ersten Studienjahres zu absolvieren. Das Gebiet Spezialbibliographie und spezielle Nachschlagewerke, das dem zentralen Fach Wissensgebiete und Sachliteratur der ersten Sektion gegenüberzustellen ist, Sprachkurse und einzelne andere Sonderfächer, die auf die spezifischen Bedürfnisse der wissenschaftlichen Bibliotheken gerichtet sind, gehören zu den Merkmalen der zweiten Sektion.

Gegen Ende des vierten Studienjahres sind Klausuren und mündliche Prüfungen abzuleisten.

Wie früher erwähnt, ist der Ausbildungsgang der zweiten Sektion neu geregelt worden. Folgende Gesichtspunkte und Zielsetzungen liegen den Veränderungen zugrunde:

1. Anzustreben waren Lösungen, welche die Integration der Fächer, zwischen denen es Querverbindungen und Berührungspunkte gibt, fördern und ihre interdisziplinären bibliothekswissenschaftlichen Zusammenhänge verdeutlichen. Als wünschenswert erschienen ferner Maßnahmen, die innerhalb der Studienabläufe den Studenten Aufgabenlösungen und selbständige Arbeit ermöglichten nebst der Darlegung von Semester- oder Testarbeiten im Rahmen unterschiedlicher Fächer. Bei der Semesterarbeit handelt es sich um eine schriftliche Arbeit, die ein gewähltes und genehmigtes Thema abhandelt und als anre-

chenbar anzusehen ist; sie ersetzt also dadurch eine schriftliche oder mündliche Prüfung.

2. Anzustreben waren Lösungen zugunsten einer Erstreckung bedeutender Fachbereiche über die beiden theoretischen Studienabschnitte, so daß die Grundlagen vermittelnden und einführenden Lehrveranstaltungen während des ersten Studienteils einschließlich Übungen und Evaluierungen angeboten werden, und der weitergehende theoretische Unterricht während des zweiten Studienteils fortgesetzt wird. Es handelt sich um das umfassende bibliographische Fachgebiet, Bestandserschließung und das Informations- und Dokumentationsgebiet.

3. Anzustreben waren außerdem Lösungen, welche die Arbeitsbelastung der Sprachkurse ausgleichen, teils durch eine Ausdehnung der Unterrichtsabläufe, teils durch eine Annäherung der Lehrinhalte der Fächer Ausländische Bibliotheksgeschichte und Ausländische Bibliotheksterminologie.

4. Anzustreben waren schließlich Lösungen, die die Möglichkeit einer Verstärkung der günstigen Entwicklung, die mit Rücksicht auf schriftliche Abschlußarbeiten in den letzten Jahren deutlich geworden ist, bieten. Eine derartige Verstärkung setzt voraus, daß die für die Vertiefung in einen Schwerpunkt erforderliche Zeit dem Studenten zugemessen wird, und daß es ihm ermöglicht wird, die Anfertigung der Arbeit in näherem Kontakt mit dem einschlägigen für die Beratung verantwortlichen Dozenten durchzuführen.

In dieser summarischen Übersicht über die Gliederung der in Dänemark angebotenen bibliothekarischen Ausbildungsgänge werde ich schließlich kurz auf die Kurse für wissenschaftliche Bibliothekare – die sich nicht mit der in Deutschland bestehenden Ausbildungsordnung für Angehörige des höheren Dienstes mit Referendariat und Prüfungen messen können – eingehen.

Die wissenschaftlichen Bibliothekare nehmen – wie es in Deutschland auch der Fall ist – hauptsächlich die Beschaffungsfunktionen wahr, die Auswahl von Primär- und Sekundärquellen, die von Relevanz sind. Hinzu kommen Aufgaben auf Verwaltungs- und Leitungsebene nebst verschiedenartigen IuD-Aufgaben.

Zu Beginn der Ausbildung für akademisch ausgebildete Bibliothekare an Staats- und Universitätsbibliotheken, zentralen Fachbibliotheken und Dokumentationsstellen muß zwei Anforderungen genügt werden: 1. der Besitz eines vollen akademischen Grades oder einer Hochschulbildung von ähnlichem Charakter; 2. eine Anstellung an einer Bibliothek oder einer Dokumentationsstelle. Die Gesamtstundenzahl des Lehrprogramms von etwa 300–350 Semesterwochenstunden ist auf zwei Etappen verteilt (Herbst- und Frühjahrssemester). Das Stoffangebot enthält bekannte Themen aus der bibliothekarischen Fachlehre. Außerdem werden Lehrveranstaltungen in Wahlwissenschaften (humanistische

Fächer, Sozialwissenschaften, Naturwissenschaften, Medizin und Technik) angeboten. Hierzu möchte ich gern bemerken, daß ich persönlich diese Kurse sehr wichtig finde; gestehen muß ich aber, daß sie oft Probleme verursacht haben. Der problematische Charakter dieser Lehrgänge ist – wie ich meine – auf Faktoren wie die fehlende Motivation und das ungenügende berufliche und bibliotheksfachliche Engagement der jungen Akademiker zurückzuführen.

Vielleicht sind Lösungen in einer Verschärfung der Forderungen, die wir an die Lehrgangsteilnehmer stellen, zu finden (durch Prüfungen und Belegarbeiten).

Ich werde jetzt versuchen, sehr kurz über gewisse aktuelle Tendenzen und künftige Perspektiven in der bibliothekarischen Ausbildungssituation in Dänemark zu berichten. Anzuschneiden sind ferner Teilaspekte des recht komplizierten und bunten Themenkomplexes, der sich auf curriculare Umstrukturierungen und didaktisch-methodische Fragen bezieht. In diesen Jahren befindet sich die Dänische Bibliothekarschule in vieler Hinsicht in einer entscheidenden Phase. Es wird eine lebhafte Diskussion über Lehrinhalte, Zielrichtungen des Lernens und Gewichtung der Fächer geführt. Darüber hinaus sind wir mit neuen Ausbildungsperspektiven und -trends nebst Anforderungen an Neuorientierung und Revisionen konfrontiert. Im Bereich der Lehrziele und Lehrinhalte ist die inhaltsorientierte und wissensstoffakkumulierende Unterrichtskonzeption in den Hintergrund getreten zugunsten der Vermittlung von generellen Prinzipien und Methoden. Hinzu kommen innovative Lehrmethoden: die Anwendung von praktischen Übungen und case studies, Lösung von Aufgaben, Projektstudien- und Seminarmethode und die Akzente auf Problemorientierung.

Nicht zuletzt die jüngere bibliothekarische Generation und die Studierenden stellen sich kritisch zu der bisherigen Gestaltung der Stoffpläne und zu den konventionellen Unterrichtsformen. Ihre Kritik bezieht sich vorwiegend auf die Aufteilung des Lehrangebots in „atomisierten" Einzeldisziplinen und die Einübung festgelegter Fertigkeiten und Techniken, die oft an spezifische Bibliotheksfunktionen gerichtet sind. Ihrer Auffassung nach sollten interdisziplinäre Lehrveranstaltungen, Benutzerorientierung, fachkritische Gesichtspunkte, Methodenorientierung und Projektstudien in den Vordergrund gerückt werden. Die Berechtigung der von dieser Seite angeführten Einwände lassen sich aber diskutieren. Wir haben doch, wie früher erwähnt, unsere Ausbildungsgänge – etappenweise – reformiert, und weitere Veränderungen sind zu erwarten. In diesem Zusammenhang möchte ich gern sagen, daß nicht alle Neuschöpfungen pädagogischen Charakters nach meinem Geschmack sind. Die Gruppenarbeit z. B., die bestimmt ihre Qualitäten hat, hat oft eine zu dominierende Stellung, die einzelnen Studierenden, die das individuelle Studium bevorzugen, als Zwangsveranstaltung erscheinen mag. Übrigens vermisse ich die konventionell angelegte Vorlesung, die heute ganz aus der Mode gekommen ist. Ich glaube an die wohlvorbereitete Vorlesung, die ich selbst während meiner Studienzeit erlebt habe.

Die Voraussetzungen für die Zulassung zu der Dänischen Bibliothekarschule sind seit langem eine umstrittene und intensiv diskutierte Frage an der Schule. Es ist von dem Personal der Schule und seitens der Studierenden oft betont worden, daß eine Revision der Aufnahmebedingungen notwendig sei mit dem Zweck, eine gerechtere und zeitgemäßere Zulassung zu erreichen. Einigkeit besteht darüber, daß die Spanne von Qualifikationen, die maßgebend für die Aufnahme sind, zu erweitern ist. Die Intention ist, andere Kriterien als ausgeprägt intellektuelle Leistungen, z. B. Berufserfahrungen, zu berücksichtigen. Es gibt aber eine Reihe von Detailproblemen und auch prinzipiellen Aspekten, worüber zur Zeit Uneinigkeit herrscht. Ein schulinterner Ausschuß bearbeitet diese Problematik, und es ist vorgesehen, daß ein Vorschlag über veränderte Zulassungsvoraussetzungen im September 1978 auf dem Tisch des Kultusministers liegen soll. Neuplanungen und großzügige Konzeptionen im Ausbildungsmuster haben ihre Quelle in einem berühmten, von 1973 datierenden Gutachten über bibliothekarische Ausbildungen in Dänemark, das die Resultate und Überlegungen eines vom Kultusministerium eingesetzten Ausschusses einbezieht. Aufgabe des Ausschusses war es, eine Revision des Gesetzes vom 8. Juni 1966 über die Dänische Bibliothekarschule und die damit verbundenen Ausbildungsgänge zu planen. Die Lesung der Gesetzesvorlage, welche die im Gutachten vorgeschlagenen weitgehenden Neuplanungen verwirklichen sollte, ist aber mehrere Jahre verschoben worden. Die folgenden Fragen liegen der Verschiebung zugrunde: Die Resultate der Überlegungen zu generellen Veränderungen der Studienabläufe und Studienzeiten im Rahmen der höheren Ausbildungen sind abzuwarten. Abzuwarten ist ferner eine Klärung der Problematik von Inhalt und Umfang der sogenannten universitären Basisausbildungen; – die Basisausbildungen sind eine Frage, auf welche ich später zurückkommen werde.

Abzuwarten sind schließlich die Arbeitsergebnisse einer kulturministeriellen Bibliothekskommission, die im Jahre 1975 eingesetzt wurde, und die daraus resultierenden gesetzlichen Maßnahmen. Die Kommission und ihre Spezialausschüsse haben vor kurzem ihre Arbeit beendet, und einige Gutachten vorläufigen Charakters sind vorgelegt worden. Die Kommissionsarbeit befaßt sich mit den künftigen Aufgaben der Öffentlichen Bibliotheken und der wissenschaftlichen Bibliotheken nebst den organisatorischen und strukturellen Fragen des Gesamtbibliothekswesens und ist der Arbeit, die im Bibliotheksplan 1973 resultierte, ähnlich.

Es kann also festgestellt werden, daß wir uns zur Zeit im Bereich der bibliothekarischen Ausbildungen in Warteposition befinden; wir sind deshalb auf

Zwischenlösungen eingestellt. Leider ist es uns noch nicht gelungen, die im Gutachten über bibliothekarische Neuplanungen vorgeschlagene gemeinsame Ausbildung auf Diplombibliothekarniveau, die sich sowohl an Öffentlichen Bibliotheken als auch am wissenschaftlichen Bibliothekswesen orientiert, zu verwirklichen. Ich selbst finde eine solche integrierte Konzeption, die auf einer Kombination von einer zweijährigen universitären Basisausbildung und einem zweijährigen bibliothekswissenschaftlichen Überbau basiert, sehr wichtig. Durch das Anbieten von Wahlfächern unterschiedlichen Typs könnte man dann die berufliche Spezialisierung berücksichtigen.

Eine Variante, die einige der im Gutachten von 1973 ausgeführten innovativen curricularen und didaktisch-methodischen Konzepte einbezieht, ist aber seit 1976 in den kollegialen Gremien der Schule und in einem Spezialausschuß bearbeitet worden, und ein Vorschlag darüber liegt jetzt vor. Es handelt sich um eine Versuchsausbildung, die nur an der Aalborg-Abteilung der Dänischen Bibliothekarschule durchzuführen ist. Die Studiendauer dieser Ausbildungskonzeption, die eine im Rahmen des Aalborger Universitätszentrums angebotene einjährige Basisausbildung mit einem dreijährigen bibliothekswissenschaftlichen Studium an der Bibliothekarschule kombiniert, beträgt insgesamt vier Jahre. Bei der Planung dieses Modells wurde unter anderem vorausgesetzt, daß der bibliothekswissenschaftliche Lehrinhalt während der Versuchsordnung in allem Wesentlichen dem des Kopenhagener Ausbildungsgangs entspricht, daß das Bewertungssystem nach den im erziehungsministeriellen Erlaß festgelegten Richtlinien bezüglich der Überbauausbildungsgänge und Weiterstudien an dem Aalborger Universitätszentrum geregelt wird und die Verwendung der Noten der Prüfungsordnung der Dänischen Bibliothekarschule erfolgt.

Die universitäre Basisausbildung, die also die untere Stufe der erwähnten Modellausbildung bildet, ist ein Grund- oder Aufbaustudium, und sie bezeichnet eine Neuschöpfung und eine Neuorientierung in dem dänischen Ausbildungsfeld. Sie orientiert sich an einer neuen Universitätsstruktur, die den Universitätszentren in Roskilde und Aalborg zugrunde liegt. Die Zentren bieten im Gegensatz zu den konventionellen Universitäten in Kopenhagen, Odense und Aarhus ein interdisziplinär angelegtes Milieu dar, das durch Flexibilität gekennzeichnet ist. Die Basisausbildungen, die auf wissenschaftliche Hauptgebiete aufgeteilt sind, dienen als Grund- und Aufbaustudium, als Fundus verschiedenartiger Weiterstudien, die berufliche Kompetenz erteilen sollen. Die laufbahnbezogene Spezialisierung wird hierdurch also verschoben, was als nützlich betrachtet wird. Zu den Qualitäten der Basisausbildung gehören eine methodische und pädagogische Erneuerung, die sich in der Hinwendung zu Projektstudien und problemorientiertem Unterricht spiegelt, also keine herkömmliche Tradierung von Kenntnissen in Vorlesungsform und keine passive Rezeption dieses Wissens seitens der Studierenden vorsieht. Aufgabe der Dozenten ist es, als Berater den in Gruppen arbeitenden Studierenden beizustehen. Diese Lehrmethoden beziehen außerdem die Errungenschaften innerhalb der Unterrichtstechnologie, AV-Medien usw., ein. Die Situation bezüglich des Anrechnens und der Brauchbarkeit der Basisausbildungen hat sich aber als problematisch erwiesen. Die Möglichkeiten für Kombinationen mit auf den Beruf gerichteten Weiter- und Überbaustudien sind noch beschränkt, und die Bibliothekarschule war vor einigen Jahren die einzige Ausbildungsstätte, die den neu konzipierten Basisausbildungen gegenüber durchaus positiv eingestellt war. Inzwischen sind Kontroversen um die neuen Ausbildungskonzepte entstanden, und die Entwicklung hat mich etwas enttäuscht. Doch glaube ich noch an die Basisausbildung und ihre Verknüpfungsmöglichkeiten mit bibliothekarischen Ausbildungsgängen. Eine der Idealvorstellungen, die dem berühmten Gutachten von 1973 zugrunde lag, bezieht sich auf die Beziehungen und die Zusammenarbeit zwischen dem Bibliothekarlehrinstitut und anderen Fachbereichen im Gebiet der Forschung und Lehre. Gewisse Erwartungen wurden auf die Zubringerfunktion der bibliothekswissenschaftlichen Fächer in einem interdisziplinären Universitätsmilieu gesetzt. Man stellte sich vor, daß Kurse angeboten werden könnten – z. B. im Bereich Literaturrecherchen –, die mit anderen Studien kombinierbar sind. Man hoffte, daß abgeschlossene Elemente bibliothekswissenschaftlicher Studien im Verhältnis zu anderen Ausbildungen als anrechenbar gelten könnten.

Ich kehre nun zur Aalborger Versuchsausbildung zurück, die – das ist wichtig, hinzuzufügen – sich nur an die Laufbahn an Öffentlichen Bibliotheken richtet.

Ein dicker Rapport, der die Entwürfe bezüglich der formalen und inhaltlichen Gliederung des Studiums in übersichtlicher Form enthält, liegt jetzt vor, und ich kann Ihnen versichern, meine Damen und Herren, daß die Erreichung eines Konsens über Fragen der Studienstruktur, Ressourcen – einschließlich Rahmenvereinbarung über die Zuordnung von Dozenten –, Aufnahmeprozedur und Lehrinhalte den an der Konzipierungsarbeit beteiligten Dozenten, Studenten und ministeriellen Vertretern große Anstrengungen gekostet hat, und lebhafte Diskussionen sind darüber im Senat der Schule geführt worden.

Folgende Merkmale der neuen Ausbildungskonzeption sind hervorzuheben: Der im Rahmen der Aalborger Abteilung der Dänischen Bibliothekarschule durchzuführende bibliothekswissenschaftliche Studienablauf (Dauer drei Jahre) macht eine Studieneinheit aus. Die Studieneinheit ist in drei Fachrahmen, einem viermonatigen Praktikum und einem Abschlußprojekt zu organisieren. Die Bearbeitung des fachlichen Inhalts der Fachrahmen schließt ein:

1. problemorientierte Studienaktivitäten, das heißt Aktivitäten, die auf solche fachliche oder fachlich-praktische Probleme konzentriert sind, die für die bi-

bliothekarische Berufsausübung typisch sind. Die problemorientierten Studienaktivitäten sind in Projekteinheiten zu organisieren;

2. Studienaktivitäten, die sich unabhängig von der einzelnen Projekteinheit auf die Erfüllung von Teilen des Zieles der Studieneinheit beziehen;

3. freie Studienaktivitäten.

Der Projektarbeit wird ein zentraler Platz in dem Lehrverfahren zugewiesen. Sie ist in der Regel in Gruppen mit höchstens sechs Teilnehmern abzuwickeln. Individuelle Arbeit ist den Studierenden aber auch erlaubt. Jeder Projektgruppe steht ein Haupt- und ein Nebenberater zur Verfügung. Die übergreifenden Fachrahmen befassen sich mit Informations- und Literaturvermittlung, Betriebslehre und bibliographischen Aspekten. Ein spezifisches Bewertungsverfahren ist zu verwenden.

Die dänische Bibliotheks- und Informationsausbildungslandschaft weist also ein recht buntes Bild auf. Wichtig ist außerdem, daß die Dänische Bibliothekarschule nicht die einzige Institution ist, die für Ausbildungsmaßnahmen im Bibliotheks- und Informationswesen verantwortlich ist; zu erwähnen ist, daß auch andere Ausbildungsstätten daran beteiligt sind. Lehrgänge für Schulbibliothekare sind von den Ausbildungen der Bibliothekarschule ganz getrennt und werden von der Pädagogischen Hochschule Dänemarks, die sich mit der Fort- und Weiterbildung der Volksschullehrer befaßt, angeboten. Kurse für Dokumentare finden in der Verantwortlichkeit einer privaten Gesellschaft, nämlich der Dänischen Gesellschaft für Technische Literatur, statt. Hinzu kommt, daß es gewisse, noch nicht geklärte und nur in beschränktem Maß verbreitete Pläne zu Überbau-Ausbildungen informationswissenschaftlichen Inhalts gibt, die an den Universitätszentren Odense und Aalborg durchzuführen sind. Das dritte Universitätszentrum Dänemarks, Roskilde, befaßt sich schon in der Praxis mit IuD-relevanten Themenkomplexen – z. B. mit der Schulung von Benutzern (hauptsächlich Studenten) in Informationsrecherchen – und den damit verbundenen didaktischen Prinzipien. Dokumentation ist darum als Interessen- und Forschungsgebiet des im Universitätszentrum Roskilde befindlichen Instituts für Sprachgebrauchs-, Sozialisations- und Wissenschaftsforschung anzusehen.

In meinem Bericht, der die dänischen Verhältnisse in hohem Grade bevorzugt, werde ich schließlich sehr kurzgefaßt auf einige Trends eingehen, welche die aktuelle Lage und den Diskussionsstand der bibliothekarischen Ausbildungen in Norwegen und in Schweden kennzeichnen.

Auch in Norwegen ist der Bedarf an Neuorientierung und an Reformen der bibliothekarischen Ausbildung eine Kernfrage. Der konkrete Anlaß der aktuellen Diskussion ist eine Denkschrift über die Bibliothekshochschule Norwegens, die in zwei Teilen 1976 und 1977 erschienen ist. Die der Denkschrift entstammenden Vorschläge und Pläne organisatorischer und curricularer Art lassen sich auf folgende Weise zusammenfassen: Eine norwegische Bibliothekshochschule ist einzurichten, und alle bibliothekswissenschaftlichen Ausbildungsmaßnahmen sind in dieser Ausbildungsstätte zu konzentrieren. Die bestehende staatliche Bibliotheksschule wird in die Bibliothekshochschule eingegliedert. Die vorgeschlagene Hochschule ist als eine wissenschaftliche Hochschule geplant, was unter anderem voraussetzt, daß die Dozenten eine Forschungskompetenz innerhalb eines der folgenden Fachgebiete besitzen: Bibliothek und Gesellschaft; Bestandsaufbau und -erschließung; Informationstechnologie oder Bibliotheksbetriebslehre. Drei Ausbildungen sind vorgesehen:

1. eine dreijährige bibliothekarische Ausbildung, die dem jetzigen Ausbildungsgang an der staatlichen Bibliotheksschule entspricht;
2. ein neues, wissenschaftlich fundiertes Hochschulstudium der bibliothekarischen Fachlehre;
3. ein praxisorientierter Lehrgang – Dauer ein Jahr – für Fachreferenten oder Dokumentare, der ein abgeschlossenes akademisches Vollstudium ergänzen soll.

Die Bibliothekshochschule Norwegens ist in zwei Abteilungen zu organisieren: eine allgemeine Abteilung für die ersten drei Studienjahre und eine Spezialabteilung für die nachfolgenden anderthalb Studienjahre. Die allgemeine Abteilung bezweckt erstens, eine dreijährige selbständige bibliothekarische Ausbildung anzubieten, und zweitens, die Grundlage der Spezialausbildung zu liefern. Da die Anforderungen bezüglich der Lehrinhalte, die diesen zwei Hauptaufgaben entspringen, unterschiedlich sind, ist eine teilweise Differenzierung erforderlich: Das erste Studienjahr ist einheitlich. In dem zweiten Studienjahr wird es dem Studenten ermöglicht, zwischen der dreijährigen Ausbildung und dem Studienablauf, der viereinhalb Jahre dauert, zu wählen. In dem dritten Studienjahr ist der Student vor die Wahl gestellt, eine direkte Berufskompetenz zu erreichen oder zu der Spezialabteilung zugelassen zu werden.

Die Spezialabteilung gliedert sich in vier Sparten: 1. Gesellschaftsorientierter Studiengang; 2. der Studiengang, der sich Bestandsaufbau und -erschließung widmet; 3. Informationstechnologischer Studiengang; 4. Studiengang der Bibliotheksbetriebslehre. Die Verfasser der Denkschrift haben meiner Meinung nach eine solide und anerkennenswerte Arbeit geleistet, die Aufmerksamkeit verdient. Vielleicht bildet die norwegische Denkschrift einen besseren und realistischeren Ausgangspunkt für bibliothekarische Ausbildungsreformen und Fragen des Status als das früher erwähnte dänische Gutachten von 1973.

Schließlich einige Bemerkungen zu den schwedischen Verhältnissen: Auch die schwedische Bibliothekarausbildung befindet sich in einer Phase der Neuorientierung. Ein Ausschuß – die sogenannte „Översynsgruppe" – befaßt sich in einem veröffentlichten Vorschlag mit Veränderungen der bestehenden Ausbildung, die 1972 eingerichtet wurde und zwei Jahre dauert. Zu den Merkmalen der vorgeschlagenen Revision gehören u. a. eine Hervorhebung der auf bestimmte Bibliothekstypen zielenden Spezialisierung innerhalb des Studiums und eine Erweiterung der Berufschancen der auszubildenden Fachkräfte (innerhalb des Kultur- und Informationssektors im allgemeinen).

Abschließend läßt sich feststellen, daß die skandinavischen Bibliothekarausbildungen trotz ihrer unterschiedlichen Gestaltung und Dauer gewisse Gleichheiten aufweisen. Sie werden von nicht-universitären Ausbildungsstätten angeboten, und in bezug auf die Lehrinhalte gibt es auch Übereinstimmungen. Umstrukturierung und Ausbaumöglichkeiten werden an allen drei Bibliothekarlehrinstituten überlegt, aber die Beantwortung der Frage, was erreicht werden kann, ist derzeit noch nicht möglich.

Die bibliothekarische Ausbildung in Bulgarien

Von

TODORA TOPALOVA

Nach dem Zweiten Weltkrieg sind in der Volksrepublik Bulgarien viele Änderungen eingetreten, die alle Bereiche des Lebens, einschließlich des Bibliothekswesens betroffen haben.

Bis zum Krieg war Bulgarien ein rückständiges Agrarland, in dem 76% der Bevölkerung auf dem Lande lebten und primitive Landwirtschaft betrieben. Die landwirtschaftliche Produktion machte 80% der gesamten Wirtschaftsproduktion aus.

Nach dem Krieg ist ein großer Umschwung im Lande eingetreten. Es verwandelte sich in ein Industrie- und Landwirtschaftsland mit einer modernen Wirtschaft. Jetzt wohnen auf dem Lande 42% der Bevölkerung und in der Stadt 58%. Die Industrieproduktion macht bereits 82% der gesamten Wirtschaftsproduktion und die landwirtschaftliche Produktion 16% aus.

Die Entwicklung des Bibliothekswesens in dieser Zeit wird durch die gleiche Dynamik gekennzeichnet und ist direkt von der Entwicklung des wirtschaftlichen und kulturellen Lebens abhängig. Vor dem Krieg hatten wir ein verhältnismäßig gut entwickeltes System von Bibliotheken, hauptsächlich allgemeinbildender Bibliotheken, deren Tätigkeit vorwiegend einen Aufklärungscharakter hatte. Heutzutage wird an die Bibliotheken die Forderung gestellt, daß sie parallel zu der Befriedigung der allgemeinen kulturellen Bedürfnisse der Bevölkerung aktiv an der Lösung der Probleme auf dem Gebiet der Technik, der Organisation der Produktionsprozesse, des Planens und der Finanzierung der Volkswirtschaft sowie an der Entwicklung der Kunst und Kultur, der sozialen Wissenschaften, die immer mehr an Bedeutung gewinnen, mitwirken. Diese Forderungen verursachten Änderungen in der Struktur des Bibliothekssystems sowie im Inhalt der Arbeit in den Bibliotheken. Eine entscheidende Bedeutung für die Entwicklung des Bibliothekswesens in unserem Lande hatte auch die Verordnung des Ministerrats vom 20. Januar 1970, mit der aus dem im Lande bestehenden Bibliotheksnetz ein einheitliches Bibliothekssystem mit koordinierter und sich gegenseitig ergänzender Tätigkeit seiner einzelnen Glieder geschaffen wurde. Für die Leitung des Systems, das dem Komitee für Kultur – einem gesellschaftlich-staatlichen Organ für die Leitung des kulturellen Lebens – untergeordnet ist, wurde ein zwischenbehördlicher Koordinationsrat auf der

Ebene der Stellvertretenden Minister und Stellvertretenden Vorsitzenden derjenigen Behörden und Organisationen, die Bibliotheksnetze besitzen, geschaffen.

Heute gibt es in unserem Lande 10500 Bibliotheken, in denen 60 Millionen Bände aufbewahrt werden. Hier arbeiten mehr als 5000 etatmäßige Bibliothekare, von denen 50% Hoch- oder Fachschulbildung und 50% Oberschulbildung haben. Die Hälfte der Bibliothekare hat eine gute Fachausbildung. Allein im Jahre 1976 haben die Bibliotheken über 44 Millionen Bände an 3,5 Millionen Leser ausgeliehen. D. h., daß in einem kleinen Land wie Bulgarien, das 8,7 Millionen Einwohner hat, 39% der Bevölkerung Bibliotheksleser sind. Das ist eine ziemlich eindrucksvolle Zahl, die das Streben der Menschen unseres Landes kennzeichnet, ihre Kultur ständig zu bereichern, eine Tradition, die tief im Altertum wurzelt, als schon im 9. Jahrhundert Bulgarien die Wiege des slawischen Schrifttums wurde und die Bildung durch die Bestätigung der Umgangssprache als offizielle Sprache demokratisiert wurde.

Die Änderungen im Inhalt der Bibliotheksarbeit äußern sich vor allem im wachsenden Interesse für wissenschaftliche und wissenschaftlich-populäre Literatur. Besonders beachtenswert am gesamten quantitativen und qualitativen Fortschritt der bibliothekarischen Bestrebungen sind die ziemlich hohen Errungenschaften der wissenschaftlichen und Fachbibliotheken, die mit der gegenwärtigen Entwicklung der Wissenschaft, der Technik, der Fachbildung verbunden sind. Insgesamt beträgt im Zeitraum von 1968 bis 1975 der Zuwachs an Lesern 5% und derjenige an ausgeliehenen Büchern 7,5% für das ganze Land, während in den Fachbibliotheken die Zahl der Leser um 45% und die der ausgeliehenen Bücher um 25,6% gestiegen ist.

Die beschleunigte Entwicklung im Bibliothekssystem erfordert gut ausgebildete Spezialisten, welche die Bibliotheksarbeit in Einklang mit den Forderungen für die Förderung der kulturellen Entwicklung der Bürger und die Betreuung der wissenschaftlichen Forschungs- und Wirtschaftstätigkeit bringen sollten. Heute geht die Ausbildung der Bibliothekare in drei Hauptrichtungen vor sich.

Für die kleinsten Massenbibliotheken, vorwiegend auf dem Lande, werden Bibliothekare in 45tägigen Lehrgängen, die vom Komitee für Kultur in den Bezirkszentren organisiert werden, herangebildet. Diese Lehrgänge werden gemäß einem zentral ausgearbeiteten Programm abgehalten, das eine elementare bibliothekarische Ausbildung bezweckt. Als Lektoren werden die besten Spezialisten von den Bezirksbibliotheken herangezogen. Zu den Lehrgängen werden Bewerber mit Oberschulbildung, die bereits als Bibliothekare arbeiten, zugelassen.

Mit Rücksicht darauf, daß sich das Gepräge des bulgarischen Dorfes in den letzten Jahren tiefgreifend verändert hat und dort ein großer Anteil der Intelligenz – Agronomen, Lehrer, Ärzte, Forstwissenschaftler, Zoologen und Apotheker – wohnt, wird jetzt die Ausbildung der in Dörfern tätigen Bibliothekare als unzulänglich betrachtet. Diese Lehrgänge werden jetzt eingeschränkt mit der Tendenz, eines Tages überhaupt eingestellt zu werden. Die Dorfbibliothekare sollen als Fernstudenten an das Staatliche Bibliotheksinstitut angeschlossen werden.

Das Staatliche Bibliotheksinstitut wurde im Jahre 1950 als Fachlehranstalt eröffnet mit zweijährigem direktem Ausbildungslehrgang und dreijährigem Fernausbildungslehrgang im Anschluß an die Oberschulbildung. Es bildet Bibliothekare vorwiegend für die Positionen als Bibliotheksleiter und als Bibliothekare in den allgemeinbildenden Bibliotheken und als solche für die großen wissenschaftlichen und Fachbibliotheken aus. Im Jahre 1969 wurde bei dem Institut auch das Fach „Wissenschaftliche Information" zur Heranbildung von Mitarbeitern der wissenschaftlichen Information geschaffen. Seit dem Lehrjahr 1977/78 wird auch das Fach „Buchvertrieb" für die Ausbildung von Mitarbeitern für die Leitung und die technischen Bereiche der Bücherheime und der Buchhandlungen gegeben.

Die Aufnahme im Institut für das direkte und das Fernstudium erfolgt aufgrund eines Wettbewerbs mit Hilfe der Zeugnisse für eine bestimmte Zahl von Plätzen. Er besteht in einer Prüfung in bulgarischer Sprache und Literatur und in einer Intelligenzprüfung. Für das Fach „Wissenschaftliche Information" wurden Jungen und Mädchen aufgenommen, die eine englisch-, deutsch- oder französischsprachige Oberschule absolviert haben.

Für das direkte Studium für Bibliothekare werden jährlich 100 bis 120 Bewerber aufgenommen und für das Fernstudium 50 bis 70. Für das Fach „Wissenschaftliche Information" und das Fach „Buchvertrieb" sind zur Zeit lediglich 50 Auszubildende vorgesehen, und zwar nur für das direkte Studium. Die Verteilung der Bibliothekare, die das Institut beenden, erfolgt zentral.

Das Interesse für das Institut ist sehr groß. Für das Studienjahr 1977/78 haben sich für 200 Plätze in den drei Fächern 2200 Bewerber gemeldet, das heißt im Durchschnitt 11 pro Platz. Das ermöglicht eine gute Auswahl der Kandidaten. Für das Lehrjahr 1977/78 z. B. haben 70% der aufgenommenen Kandidaten ihr Abitur an der Oberschule mit dem Prädikat „ausgezeichnet" absolviert. Dies trägt zudem für den erfolgreichen Ablauf des Lernprozesses, für die schnelle und solide Auffassung des unterrichteten Stoffes bei. Die Schüler des Staatlichen Bibliotheksinstituts finden daher eine sehr gute Aufnahme in den Bibliotheken und in den Abteilungen für wissenschaftliche Information.

Während seines 27jährigen Bestehens hat das Institut mehr als 2300 Bibliothekare und über 200 wissenschaftliche Informatoren herangebildet.

Angesichts der Anforderungen der modernen Bibliotheken hat das Institut mehrmals Lehrplan und Lehrprogramme verändert. Das wachsende Interesse für naturwissenschaftliche, landwirtschaftliche und technische Literatur machte die Einführung des Lehrfaches ,,Bibliographie der naturwissenschaftlichen, landwirtschaftlichen und technischen Literatur“ notwendig. Besondere Aufmerksamkeit wird der Ausbildung von Studenten in der bibliographischen und Informationstätigkeit der Bibliotheken gewidmet. Es hat sich auch der Charakter der Ausbildung für die Arbeit mit den Lesern geändert; sie wurde durch Fragen der Soziologie und Psychologie des Lesens bereichert. Weiter wurde das Fach Vergleichende Bibliothekswissenschaft im Bereich der Organisation des Bibliothekswesens, der Organisation der Bibliotheksarbeit, der Propagierung der Literatur und der Komplettierung der Bibliotheksbestände eingeführt.

Gegenwärtig stellt die Heranbildung der Studenten des Staatlichen Bibliotheksinstituts einen Komplex von Lehrformen und anderer Vorhaben dar, die das Endziel haben, einen allseitig ausgebildeten Spezialisten zu erziehen, in dem gute theoretische und praktische Fachausbildung mit Kultur, Liebe und Anhänglichkeit an den bibliothekarischen Beruf vereint sind. Dieses Ziel ist auch im Lehrplan berücksichtigt, in dem das Material für das Fach Bibliothekskunde und Bibliographie in zwei grundlegenden Vorlesungsreihen organisiert ist:

1. Allgemeinbildend mit 810 Stunden, in dem die ideologischen Lehrfächer, Literaturen und die Fremdsprachen einbegriffen sind, und

2. eine Fachreihe, die aus 850 Stunden besteht, in der nachstehende bibliothekarisch-bibliographische Fächer einbegriffen sind: Geschichte und Organisation des Bibliothekswesens, Organisation der Arbeit in der Bibliothek, Bibliotheksbestände und Kataloge, allgemeine Bibliographie, spezielle Bibliographie, Auskunfts-, bibliographische und Informationsarbeit, Methodik der empfehlenden Bibliographie, Buchwissenschaft u. a.

Das Erlernen des Lehrstoffes wird durch die traditionellen Verfahren erzielt, und zwar durch Vorlesungen, Seminare und praktische Übungen. Das Verhältnis von Vorlesungen und Übungen ist 1 zu 2 und bei manchen Lehrfächern auch 1 zu 3. Die praktische Vorbereitung wird auch während der Lehrpraxis, die in den allgemeinbildenden Bibliotheken durchgeführt wird, gefestigt und vertieft. Für die Lehrpraxis werden 240 Stunden zur Verfügung gestellt.

Die Frage des Praktikums vor dem Vordiplom der Studenten ist zur Zeit noch nicht zufriedenstellend gelöst. Es wird die Veröffentlichung eines Dokuments erwartet, das dieses Praktikum reglementieren wird.

Nicht zufriedenstellend ist auch die Ausbildung der Studenten für die Arbeit mit modernen audiovisuellen Medien. Erst jetzt, im neuen Gebäude, wo es auch ein audiovisuelles Zentrum gibt, werden diese Unterrichtsmittel erfolgreich ausgenutzt.

Großer Wert wird auf die selbständige Vorbereitung der Studenten gelegt. Sie hat einen mannigfaltigen Charakter und umfaßt sowohl die Vorbereitung für die einzelnen Seminare oder den praktischen Unterricht, als auch die Durchführung wissenschaftlicher Forschungsarbeiten, die mit theoretischen Verallgemeinerungen verbunden sind.

Den größten Beitrag zur theoretischen Ausbildung der Studenten und ihrer Vorbereitung auf selbständige Arbeit liefern die Diplomarbeiten. Die Studenten des Staatlichen Bibliotheksinstituts werden nicht durch eine Staatsprüfung, sondern aufgrund einer Diplomarbeit diplomiert. Üblicherweise sind das originäre Themen zu den einzelnen Fächern, die ein vertieftes selbständiges Studieren des Stoffes und seine wissenschaftliche Deutung voraussetzen.

Eine besondere Form der Heranbildung der Studenten sind die alljährlichen theoretischen Konferenzen, die an den besten Bezirks- oder Stadtbibliotheken durchgeführt werden. Auf diesen Konferenzen werden mehrere Berichte besprochen, die von den Studenten verfaßt und aktuellen Problemen aus dem Bereich des Bibliothekswesens, der Bibliographie, der wissenschaftlichen Information, der Literatur und der Erziehung der Jugend gewidmet sind.

Die theoretischen Konferenzen der Studenten sind eine Art Rechenschaftsbericht der Ergebnisse der Lehr- und Erziehungsarbeit des Instituts vor der bibliothekarischen Öffentlichkeit und vor dem Komitee für Kultur. Durch sie wird ein engerer Kontakt des Instituts mit den Bibliotheken und den Bibliothekaren aus dem ganzen Lande geschaffen.

Manchmal werden die Berichte der theoretischen Konferenzen in der Zeitschrift „Bibliothekar" veröffentlicht oder als selbständige Broschüren herausgegeben. Die bedeutendsten von ihnen werden von der Sektion Bibliothekare in der Gewerkschaft der polygraphischen und Kulturinstitute prämiert.

In unserem Lande wird ein breit ausgelegtes Programm für die ästhetische Erziehung der Werktätigen und der Jugend verwirklicht. Einen großen Beitrag zur Erfüllung dieses Programms leisten auch die Bibliotheken bzw. die Bibliothekare. Daher wird im Institut dem Problem der Vorbereitung der Studenten des Instituts auf ihre künftige Arbeit sowie der ästhetischen Erziehung der Leser und insbesondere der Jugend besondere Aufmerksamkeit gewidmet.

Am Institut ist ein Klub für ästhetische Erziehung gegründet; in ihm gibt es etwa einen Literatur- und einen Musikzirkel. Das Lehrprogramm innerhalb und außerhalb des Bibliotheksinstituts wird von 20 etatmäßigen (ordentlichen) und 27 Honorarhochschullehrern durchgeführt, die aufgrund eines Wettbewerbs eingesetzt werden. Sie haben eine gute berufliche Erfahrung als Spezialisten und Pädagogen und sind Verfasser vieler Publikationen. Seit der Gründung des Instituts sind 18 Lehrbücher und Unterrichtsmaterialien auf dem Gebiet der Bibliothekskunde, der Bibliographie und der Buchkunde herausgegeben worden. Zur Zeit wird an sechs neuen Lehrbüchern und einer Reihe von Monographien gearbeitet. Das große jährliche Stundensoll der Hochschullehrer – 480 Stunden – ist ein wesentliches Hindernis für eine vertiefende produktive Tätigkeit des Instituts in bezug auf eigene Veröffentlichungen. Fast alle Lehrer waren für längere Zeit zur Spezialisierung im Ausland. Vier der ordentlichen Hochschullehrer sind Kandidaten der Wissenschaften. Die Hochschullehrer verwandter Fächer sind verschiedenen Lehrstühlen zugeordnet. Es gibt Lehrstühle für ideologische Fächer, für Literatur, Bibliothekskunde, für Bibliographie usw.

Am Prozeß der Lenkung, der Kontrolle und der Verwirklichung von Lehr- und Erziehungsaufgaben beteiligen sich auch die Studenten. Ihre Vertreter nehmen gleichberechtigt Anteil am Hochschullehrerrat und an den Versammlungen des Lehrstuhls. Sie werden von den Studenten selbst gewählt. Auf diese Weise wird das demokratische Prinzip der Selbstverwaltung im Leben der Studenten im Institut gewährleistet. Soweit die Ausbildung am Staatlichen Bibliotheksinstitut.

Für die Ausbildung von Bibliothekaren mit Hochschulbildung wurde an der Universität Sofia im Jahre 1953 ein Lehrstuhl für Bibliothekskunde und Bibliographie errichtet. Im Jahre 1964 wurde an diesem Lehrstuhl auch die Fachrichtung „Wissenschaftliche Information“ für die Vorbereitung von Hochschulmitarbeitern in den Abteilungen der wissenschaftlichen Information geschaffen. Die Ausbildung der Bibliothekare und der wissenschaftlichen Informatoren wird durch eine Spezialisierung verwirklicht, die entweder in der Form eines direkten Studiums oder in der Form von Lehrgängen für die Ausbildung nach der Diplomierung geschieht. Die direkte Spezialisierung wird parallel zum Hauptfach, das an der Universität oder aber an einer anderen Hochschule in Sofia studiert wird, durchgeführt. Laut Lehrplan sind hier zwei Fachrichtungen gebildet worden: Bibliothekskunde und wissenschaftliche Information im Bereich der Sozialwissenschaften sowie wissenschaftliche Information auf dem Gebiet der exakten und angewandten Wissenschaften. Alle, die den Wunsch haben, eines dieser beiden Fächer zu studieren, besuchen im Laufe von sieben Semestern Vorlesungen und nehmen an praktischem Unterricht in Bibliotheks-, bibliographischen und Informationswissenschaften teil. Die Studenten, die eine solche Spezialisierung belegt haben, haben ein zusätzliches wöchentliches Stundensoll außerhalb der regelmäßigen Stundenzahl. Außer den Prüfungen im ersten und manchmal auch im ersten und zweiten Fach legen sie zusätzlich noch sieben Prüfungen in Bibliothekskunde und Bibliographie ab. Während des Studiums haben die Studenten ein dreimonatiges Praktikum (je einen Monat nach dem 2., 4. und 6. Semester) an den wissenschaftlichen Universal- und Fachbibliotheken in den verschiedenen Informationszentren der einzelnen Branchen. Sie legen keine Staatsprüfung ab und haben auch keine Diplomarbeit zu verteidigen.

Die Studenten, welche die Spezialisierung an der Universität Sofia beendet haben, sind verpflichtet, in ihrem ersten Fach zu arbeiten. Nur in den Fällen, in denen sie von dieser Verpflichtung befreit sind, können sie als Bibliothekare, Bibliographen oder als wissenschaftliche Informatoren arbeiten, so daß die Bibliotheken im allgemeinen nicht mit ihnen rechnen.

Nach der neuen Konzeption für eine bibliothekswissenschaftliche Fortbildung wurden ab 1973 verschiedene Formen für die Spezialisierung nach der Diplomierung eingeführt: dreimonatige Lehrgänge für die Ausbildung von Bibliothekaren und Informatoren mit Hochschulbildung und 21monatige Lehrgänge für die Spezialisierung von Bibliothekaren und Informatoren nach der Diplomierung. Diese Lehrgänge werden nach speziellen Lehrplänen durchgeführt. In der Fortbildung sind direkter Unterricht und Fernstudium kombiniert. Nur die 21monatigen Lehrgänge enden mit der Verteidigung einer Diplomarbeit. Sie werden periodisch je nach Bedarf durchgeführt. Der Lehrstuhl für Bibliothekskunde und wissenschaftliche Information an der Universität Sofia organisiert periodisch Seminare für die bibliothekarisch-bibliographische Ausbildung der Studenten und der Hochschullehrer, in diesem Jahr einen Lehrgang für die Heranbildung von Dozenten für bibliothekarisch-bibliographische Ausbildung.

An dem Lehrstuhl arbeiten fünf ordentliche Hochschullehrer, darunter zwei Dozenten, zwei Hauptassistenten und ein Assistent. Sie sind Verfasser von Studien- und Lehrbüchern.

Das jährliche Stundensoll der Mitarbeiter des Lehrstuhls an der Universität Sofia beträgt 360 Stunden.

Das ist im großen und ganzen das System für die Ausbildung der professionellen Bibliothekare in Bulgarien. Abgesehen von den guten Seiten hat es auch eine Reihe wesentlicher Mängel. Seine Hauptschwäche ist, daß es nicht imstande ist, Bibliothekare mit Hochschulausbildung, die in den größeren Bibliotheken des Landes benötigt werden, in genügender Anzahl auszubilden. Ein weiterer negativer Punkt ist, daß durch das bestehende differenzierte Ausbildungssystem der Entfaltung einer noch breiteren wissenschaftlichen Forschungstätigkeit auf dem Gebiet der Bibliothekskunde, der Bibliographie und der wissenschaftlichen Information Grenzen gesetzt sind.

Mit Rücksicht auf diese und andere Schwächen hat das Komitee für Kultur als überbetriebliches Organ für die Leitung des kulturellen Lebens auf seinem 3. Plenum für Kultur den Beschluß gefaßt, den betreffenden Staatsorganen den Vorschlag zu machen, aufbauend auf dem Staatlichen Bibliotheksinstitut eine Hochschule zu gründen, die – mit der Nationalbibliothek „Kyril und Methodius“ und dem Zentralinstitut für wissenschaftliche und technische Information integriert – ein einheitliches Zentrum für die Ausbildung und Vervollkommnung spezialisierter Mitarbeiter für die Bibliotheken, für die wissenschaftlichen Informationsorgane und für den Buchvertrieb bilden soll. An der neuen Hochschule wird auch die Fachausbildung bestehen bleiben. Diese neue Hochschule wird unter der Leitung des Komitees für Kultur stehen.

Es ist uns versichert worden, daß im Laufe von wenigen Monaten diese Pläne in die Tat umgesetzt werden können. Die Lösung dieser Frage wird durch das neue Gebäude des Staatlichen Bibliotheksinstituts erleichtert, das im Jahre 1977 eröffnet wurde und ausgezeichnete Voraussetzungen für die Organisation der neuen Hochschule bietet. Das Gebäude ist geräumig, und die einzelnen Räume sind untereinander funktionell verbunden. Es verfügt über vier Hörsäle, mehr als 20 Seminarräume, eine Reihe spezialisierter Studios, wie z. B. für phonetische oder audiovisuelle Medien, einen großen Turnsaal, der auch als Aula mit 600 Plätzen geeignet ist, einen Erfrischungsraum für die gleichzeitige Bedienung von 160 Studenten, einen Klub für die ästhetische Erziehung der Studenten usw.

Zweifellos freuen sich aber die Hochschullehrer und die Studenten am meisten über die Institutsbibliothek mit zwei Lesesälen. Die Lesesäle verfügen über 120 Plätze, d. h. auf jeden dritten Studenten entfällt zur Zeit ein Leseplatz. Der gemeinsame Lesesaal verfügt über einen Innenraumgarten, und der Lesesaal für das Fach Informatik hat eine prächtige Veranda, wo sich die Studenten erholen können.

Schließlich möchte ich noch darauf hinweisen, daß mit dem Bau eines modernen Studentenheims begonnen wurde.

Berufschancen für Absolventen der bibliothekarischen Ausbildungsstätten

Untersuchung über den Bedarf an Bibliothekaren im höheren Dienst an wissenschaftlichen Bibliotheken

Von

ALEXANDRA HABERMANN

1. Einleitung

Ausgangspunkt für die Idee, eine Untersuchung über den Bedarf an Bibliothekaren des höheren Dienstes durchzuführen, sind unzureichende Kenntnisse über die Berufsaussichten. Im Laufe der letzten Jahre kamen vermehrte Anfragen an den Vorstand des Vereins Deutscher Bibliothekare (VDB), welche Chancen Studienabgänger, aber auch Abiturienten, die ein Studium beginnen wollten, in unserem Beruf haben. Die Antworten konnten nur vage sein, weil dem VDB Unterlagen über die Berufssituation fehlen.

Allgemein kann folgendes gesagt werden: In den letzten Jahren sind in der Bundesrepublik Deutschland einschließlich Berlin (West) jährlich etwa 65 bis 70 Anwärter ausgebildet worden. Die Zahl hat in den 60er und Anfang der 70er Jahre nicht ausgereicht, den Bedarf zu decken, der besonders durch den Ausbau und die Neugründung von Hochschulbibliotheken hervorgerufen wurde. Heute gibt es bereits arbeitslose Bibliothekare und manchmal Schwierigkeiten, eine passende Stelle zu finden. Es stellt sich die Frage, ob der Markt für Bibliothekare wirklich schon gesättigt ist oder ob die Absolventen der Bibliothekar-Lehrinstitute vielleicht Fächer studiert haben, die nicht mehr gebraucht werden? Die Zahl der Referendarstellen ist begrenzt, wenn sie auch nach der Zielvorstellung des Bibliotheksplans 1973 bis zum Jahre 1980 auf 160 Ausbildungsplätze angehoben werden sollte. Die Aussichten, zur Ausbildung zugelassen zu werden, hängen weitgehend von dem studierten Fach ab. Auf eine Referendarstelle in Berlin bewerben sich bereits bis zu 40 Studienabgänger. Bei der Auswahl zur Ausbildung schleicht sich aber bereits eine Unsicherheit ein. Da viele Bibliotheken nicht mehr nur für den eigenen Bedarf ausbilden, werden bei den Bewerbern Fachrichtungen bevorzugt, von denen man nur glaubt, daß sie gebraucht werden. Das sind hauptsächlich Naturwissenschaftler, Ingenieure, Wirtschafts- und Sozialwissenschaftler. Vielleicht werden in einigen Jahren wieder Historiker oder Germanisten gebraucht. Diese Untersuchung soll daher dazu dienen, die Kenntnisse über den künftigen Stellenmarkt zu verbessern.

Bevor aber über die Phasen der Untersuchung und ihre Ergebnisse berichtet wird, halte ich es für angebracht, einige Worte über den Wert solcher Bedarfsuntersuchungen zu sagen. Die Ergebnisse erheben nicht den Anspruch, zukünftige Realität abbilden zu können, sondern sie wollen auf mögliche Entwicklungen aufmerksam machen, die unter dem Aspekt unserer heutigen Erkenntnisse über die Zukunft unseres Berufsstandes eintreten können. Mißverstehen würde man die Ergebnisse, wenn man sie als einzige Entscheidungshilfe bei der Auswahl der Bewerber für den Beruf des Bibliothekars zugrunde legen würde.

2. *Erste Phase: Auszählung des Jahrbuches und Ergebnisse*

Um zunächst einmal einen Überblick über die Verteilung der Fächer, den Altersaufbau, die Verteilung der Dienstränge der Bibliothekare und das Verhältnis von ausgebildeten Bibliothekaren zu den wissenschaftlichen Mitarbeitern zu bekommen, wurde das Jahrbuch der Deutschen Bibliotheken, Jahrgang 46 (1975), ausgezählt. Ralph Lansky hat eine Auszählung des Jahrbuches schon einmal im Jahre 1970 vorgenommen, wenn auch nicht unter dem speziellen Aspekt des Bedarfs, sondern unter dem allgemeineren Aspekt der sozialen Schichtung der Bibliothekare. Ich verdanke ihm einige Anregungen.

Es wurden 180 Bibliotheken ausgewählt, an denen 993 Bibliothekare tätig sind. Aus den Angaben im Jahrbuch wurden drei Tabellen erstellt:

1. Die Bibliothek korreliert mit dem Alter; z. B. hat die TUB Berlin in der Altersgruppe von 36 bis 40 Jahren drei Bibliotheksräte, drei Oberbibliotheksräte und zwei Bibliotheksdirektoren.

2. Die Bibliothek korreliert mit dem Fach; z. B. hat die TUB Berlin zwei Oberbibliotheksräte und einen wissenschaftlichen Mitarbeiter für Naturwissenschaften.

3. Das Alter korreliert mit dem Fach. Innerhalb des Alters wurden die Dienstränge angegeben, z. B. gibt es bei den Theologen in der Altersgruppe der 31- bis 35jährigen zwei Referendare, drei Bibliotheksräte, zwei Oberbibliotheksräte und einen wissenschaftlichen Mitarbeiter. Die Liste Alter, das mit dem Fach korreliert, war für erste Ergebnisse die wichtigste.

Durch diese Auszählung wird ein Ist-Zustand beschrieben, d. h. wir wissen jetzt, daß im Jahre 1975 in 180 deutschen Bibliotheken 141 Historiker tätig waren (vgl. Anhang 1). Von diesen 141 Historikern sind 22 (= 16%) über 55 Jahre alt; sie werden in den nächsten zehn Jahren pensioniert. Aus dieser Zahl könnte man ableiten, daß der Bedarf an Historikern in den nächsten zehn Jahren 22 beträgt. Das wäre aber eine falsche Schlußfolgerung. Denn von diesen 22 Historikern über 55 Jahre sind 16 in leitenden Stellungen, als Direktoren oder Leitende Direktoren, tätig. Nur sechs sind Oberräte oder wissenschaftliche Mitarbeiter. Wir können davon ausgehen, daß Direktoren in überwiegendem Maße mit Verwaltungsaufgaben beschäftigt sind und sich nur in geringem Umfang Fachreferentenaufgaben widmen können. Wir unterstellen einmal, daß Oberräte und wissenschaftliche Mitarbeiter mehr Zeit für ein Fachreferat aufbringen können. Das Jahrbuch sagt aber auch nicht immer genau, welche Fächer betreut werden. Zwei Historiker sind z. B. darunter, die das Fach Soziologie betreuen. Man kann jetzt sagen, daß in den nächsten zehn Jahren nur noch sechs Historiker ausgebildet werden sollten, aber welche Fächer sollten diejenigen studiert haben, die jetzt in den leitenden Stellungen sind?

Bevor über die folgenden Phasen der Untersuchung berichtet wird, sollen noch einige Zahlen, die sich aus der Auszählung ergeben haben, erwähnt werden.

Innerhalb der 17 Fachgruppen bilden die Historiker mit 141 Angehörigen die stärkste, die Pädagogen mit sechs die schwächste Gruppe. Teilt man die Fächer in vier größere Blöcke auf, so ergeben die Geisteswissenschaftler eine Gruppe von 621 Bibliothekaren; von diesen sind 323 Philologen. Natur- und Ingenieurwissenschaftler sind mit 199, Sozial-, Politik-, Wirtschaftswissenschaftler und Juristen sind mit 142 und Mathematiker mit 31 Bibliothekaren vertreten.

Der Altersaufbau bezieht sich auf das Ende des Jahres 1975. Die Altersgruppe der 31- bis 40jährigen ist hier die stärkste Gruppe, sie vertreten zusammen 49% aller Bibliothekare, während die 56- bis 65jährigen zusammen nur 9% ergeben (vgl. Anhang 2). Das wird bedingt sein durch den Geburtenausfall während des Ersten Weltkrieges und die Verluste im Zweiten Weltkrieg. Wenn also jetzt von 22 Historikern dieser Altersgruppe 16 leitende Stellungen einnehmen, so wird die Generation der heute 31- bis 40jährigen auf Grund ihrer Anzahl längst nicht mehr so große Chancen haben, Direktorenstellen zu bekleiden.

13% aller im höheren Dienst Beschäftigten sind wissenschaftliche Angestellte ohne Beamtenstellen, aber auch zum größten Teil ohne bibliothekarische Fachprüfung. In einigen Fächern ist der Anteil besonders hoch, z. B. bei Ingenieuren 25%, Sozial- und Politikwissenschaftlern 31%, Wirtschaftswissenschaftlern 48%.

Die hier berichteten Zahlen sollen einen ersten Eindruck über die Berufssituation vermitteln, so wie sie sich aus dem Jahrbuch 1975 ergeben hat (vgl. auch die beigefügten Tabellen).

3. Zweite Phase: Erstellung eines Fragebogens und Prestest

Um nun aber wirklich herauszufinden, welchen Bedarf die Bibliotheken in den nächsten Jahren haben werden, mußte der zweite Schritt folgen. Es wurde von mir ein Fragebogen erarbeitet, der folgende Fragenkomplexe behandelt:

Wieviel Fachreferenten sind tätig, welche Fachrichtungen haben sie? Wie hoch ist der Anteil der Verwaltungstätigkeit? Sind Stellen unbesetzt? Sind Referendare in der Ausbildung? Welche Fachrichtungen haben sie studiert? Welche Stellen werden in den nächsten zehn Jahren zu besetzen sein?

Diesen Fragebogen habe ich in einer Pretestphase vier Bibliotheken zugeschickt und beantwortet bekommen. Es haben sich daran beteiligt: eine Staatsbibliothek, eine Landesbibliothek, eine Universitätsbibliothek und eine technische Universitätsbibliothek.

Dieser Pretest war nur für die Erprobung des Fragebogens gedacht, nicht um aus diesen Antworten bereits Schlüsse über den zukünftigen Bedarf an Bibliothekaren abzuleiten.

Nach einer Überarbeitung des Fragebogens (vgl. Anhang 3) folgte dem Pretest die Befragung der Bibliotheken, um die Berufschancen für Absolventen der bibliothekarischen Ausbildungsstätten festzustellen.

4. Dritte Phase: Befragung der Bibliotheken und Ergebnisse

A. Einleitung

Die Ergebnisse dieser Befragung, die im Laufe des Jahres 1977 durchgeführt und ausgewertet wurde, sollen im folgenden kurz dargestellt werden. Zuerst aber möchte ich mich bei allen Bibliotheken bedanken, die den Fragebogen beantwortet und zurückgeschickt haben. Manchen Bibliotheken mag es eigenartig vorgekommen sein, daß sie in diese Auswahl hineingekommen sind, vor allen denen, in denen es nur eine Stelle des höheren Dienstes gibt. Ausgehend vom Jahrbuch der Deutschen Bibliotheken 46 (1975), habe ich allen Bibliotheken einen Fragebogen geschickt, in denen Stellen des höheren Dienstes ausgewiesen waren und bei denen ich annahm, daß sie vielleicht die Möglichkeit hätten, durch Ausbau oder Übernahme neuer Fachgebiete und Aufgaben neue Stellen zu bekommen. Diese Annahme war zwar trügerisch, trotzdem ergänzen auch die Angaben dieser Bibliotheken das Bild über die Berufschancen im höheren Dienst.

Verschickt wurden 156 Fragebogen. Eigentlich sollten es 191 sein, aber die Generaldirektion der Bayerischen Staatlichen Bibliotheken hat es abgelehnt, an dieser Untersuchung teilzunehmen, so daß die in Aussicht genommenen 35 bayerischen Bibliotheken hier fehlen. Die Ergebnisse aber sind im grundsätzlichen wahrscheinlich dadurch kaum verändert worden.

Von den 156 Bibliotheken haben 123 den Fragebogen zurückgeschickt; das ist eine Rücklaufquote von 79%, was erstaunlich hoch ist. Von den 123 Antworten sind vier in Form von Briefen zurückgekommen. Drei Bibliotheken fühlten sich nicht angesprochen; eine von ihnen schrieb, sie hätten keine Stellen im höheren Dienst, im Jahrbuch wird diese Bibliothek aber ausgewiesen mit 1×A16, 3×A14 und 1×A13. Eine Bibliothek schrieb zurück, daß die A14-Stelle nach Weggang des Stelleninhabers nicht mehr mit einem Bibliothekar des höheren Dienstes besetzt wird.

Bei der Auswertung des Fragebogens bin ich methodisch so vorgegangen, daß ich zunächst aus den 14 Bibliothekstypen der ersten Frage acht Gruppen gebildet habe; sodann habe ich die weiteren 23 Fragen ebenfalls zusammengefaßt, so daß sich fünf Fragenkomplexe ergeben.

B. Bibliothekstypen

Die Bibliotheken verteilen sich wie folgt:

1.	Staatsbibliothek, Nationalbibliothek	2
2.	Staats- und Universitätsbibliotheken Landes- und Universitätsbibliotheken Stadt- und Universitätsbibliotheken Universitätsbibliotheken	34
3.	Stadt- und Landesbibliotheken Landesbibliotheken	10
4.	Stadtbibliotheken	13
5.	Gesamthochschulbibliotheken Hochschulbibliothekszentren	8
6.	Bibliotheken Pädagogischer Hochschulen Fachhochschulbibliotheken	19
7.	Zentrale Fachbibliotheken	2
8.	Spezialbibliotheken und andere	31
		119

C. Sondersammelgebiete

Die Sondersammelgebiete (SSG) verteilen sich auf Staatsbibliothek, Nationalbibliothek und hauptsächlich auf die Universitätsbibliotheken, aber auch auf Spezialbibliotheken und natürlich auf die Zentralen Fachbibliotheken. Ein Zusammenhang zwischen den Sondersammelgebieten und einem erhöhten, nicht gedeckten Bedarf an Bibliothekaren, die die SSG-Fächer bearbeiten könnten, ergab sich nicht.

D. Neu hinzukommende Aufgaben: Fächer oder Verwaltungsaufgaben

Als nächstes sind die Ergebnisse der Fragen 6 bis 11 zusammengefaßt worden, die die neu hinzukommenden Aufgaben, z. B. Fächer oder Verwaltungsaufgaben und ihre möglichen Auswirkungen auf den Stellenplan, behandeln.

Universitätsbibliotheken. Zehn Universitätsbibliotheken von 34 beantworten die Frage nach neu hinzukommenden Fächern positiv, das sind 29%; diese zehn Bibliotheken müssen 14 neue Fachreferate übernehmen. Die neuen Fächer sind je zweimal die Wirtschaft und die Ingenieurwissenschaften, je einmal Sportpädagogik, Theologie, Recht, Naturwissenschaften, Psychologie, Geschichte, Politik und Geographie, Pharmazie und Zahnmedizin.

Im Gegensatz dazu ergeben sich mehr Möglichkeiten und ein erhöhter Bedarf an Bibliothekaren bei der Frage der neu hinzukommenden Verwaltungsaufgaben. Von den 34 Universitätsbibliotheken sehen 21 neue Verwaltungsaufgaben auf sich zukommen, das sind 61%. Neben der Einführung der EDV (5%), dem Ausbau der Dokumentation (5%) und einzelner und neuer Verwaltungsaufgaben (z. B. Einrichtung eines Verlages, einer Druckerei, Universitätsarchiv, Erschließung von Spezialbeständen usw.) antworten 13 Universitätsbibliotheken, daß durch die Übernahme neuer Fachbibliotheken oder durch den Ausbau bzw. den Aufbau des Bibliothekssystems neue Verwaltungsaufgaben auf sie zukommen werden. Diese zusätzlichen Verwaltungsaufgaben erwarten die Bibliotheken durch die neuen Hochschulgesetze, obwohl sie dort z. T. nur sehr kurz erwähnt werden.

Durch die Vermehrung dieser Verwaltungsaufgaben, aber natürlich auch durch die Übernahme neuer Fachgebiete sehen immerhin 20 Universitätsbibliotheken (58%) die Möglichkeit, demnächst oder in absehbarer Zeit neue Stellen dazuzubekommen. In welcher Größenordnung sich dieser Stellenzuwachs bewegt, geht aus den Anworten nicht hervor.

Landesbibliotheken. Bei den zehn Landesbibliotheken ergibt sich folgendes Bild: Eine der Landesbibliotheken ist fast eine Universitätsbibliothek, die Fachbibliotheken betreut und auch neue hinzubekommen soll. Eine andere Landesbibliothek wird eine Verbindung mit einer Fachhochschule eingehen, eine dritte soll Zentralbibliothek eines Hochschulbibliothekszentrums werden. Das Hinzukommen neuer Fächer scheint bei Landesbibliotheken nur in enger Kooperation mit Fachbereichsbibliotheken oder Fachhochschulen möglich zu sein. Neue Verwaltungsaufgaben bestehen in der Einführung der EDV oder in der Unterstützung von Schulbibliotheken. Trotz erhöhter Aufgaben bei fünf Bibliotheken sehen nur zwei die Möglichkeit, den Stellenplan zu erweitern.

Stadtbibliotheken. Die Vermehrung des Stellenplans scheint nur bei drei von 13 der Stadtbibliotheken in Betracht zu kommen, z. B. hervorgerufen durch das Flensburger Urteil, durch das erreicht werden soll, daß Lektoren in den höheren Dienst eingruppiert werden. Es scheint aber so, als wären diese Stellen als Aufstiegsstellen gedacht und zunächst nicht für den höheren Dienst. Ansonsten sehen die Stadtbibliotheken keine Möglichkeit, den Stellenplan zu vermehren, wenn auch neue Verwaltungsaufgaben auf sie zukommen.

Gesamthochschulbibliotheken. Von den acht Gesamthochschulbibliotheken fällt eine aus dem Rahmen, da sich bei ihr die Möglichkeit bietet, sich noch stark auszudehnen. Bei dem Aufbau und der Versorgung eines dezentralen Bibliothekssystems werden in nächster Zeit folgende Fächer hinzukommen: Chemie, Elektrotechnik, Soziologie, Philosophie, Politologie und Literatur. Später sollen noch die Fächer Informatik, Biologie und Physik, Geschichte und

Kunstgeschichte hinzukommen. Hier könnten sich Chancen für Fachreferenten ergeben. Von den restlichen Bibliotheken sehen drei die Möglichkeit, neue Stellen hinzuzubekommen, aber leider ohne Angabe von Gründen. Das ist für eine Auswertung ungünstig, da die Angabe von Fächern oder Verwaltungsaufgaben in diesem Rahmen besonders aussagekräftig ist.

Pädagogische Hochschul- und Fachhochschulbibliotheken. Zehn Bibliotheken von Pädagogischen und Fachhochschulen verneinen die Frage nach neuen Aufgaben oder Fächern. 17 verneinen die Möglichkeit der Stellenvermehrung, obwohl bei sechs Bibliotheken neue Fächer und neue Verwaltungsaufgaben dazukommen. Bei den meisten Bibliotheken gibt es nur eine Stelle im höheren Dienst, und wenn neue Stellen dazukommen sollten, wären sie im gehobenen Dienst anzusiedeln.

Spezial- und Zentrale Fachbibliotheken. Im Rahmen der FIS-Planung haben die Spezial- und Zentralen Fachbibliotheken Möglichkeiten, neue Stellen zu beantragen; aber wie es scheint, gibt es gleichzeitig die Möglichkeit, diese Stellen auch mit Dokumentaren zu besetzen; das geht bis in die Größenordnung von 20 Stellen. Immerhin sind es drei Bibliotheken, die diese positiven Zukunftsaussichten bieten. Aufgabenvermehrung, Fächerausbau in Verbindung mit der Erwartung neuer Stellen geben sechs Bibliotheken an. Neue Stellen ohne Aufgaben- oder Fächervermehrung erhoffen sich immerhin zwei Bibliotheken. Vier dagegen vermehren ihre Aufgaben und erwarten keinen Stellenzuwachs, sondern verteilen diese Arbeiten auf die vorhandenen Mitarbeiter.

Zusammenfassend möchte ich die Möglichkeit für Bibliothekare im höheren Dienst nicht so pessimistisch beurteilen. Immerhin sehen doch zumindest die Universitätsbibliotheken eine Chance, ihre Stellen zu vermehren. Empfehlungen für bestimmte Fachrichtungen kann man diesen Angaben noch nicht entnehmen. Die Aufgabenvermehrung liegt bei den meisten Bibliotheken nicht im Ausbau der Fächer, sondern auf dem Gebiet der Verwaltung.

E. Zahl der bibliothekarischen und dokumentarischen Mitarbeiter

Bei den Fragen 12 bis 16 handelt es sich um Fragen nach der Zahl der bibliothekarischen und dokumentarischen Mitarbeiter. In den 119 ausgewerteten Bibliotheken sind 863 Bibliothekare und 30 Dokumentare beschäftigt. Von den 863 Bibliothekaren haben 690, das sind 80%, eine Fachprüfung, 173 keine. Diese Zahl hat sich gegenüber der Auszählung des Jahrbuches verändert. Dort waren es nur 13% ohne Ausbildung, jetzt sind es 20%. Es könnte sein, daß die Bibliotheken Mitarbeiter aufgeführt haben, die nur zeitweise beschäftigt und aus Sondermitteln bezahlt werden und dadurch im Jahrbuch nicht auftauchen. Die Fächer, die hauptsächlich von solchen wissenschaftlichen Mitarbeitern betreut werden, sind Wirtschaft, Sozialwissenschaft und Ingenieurwissenschaft. Überrepräsentiert sind die wissenschaftlichen Mitarbeiter bei den Spezialbibliotheken, bei denen in 31 Bibliotheken 47 Bibliothekaren mit Fachprüfung 69 Bibliothekare ohne Fachprüfung gegenüberstehen.

Die 30 Dokumentare setzen sich aus 18 (60%) mit dokumentarischer Fachprüfung und 12 ohne diese zusammen.

Die Fächer- und die Altersverteilung sind denen der Auszählung des Jahrbuches sehr ähnlich. Diese Zahlen sollen daher hier nicht noch einmal wiederholt werden.

Einige Anmerkungen sollten noch gemacht werden, die sich aus der Rubrik „Studierte Fächer – Betreute Fächer" ergeben haben. Von den 863 Bibliothekaren betreuen nur zwölf ausschließlich Fächer, die sie nicht studiert haben. Dabei fällt auf, daß von den zwölf betreuten Fächern zehnmal Wirtschafts- und Sozialwissenschaften, einschließlich Politik und Psychologie, von solchen Bibliothekaren bearbeitet werden, die Geisteswissenschaften, Sprachen oder Naturwissenschaften studiert haben. Dann erst folgen Ingenieurwissenschaften, Recht und Medizin, die von Bibliothekaren anderer Fachrichtungen betreut werden. Diese Beobachtung kann man natürlich nur bei großen Bibliotheken anstellen, an denen viele Fachreferenten tätig sind. Die Bibliotheken, an denen es nur eine Stelle im höheren Dienst gibt, die alle Fächer zu bearbeiten hat, sind von diesen Betrachtungen ausgenommen worden.

F. Referendare und ihre Studienfächer

Die Fragen 17 bis 20 beschäftigen sich mit den Referendaren und ihren Studienfächern. In den Jahren 1975–1977 wurden an den 119 Bibliotheken 180 Referendare ausgebildet. Davon entfielen auf die Fachrichtungen Naturwissenschaften 38, Germanistik 20, Geschichte 16, Ingenieure und Architekten 14, Wirtschaftswissenschaften, Kulturwissenschaften, Orientalistik je 12, Romanistik und Anglistik, Sozial- und Politikwissenschaften, Mathematik je 11, Theologie 8, Jura, Klassische Philologie je 6, Philosophie 3; unter ihnen war kein Mediziner und kein Pädagoge.

Gegenüber der Jahrbuchauszählung, die die Jahrgänge 1973–75 erfaßte, und der jetzigen Befragung, die die Jahrgänge 1975–77 erfragte, läßt sich feststellen, daß in den letzten beiden Jahren eine beträchtliche Zunahme z. B. bei den Ingenieurwissenschaftlern stattgefunden hat, nämlich von 1 (= 0,7%) auf 14 (= 7%), ebenso bei den Wirtschaftswissenschaftlern von 5 auf 12, d. h. von 4% auf 6%, bei den Mathematikern von 4 auf 11, das ist eine Steigerung von 3% auf 6%. Die Prozentzahlen sind hier aussagekräftiger, da die Grundmengen verschieden waren. Die Jahrbuchauszählung erfaßte mehr Bibliotheken, also auch mehr Referendare, während hier nur 119 Bibliotheken ausgezählt wurden.

	1975–1977 Befragung		1973–1975 Jahrbuch	
Naturwissenschaften	38	21%	28	21%
Germanistik	20	11%	14	10%
Geschichte	16	8%	14	10%
Ingenieurwissenschaften	14	7%	1	0,7%
Wirtschaftswissenschaften	12	6%	5	4%
Kulturwissenschaften	12	6%	13	10%
Orientalistik, Slavistik	12	6%	12	9%
Romanistik, Anglistik	11	6%	7	5%
Sozial- und Politikwissenschaften	11	6%	7	5%
Mathematik	11	6%	4	3%
Theologie	8	4%	4	3%
Jura	6	3%	7	5%
Klassische Philologie	6	3%	7	5%
Philosophie	3	2%	6	5%

Ehe die Frage beantwortet wird, welche Bibliotheken für den eigenen Bedarf oder nicht für den eigenen Bedarf ausbilden, soll erst kurz über die Fragen 21–24 berichtet werden, in denen nach unbesetzten oder gesperrten Stellen gefragt wurde, und auch darüber, welche Fächer in Zukunft gebraucht werden könnten.

Ich kann mir vorstellen, daß vielen Bibliotheksleitern bei diesen Fragen nicht ganz wohl war, weil soviele Unwägbarkeiten darin enthalten sind. Aber diese Untersuchung sollte ja nur Entwicklungen aufzeigen!

Folgende Fächer werden jetzt in den Bibliotheken gebraucht, d. h. die Stellen sind unbesetzt oder auch gesperrt: Mathematiker, Wirtschaftler, Ingenieure je vier, es folgen mit je drei die Naturwissenschaftler, Mediziner, Historiker und Juristen.

Für die nahe Zukunft, d. h. etwa für die nächsten zehn Jahre, haben sich die folgenden Zahlen ergeben. Es werden entweder durch Ausbau der Hochschule oder durch altersbedingten Abgang Absolventen folgender Fächer besonders gebraucht: An der Spitze stehen 20 Naturwissenschaftler, gefolgt von je 12 Ingenieuren und Wirtschaftswissenschaftlern, je 11 Sozialwissenschaftlern, Juristen und Pädagogen und 9 Medizinern. Geisteswissenschaftler, Historiker, aber auch Mathematiker fallen dagegen etwas zurück.

Vergleicht man dieses Ergebnis mit der Tabelle der in den letzten Jahren ausgebildeten Referendare, stellt man fest, daß die Ausbildung von Wirtschaftswissenschaftlern und Ingenieuren zugenommen hat, ebenso gibt es genug Naturwissenschaftler in der Ausbildung. Es werden aber überhaupt keine Pädagogen, die besonders in den Bibliotheken pädagogischer Hochschulen, aber auch an Universitätsbibliotheken gebraucht werden, und keine Mediziner ausgebildet. Zurückgegangen war die Zahl der Juristen, die doch wohl mehr gebraucht werden, ebenso wie die Sozialwissenschaftler, die auch nicht genügend ausgebildet werden.

Zusammengefaßt ergeben sich folgende Zahlen: 31 Stellen sind jetzt unbesetzt oder gesperrt, 130 Bibliothekare werden in der nahen Zukunft gebraucht. Dazu noch einmal zur Erinnerung: Das sind Zahlen, die sich auf die 119 Bibliotheken, die ausgewertet wurden, beziehen, nicht auf die Gesamtheit aller Bibliotheken in der Bundesrepublik Deutschland einschließlich Berlin (West).

Fach	Jetzt unbesetzt oder gesperrt	Werden in den nächsten 10 Jahren gebraucht
Naturwissenschaften	3	20
Germanistik	1	8
Geschichte	3	5
Ingenieurwissenschaften	4	12
Wirtschaftswissenschaften	4	12
Kulturwissenschaften	2	3
Orientalistik, Slavistik	–	7
Romanistik, Anglistik	1	4
Sozial- und Politikwissenschaften, Psychologie	–	11
Mathematik	4	1
Theologie	1	5
Jura	3	11
Klassische Philologie	–	2
Philosophie	1	3
Medizin	3	9
Pädagogik	1	11
Geographie	–	5
Sport	–	1
	31	130

Man könnte nun sagen, daß die Bibliotheken, die überwiegend oder überhaupt nicht für den eigenen Bedarf ausbilden – und das sind zwei Drittel aller Ausbildungsbibliotheken – die oben erwähnten Fächer bei ihrer Auswahl der Referendare besonders berücksichtigen sollten.

Anhang 1

Korrelation Fach : Alter

Alter Fach	25–30	%	31–35	%	36–40	%	41–45	%	46–50	%	51–55	%	56–60	%	61–65	%	Summe =100%
Theologie	1	2	7	14	15	31	8	17	9	19	2	4	2	4	4	8	48
Geschichte	8	6	32	23	46	33	13	9	9	6	11	8	11	8	11	8	141
Orientalistik, Slavistik	4	6	17	25	17	25	11	16	4	6	9	13	–	–	5	8	67
Naturwissenschaften	14	12	28	24	25	21	28	24	8	7	10	8	2	2	4	3	119
Germanistik	6	5	29	24	32	27	16	13	14	12	8	7	9	8	6	5	120
Jura	7	10	16	23	13	19	12	17	10	15	6	9	3	4	2	3	69
Wirtschaftswissenschaften	5	11	8	18	8	18	8	18	6	14	6	14	1	2	2	5	44
Geowissenschaften	–	–	4	13	10	33	4	13	8	28	1	3	2	7	1	3	30
Mathematik	7	23	6	19	6	19	3	10	6	19	1	3	1	3	1	3	31
Philosophie	1	2	13	32	7	17	5	12	9	22	2	5	2	5	2	5	41
Kulturwissenschaften	4	7	14	23	15	24	9	15	8	13	10	16	1	2	1	2	62
Altertumswissenschaften	3	4	14	20	23	32	15	21	8	11	4	6	1	1	3	4	71
Romanistik, Anglistik	6	9	19	29	12	19	9	14	4	6	9	14	2	3	4	6	65
Ingenieurwissenschaften	–	–	7	22	14	44	8	25	–	–	3	9	–	–	–	–	32
Sozial- u. Politikwissenschaften	5	17	7	24	6	21	4	14	4	14	1	3	–	–	2	7	29
Medizin	–	–	4	22	7	39	1	6	2	11	2	11	1	6	1	6	18
Pädagogik	–	–	1	16	1	16	1	16	1	16	–	–	1	16	1	16	6

Anhang 2

Korrelation Alter : Dienstrang

Alter	Referendar	Bibl.-Rat	Bibl.-Oberrat	Direktor	Ltd. Dir.	Wiss.Mitarb.	Summe	%
25–30	47	17				7	71	7%
31–35	62	120	17	2	1	24	226	23%
36–40	17	108	76	30	1	25	257	26%
41–45	4	33	55	34	9	20	155	16%
46–50	1	8	36	37	8	20	110	11%
51–55		1	26	28	12	18	85	9%
56–60			12	13	7	7	39	4%
61–65			12	15	12	11	50	5%
Summe	131	287	234	159	50	132	993	
%	13%	29%	24%	16%	5%	13%		

Anhang 3: Fragebogen

1. Zu welchem Bibliothekstyp gehört Ihre Bibliothek?
   a) Staatsbibliothek
   b) Staats- und Universitätsbibliothek
   c) Landesbibliothek
   d) Landes- und Stadtbibliothek
   e) Landes- und Universitätsbibliothek
   f) Universitätsbibliothek
   g) Stadtbibliothek
   h) Stadt- und Universitätsbibliothek
   i) Gesamthochschulbibliothek
   k) Fachhochschulbibliothek
   l) Zentrale Fachbibliothek
   m) Hochschulbibliothekszentrum
   n) Spezialbibliothek
   o) Andere

2. Betreut Ihre Bibliothek Sondersammelgebiete?
   ja ☐ nein ☐

3. Wenn ja, welche?
   Bitte auflisten:

4. Hat Ihre Bibliothek Sammelschwerpunkte?
   ja ☐ nein ☐

5. Wenn ja, welche?
   Bitte auflisten:

6. Ist es möglich, daß, z. B. durch den Ausbau der Universität oder durch Übernahme neuer Fachbibliotheken, demnächst neue Fachgebiete hinzukommen?
   ja, demnächst ☐
   ja, in 3–6 Jahren ☐
   ja, in 7–10 Jahren ☐
   nein ☐

7. Wenn ja, welche?
   Bitte auflisten:

8. Ist es möglich, daß neue Verwaltungsaufgaben auf Ihre Bibliothek zukommen?
   ja ☐ nein ☐

9. Wenn ja, welche?
Bitte auflisten:

10. Wenn neue Aufgaben hinzukommen, sehen Sie dann die Möglichkeit, neue Mitarbeiter im höheren Dienst einzustellen, oder werden die Arbeiten auf die vorhandenen Mitarbeiter verteilt?
Sehe die Möglichkeit, neue Stellen zu bekommen ☐
werde neue Stellen beantragen ☐
nein, keine Möglichkeit ☐
weiß nicht ☐

11. Bestehen ansonsten Aussichten, den Stellenplan des höheren Dienstes zu vermehren?
ja ☐ nein ☐

12. Wieviele Mitarbeiter im höheren Dienst (ab A 13 / BAT IIa) sind in Ihrer Bibliothek tätig? (ohne Dokumentare)
Mit bibliothekarischer Fachprüfung ☐
Ohne bibliothekarische Fachprüfung,
aber mit bibliothekarischer Tätigkeit ☐

13. Haben Sie wissenschaftliche Mitarbeiter für aktive Dokumentation? (Auswertung, Referateerstellung etc.)
ja ☐ nein ☐

14. Wenn ja, wieviele?

15. Haben diese Mitarbeiter eine dokumentarische oder bibliothekarische Ausbildung? (Im Viereck Anzahl angeben)
ja ☐ nein ☐

16. Welche wissenschaftlichen Bibliothekare / wissenschaftlichen Mitarbeiter gibt es in Ihrer Bibliothek? (Keine Stellen!)

17. Bilden Sie Referendare aus?
ja ☐ nein ☐

18. Wenn ja, wieviele waren es in den letzten 3 Jahren?
1–3 ☐
4–6 ☐
7–9 ☐
10–12 ☐
mehr ☐

19. Bitte geben Sie die Studienfächer der Referendare der letzten drei Jahre an.

20. Bilden Sie Referendare nur für den eigenen Bedarf in Ihrer Bibliothek aus?
    ja, total für den eigenen Bedarf ☐
    überwiegend für den eigenen Bedarf ☐
    überwiegend nicht für den eigenen Bedarf ☐
    überhaupt nicht für den eigenen Bedarf ☐

21. Gibt es in Ihrer Bibliothek Stellen im höheren Dienst, die unbesetzt sind?
    ja ☐ nein ☐

22. Gibt es in Ihrer Bibliothek Stellen, die gesperrt sind?
    ja ☐ nein ☐

23. Wenn ja, welche Fachrichtung fehlt Ihnen? (Betrifft Frage 21 und 22.) Bitte angeben, ob Stelle gesperrt, unbesetzt, Stelle vergeben oder neu beantragt wurde.

24. Können Sie ungefähr angeben, welche Fachrichtungen Ihnen in den folgenden Jahren fehlen werden?

	Fachrichtung
1978–1981	
1982–1985	
1986–1989	
1990–1993	

Name der Bibliothek:
Straße:
Ort:

Berlin, im August 1977

Schlußwort zum Bibliothekskongreß und Einführung in die Schlußveranstaltung

Von

JOSEF DAUM

Der diesjährige Kongreß geht seinem Ende entgegen. Kein Ende aber ohne einen gewissen Höhepunkt, ohne ein sehr aktuelles Thema. Lassen Sie mich aber vorab meinen Dank an alle abstatten, die zu dem bisher so harmonischen Verlauf beigetragen haben und erlauben Sie mir, keine Namen mehr zu nennen, damit nicht einige bevorzugt, andere benachteiligt werden könnten. Aber eine einzige Ausnahme möge gestattet sein. Ich danke dieser Bücherbusflotte, die so eindrucksvoll den Park der Universität ziert und zeigt, daß das Öffentliche Bibliothekswesen einen bedeutenden kulturellen Faktor im Leben der Bundesrepublik Deutschland darstellt. Ihnen, Herr Buschendorf, gilt daher unser besonderer Dank. Die Vorsitzenden der beteiligten Verbände und Vereine in der Deutschen Bibliothekskonferenz (DBK) sind sich einig, daß unser Dank weiter an alle gehen muß: an die Initiatoren, die Veranstalter, die unterstützenden Gremien, die Referenten und an Sie, das Publikum.

Wir hoffen, daß Sie angenehme Tage im Kreise Ihrer Kollegen verleben durften, daß Sie manche Anregung aus den verschiedenen Themenbereichen für Ihre tägliche Arbeit mit nach Hause nehmen können. Wir hoffen aber auch, daß es Ihnen im Schwabenland ein wenig gefallen hat und Sie sich entschließen können, vielleicht einmal dieses Land als Ferienreisende zu besuchen, weil Sie gesehen haben, daß es sich hier auch privat gut leben läßt.

So wollen wir denn auch die Harmonie und Sachlichkeit in diese letzte Veranstaltung hineintragen, wollen wir aber auch in aller Offenheit Probleme sehen, die sich uns stellen, und hören, was man uns von den verschiedenen Seiten und unter verschiedenen Gesichtspunkten zu sagen hat. Von den Kollegen der Öffentlichen Bibliotheken wurde im November 1977 der Wunsch an die DBK herangetragen, sich anläßlich dieses Kongresses unter vielen anderen Themen auch mit dem Problem von Zensur und Selbstzensur in Bibliotheken zu befassen. Das Hauptthema stand bereits im Sommer 1977 fest. Wir sind nach eingehender Diskussion zu der einhelligen Auffassung gelangt, daß hier in der Tat ein Thema vorliegt, mit dem wir uns zusätzlich beschäftigen müssen. Allerdings schien uns der Rahmen zu eng gefaßt, da es nicht nur um die §§ 88a und 130a StGB gehen kann, sondern um mehr. So haben wir uns im Dezember 1977 für die umfassendere Version dieser Veranstaltung, nämlich ,,Freiheit und Bindung des Bibliothekars bei der Informationsvermittlung" entschieden.

Allzu oft sind, und das sagte ich schon in der Eröffnungsrede, polemische und weniger anzügliche Publikationen erschienen, die es im Blätterwald rauschen ließen bzw. in den Ätherwellen. Wer – wie meine Generation im besonderen – erfahren mußte, was Zensur wirklich ist, der wird nachdenklich gestimmt bei solchen Publikationen, die die Gemüter erhitzen und die es auch verständlich erscheinen lassen, wenn Emotionen geweckt werden, die schließlich in Behauptungen ohne wirkliche Beweise gipfeln können. Jetzt ist es an der Zeit, daß wir Bibliothekare uns in der Öffentlichkeit damit auseinandersetzen und in einer sachlichen Diskussion unsere Stimme erheben. Wir werden und wollen Träger einer freien Information sein, wie sie uns das Grundgesetz für unser Land einräumt, Diener sein in der Vermittlung von Wissen aller Art für diejenigen, die uns nötig haben. So erwarten wir von den Politikern eine eindeutige Aussage, von den Schriftstellern eine sachliche Kritik und von den Bibliothekaren eine ungefärbte Meinungsäußerung. Kein Mensch wird erwarten können, daß hier und heute alle Fragen beantwortet werden und daß alles gesagt werden kann, was gesagt werden müßte. Dafür reicht die Zeit nun einmal nicht aus. Aber zu den wesentlichen Punkten ist sicher eine Aussage zu erwarten.

Unser Kollege Dr. Plassmann wird zunächst die Fakten in einem Einführungsreferat deutlich aufzeigen. Dann sollen die Politiker, Schriftsteller und Bibliothekare aus ihrer Sicht das sagen, was ihnen besonders wichtig ist und was für uns in der täglichen Arbeit etwas bedeuten könnte, ja was uns etwas geben könnte, wie wir uns verhalten sollen, wie wir uns verhalten müssen. Das Problem ist natürlich weitaus relevanter für die Öffentlichen als für die wissenschaftlichen Bibliotheken. Soweit uns bekannt ist, hat es in den wissenschaftlichen Bibliotheken noch keinen Eingriff staatlicherseits oder von privaten Stellen in die Literaturbeschaffung und auch nicht in die Art und Weise der Zurverfügungstellung von Literatur gegeben. Außerdem darf ich hier bemerken, daß in Benutzungsordnungen festgelegt ist, daß wir keinerlei Auskünfte über die von uns ausgeliehene Literatur nach Personen geben. Wenn jemand in wissenschaftlichen Bibliotheken ein ausgeliehenes Buch erfragen will, erhält er die Antwort, daß dieses Buch nach einer bestimmten Zeit zurückgegeben wird und er es im Augenblick nur vormerken kann. Register über Bücher und Personen werden nur geführt, solange einer etwas ausgeliehen hat. Mit der Rückgabe wird der Nachweis vernichtet. Wie sich das Problem bei den Öffentlichen Bibliotheken stellt, werden wir hoffentlich im Verlauf der Diskussion hören. Im Streit der Meinungen liegt natürlich auch das Problem der Veröffentlichungen von Schriftstellern, die durch Gerichtsbeschluß nicht in Öffentlichen Bibliotheken eingestellt werden dürfen bzw. unter die Rubrik von verbotener oder staatsgefährdender Literatur fallen. Hier können die Bibliothekare nicht entscheiden, sondern hier sind die Gerichte dazu da, um solche Entscheidungen nach exakter Analyse zu treffen. Was nun die in der letzten Zeit wiederholt angegebene Tätigkeit des Verfassungsschutzes in Bibliotheken betrifft, so ist mir kein Fall bekannt, wo sich der Verfassungsschutz in wissenschaftlichen Bibliotheken betätigt hätte. Nur der Verfassungsschutz selbst wird also darüber Auskunft geben können, ob er jemals in Bibliotheken tätig geworden ist oder nicht. Dies kann nur auf eine Anfrage geschehen, die im Bundestag gestellt werden müßte oder in den Länderparlamenten, und wo, wie wir glauben, auch die Verantwortlichen des Verfassungsschutzes gezwungen sind, ihre Absichten deutlich zu erklären bzw. die Auskünfte zu geben, die zu einer Klärung der Angelegenheit notwendig sind.

ANSCHRIFTEN DER AUTOREN

Prof. Dipl.-Volksw. Günter Beyersdorff, Deutsches Bibliotheksinstitut, Fehrbelliner Platz 3, 1000 Berlin 31

Hedwig Bieber, Stadtbücherei Dortmund, Markt 12, 4600 Dortmund 1

Horst Buschendorf, Städtische Bibliotheken München, Schwanthalerstraße 68, 8000 München 2

Prof. Dr. Josef Daum, Universitätsbibliothek Braunschweig, Pockelsstraße 13, 3300 Braunschweig 1

Prof. Dr. Eckhart G. Franz, Hessisches Staatsarchiv Darmstadt, Schloß, 6100 Darmstadt 1

Dipl.-Soz. Alexandra Habermann, Universitätsbibliothek der Technischen Universität Berlin, Straße des 17. Juni 135, 1000 Berlin 12

Prof. Wolfram Henning M. A., Fachhochschule für Bibliothekswesen, Feuerbacher Heide 38–42, 7000 Stuttgart 1

Jürgen Hering, Universitätsbibliothek Stuttgart, Holzgartenstraße 16, 7000 Stuttgart 1

Bernward Hoffmann, Württembergische Landesbibliothek, Konrad-Adenauer-Straße 8, 7000 Stuttgart 1

Prof. Dipl.-Ing. Bernhard Kirchhof, Fachhochschule für Bibliothekswesen, Feuerbacher Heide 38–42, 7000 Stuttgart 1

Dr. Preben Kirkegaard, Danmarks Biblioteksskole, 6 Birketinget, DK-2300 København S

Prof. Dr. Johannes Krogoll, Literaturwissenschaftliches Seminar der Universität Hamburg, Von-Melle-Park 6, 2000 Hamburg 13

Dipl.-Phys. Klaus-Dieter Lehmann, Stadt- und Universitätsbibliothek Frankfurt am Main, Bockenheimer Landstraße 134–138, 6000 Frankfurt am Main 1

Dr. Max Pauer, Universitätsbibliothek Regensburg, Universitätsstraße 31–33, 8400 Regensburg 2

Prof. Dr. Günther Pflug, Deutsche Bibliothek, Zeppelinallee 4–8, 6000 Frankfurt am Main 1

Dr. Ulrich Pflugk, Gesamthochschulbibliothek Duisburg, Bürgerstraße 15, 4100 Duisburg 1

Dr. Engelbert Plassmann, Bibliothekar-Lehrinstitut des Landes Nordrhein-Westfalen, Universitätsstraße 33, 5000 Köln 41

Dr. Dieter Sauberzweig, Senator für Kulturelle Angelegenheiten, Europa-Center, 1000 Berlin 30

Dr. Hilde Schmidt, Siemens AG, Bereich Energietechnik, Werkbibliothek, Werner-von-Siemens-Straße 50, 8520 Erlangen 2

Dipl.-Kfm. Kurt Spohn, HWWA – Institut für Wirtschaftsforschung – Hamburg, Hauptabteilung Dokumentation, Bibliothek und Archive, Neuer Jungfernstieg 21, 2000 Hamburg 36

Josef Stingl, Bundesanstalt für Arbeit, Regensburger Straße 104, 8500 Nürnberg 1

Jobst Tehnzen, Universitätsbibliothek Hannover und Technische Informationsbibliothek, Welfengarten 1B, 3000 Hannover 1

Todora Topalova, Institut d'Etat de Bibliothécaires, Boulevard Tolbuhin 11, Sofia

Dr. Wilhelm Totok, Niedersächsische Landesbibliothek, Waterloostraße 8, 3000 Hannover 1

Prof. Johannes Uthoff, Fachhochschule Frankfurt am Main, Nibelungenplatz 1, 6000 Frankfurt am Main 1

Prof. Dr. Hermann Waßner, Fachhochschule für Bibliothekswesen, Feuerbacher Heide 38–42, 7000 Stuttgart 1